河南省"十四五"普通高等教育规划教材

河南省"十四五"普通高等教育规划教材重点项目

小学教师职业道德

主　编　刘济良

复旦大学出版社

前　言

　　小学是我国基础教育的主阵地，是教育事业金字塔结构的地基。小学教育的成功关键在教师。小学教师的素质特别是教师职业道德素质的高低，直接关系到小学莘莘学子知识能力的强弱、道德品质的优劣、身体素质的好坏和审美情趣的高低，直接影响着民族的发展和国家的未来。"师者，所以传道受业解惑也。"小学教师不仅要做授业解惑的"经师"，更要做明德传道的"人师"。小学教师不仅仅是学生知识的传播者，更是学生生活上的导师、人生和道德上的引路人。因此，小学教师必须具备丰富的知识体系、扎实的理论根基、过硬的技能技巧、坚定的理想信念、高尚的思想品德以及美好的人生境界。小学教师良好的职业道德操守、严谨踏实的工作作风、开阔豁达的眼界胸襟、光明磊落的行为习惯、高尚的教育情怀，都是学生学习的表率和榜样，都对学生起着潜移默化的陶冶作用。

　　百年大计，教育为本；教育大计，教师为本。我们党和国家历来重视小学教育，重视小学教师职业道德建设工作。改革开放以来，我国分别于1985年、1991年、1997年颁布和修订了《中小学教师职业道德规范》。进入21世纪以后，一系列与之相关的法规和规定被颁布和修订，用以指导、引领中小学教师职业道德建设和规范中小学教师教育教学行为，主要有：2004年国务院下发的《关于进一步加强和改进未成年人的思想道德建设的若干意见》，2005年教育部下发的《关于进一步加强和改进师德建设的意见》，2008年教育部重新修订和颁布的《中小学教师职业道德规范》，2017年教育部印发的《中小学德育工作指南》，2018年教育部颁布的《新时代中小学教师职业行为十项准则》，2019年教育部发布的关于《中小学教师实施教育惩戒规则（征求意见稿）》等。2017年10月26日教育部印发的《普通高等学校师范类专业认证实施办法（暂行）》更是对高等学校师范生的专业知识和能力，特别是职业道德和教育情怀提出了明确的要求，做出了具体的规定。这些教育法规、政策和文件不仅三令五申强调了要切实加强中小学教师的职业道德建设，号召学校全体教职员工要树立"以人为本"的思想，热爱学生，言传身教，为人师表，以高尚的道德情操引导学生的全面发展；而且也提出要构建科学有效的教师职业道德建设工作的监督和评估体系，制定科学合理的中小学教师职业道德评价方法，为中小学教师职业道德建设提供了制度保障，建立了长效机制。

　　习近平总书记一直非常重视教育和教师工作，多次强调要使教师成为"最受社会尊重的职业""让人羡慕的职业"，对广大教师提出了殷切嘱托。2014年9月9日，习近平总书记到北京师范大学看望师生时强调，广大教师要努力做有理想信念、有道德情操、有扎实知识、有仁爱之心的好老师。2016年9月9日，习近平总书记到北京市八一学校看望、慰问师生时指出，广大教师要做学生锤炼品格的引路人，做学生学习知识的引路人，做学生创新思维的引路人，做学生奉献祖国的引路人。2018年5月2日，习近平总书记在北京大学师生座谈会上强调，评价教师队伍素质的第一标准应该是师德师风；师德师风建设应该是每一所学校常抓不懈的工作，既要有严格制度规定，也要有日常教育督导。2018年9月10日，习近平总书记在全国教育大会上发表重要讲话指出，教师是人类灵魂的工程师，是人类文明的传承者，承载着传播知识、传播思想、传播真理、塑造灵魂、塑造生命、塑造新人的时代重任，全党全社会要弘扬尊师重教的社会风尚，努力提高教师政治地位、社会地位、职业地位，让广大教师享有应有的社会声望，在教书育人岗位上为党和人民的事业作出新的更大的贡献。

总书记的这些教导为我国教师队伍建设提出了要求，为教师职业道德建设指明了方向。广大中小学教师一定要以总书记的指示为引领，认真贯彻落实总书记的要求，切实提高自己的专业水平和职业道德修养，努力为发展具有中国特色、世界水平的现代教育，为培养社会主义事业的合格建设者和可靠接班人作出更大的贡献。

"学高为师，德高为范。"党和国家对于从事教师工作的个体，在知识储备、能力结构和道德修养等方面都提出了明确的要求和期望。随着教师角色的职业化以及专业化，从事教育工作时，教师个体应当具备的道德素养也以教师职业道德的形式确定下来。教师职业道德是教师在从事教育教学工作中应当遵循的基本行为规范，对于教师的自我成长和职业发展至关重要。处于不同教育阶段的教师面对的教育对象，在年龄、阅历等方面存在明显的差别，宏观的教师职业道德知识在实践过程中难免存在不适宜的问题。因此，针对性地研究不同教育阶段教师应具备的职业道德具有重要的现实意义。这也是本书专题研究"小学教师职业道德"的由来。

本书以小学教师职业道德为主题，涉及职业道德相关理论阐述、小学教师职业道德主要内容分析以及小学名师案例解读三个部分，具体涵盖道德与职业道德、小学教师职业道德范畴、小学教师职业道德行为准则、小学教师职业道德情怀、小学教师职业道德的现实问题、小学教师职业道德实践、小学教师职业道德智慧、小学教师职业道德修养、小学教师职业道德评价和小学教育名师的职业道德共十章。本书的出版以期为有志于从事小学教师职业的读者提供学习的内容和开展教育教学的依据，为从事小学教师职业道德研究的读者提供参考和借鉴。

刘济良

2020年9月

Contents

目　　录

第 一 章

道德与职业道德

✴ 知识结构

```
                                          ┌ 内涵
                              道德 ───────┤ 特征
                                          └ 功能

                                          ┌ 职业的含义
                                          │ 职业道德的含义
                              职业与职业道德 ─┤ 职业道德的作用
                                          └ 教师职业道德的作用

道德与职业道德 ─┤                            ┌ 我国教师职业道德的优良传统
                              教师职业道德的形成与发展 ─┤ 改革开放后教师职业道德的发展
                                          └ 我国教师职业道德的时代要求

                                          ┌ 教师职业道德意识的复杂性
                                          │ 教师职业道德情感的陶冶性
                              教师职业道德的特点 ─┤ 教师职业道德行为的示范性
                                          │ 教师职业道德影响的深刻性
                                          └ 教师职业道德实践的长期性
```

✴ 学习目标

知识与技能	理解并掌握道德的内涵、特征和功能;了解教师职业道德规范的发展变化和教师职业道德的多方面作用。
过程与方法	通过阅读教材,学习和掌握"分析-综合"的研究性学习思路。
情感态度与价值观	会结合案例分析,培育学生健康的道德情感和正确的道德价值观,坚持"道德是黑白分明的价值评判"的立场和观点。

第一节 ◈ 道 德

一、道德的内涵

道德是人们的一种思想观念,是支配人类行为活动的原动力,是维系社会发展和人类进步的根基。西方的"道德"(moral)一词源自拉丁文"摩里斯"(mores),意思为礼节、风俗和习惯。在我国,"道"是指一切行为应遵守的最基本、最高的行为准则或指事物运动变化的规律,"德"是指对生活中"善"的现象总的概括,德或品德是内在的认识、情感与外在的行为的统一。"道德"因而构成了生活中关于善行的全部内容。有学者考察指出:"'道'与'德'合用而成为合成词,始于春秋战国时的诸子之说,如荀子言:'道德纯备,智惠甚明'(《荀子·正论》)'故学至乎礼而止矣,夫是之谓道德之极'(《荀子·劝学》)。荀子不仅将'道'和'德'连用,而且赋予了它明确的意义,即道德是指人们在各种关系中表现出的道德境界和道德品质,以及调节这些关系的原则和规范。"①

可见,道德通常是指人们的行为应遵循的原则和标准。道德与人的品德或道德品质密切相关。品德(moral character)即品格德行,指人的整体人格。品德在实践中的表现即道德品质(moral trait),是道德在个体身上的体现,是指个人按照社会规范行动时所表现出来的稳定态度。德遵从于道,个人品德要以社会公德为准绳和标杆加以积极地内化。

道德最初是人类祖先在面对自然生存环境和社会竞争环境下的人为产物,道德的产生主要是由于人的共同需要。和则双赢,斗则两败。由于认识到以合作和有意义的方式生活在一起的重大价值,道德成为集体生活中评判人的行为善恶好坏的实践活动,无论是史前社会或是阶级社会都是如此。简言之,道德是反映社会生活的一种意识形态,其本质蕴藏于社会生活特别是经济生活关系之中,道德是调整个人和他人之间权益关系的"公约"或称社会契约。例如,"在孤岛上求生的鲁滨逊,除了对他自己和自然界之外,不会有什么真正道德或不道德的行为;只要不伤害其他任何人,鲁滨逊对自己做些什么,完全是他自己的事。而当人们结为社会团体,彼此的利益和愿望出现冲突时,在大多数伦理学家看来,最重要的人类道德问题就随之产生了"②。又如杜威所言:"道德并不是源于人的纯粹善恶判断的本能,也不是源于什么先验的教条,更不是来自超验的上帝或神秘的自然法则,道德是人创造出来的,是主体在与周围环境相互作用的过程中为适应环境的变化'人为'的一种东西,道德在本质上乃是一种解决问题的过程而不是某种固定的观念和习惯。"③

由于人类生存面临着社会环境和自然环境的约束,个人的社会关系按照不同的标准可以分为人与人、人与家庭、人与社会、人与民族、人与国家之间的关系等。在每种环境或关系中,都存在主客观的矛盾冲突,所以,道德几乎适用和影响到一切社会生活。由于人群之间往往存在愿望或欲望冲突,所以"道德的核心是公平"④,是利益和权利在机会上的人人均等

---

① 冯文全. 多学科视角下对德育本质的反思[J]. 教育研究,2005(10).
② [美]雅克·P. 蒂洛,基思·克拉斯曼. 伦理学与生活(第 9 版)[M]. 程立显,等,译. 北京:世界图书出版公司,2008:18.
③ 转引自戚万学,唐汉卫. 现代道德教育专题研究[M]. 北京:教育科学出版社,2005:10.
④ 苏静. 被关怀者道德品质的培育[M]. 杭州:浙江教育出版社,2009:22.

和利益分配上的合理。道德反对特权人物、巧取豪夺和等级思想,而是厘清群己界限、实现道德权利与履行道德义务的合一,从而实现群体的合作共赢。特别是,在当今这个由于过分追求权利、自由和自我实现而使人际关系紧张的社会,如何正确、积极地看待人与人之间的关系显得尤为重要,即社会个体的安身立命和处世之道需要道德规范来引领指导。

总之,广义的日常道德含义是指,"一种在集体生活和人际交往中,为了解决利益和价值冲突,个人行为应当遵循的原则、事理和标准(如善恶、好坏、公私、是非、对错等),其目的是对人际关系做出规范,影响和引导人们做出合适的行动"①。根据马克思主义的观点,"确切地讲,道德是根源于一定社会经济关系之中,以一定善恶观念作为价值评价的标准,通过人际关系、人与自然的关系,实现自我人格完善的包括心理意识、行为活动和行为规范在内的特殊社会精神价值现象"②。在现实生活实践中,"道德基本上是讨论人的问题的,讨论人与其他存在物(人与自然)之间的关系。道德基本上是处理人的关系的,讨论人如何对待其他存在物,促进共同的福利、发展、创造性和价值,力求扬善抑恶、扶正祛邪"③。可见,道德的根本职能在于通过评判人的权益诉求是否正当来处理人际关系和生态环境问题,从而促进人的发展和社会和谐。"从为了生活尤其是为了人类经济生活的现实立场来看,道德教育是指在人性的基础上,为生命个体的幸福和自由而组织的关于人生意义和道德生活的价值导向,目的是使人'明天理''守人道'。"④

综上所述,本书认为道德是指人类处理人际关系、人与自然关系善恶好坏的行为规范和准则。道德以利益为基础,同时为了解决人类的利益和价值冲突,又必须要遵守"公正"和"善"等伦理规范。

二、道德的特征

道德作为一种日常行为规范,与法律规范、礼仪规范等和而不同,有着自己的特点。

(一) 道德调节手段的特殊性

道德的调节作用不是通过国家强行制定和推行的,而是依靠社会舆论、教育、习俗以及人们内心信念的力量,自觉约束、自我节制、自我规范自己的行为。需要指出的是,道德的调节作用虽然不需要强制执行,但道德评价却贯穿于道德作用的全过程。道德评价是通过善与恶、正义与非正义、公正与偏私、诚实与虚伪等道德观念,评价自己或他人的行为,从而调整人与人之间的关系,促进个人良心、道德品质和良好社会风气的形成。道德的调节作用虽然也具有精神上强制性的一面,如康德所言:"有两样东西,我们愈经常愈持久地加以思索,它们就愈使心灵充满日新又新、有加无已的景仰和敬畏:在我之上的星空和居我心中的道德法则。"⑤星空因其寥廓而深邃,让我们仰望和敬畏;道德因其庄严而圣洁,值得我们一生去坚守。但是道德规范同法律规范、管理规范等硬性规范的强制性是不同的。不道德行为要受到社会舆论的压力、人民群众的批评、自身良心的责备,这些外在的和内在的匡正机制形成一股强大的精神压力,促使人们悔过自新、弃恶从善,从而符合整个社会的行为

① 张笑涛. 为"道德教育、公民教育与公民道德教育"正名[J]. 现代教育管理,2012(9).
② 王国超,郑传春. 关于"德育"与"道德教育"关系之探析[J]. 长春理工大学学报,2011(1).
③ [美]雅克·P. 蒂洛,基思·克拉斯曼. 伦理学与生活(第9版)[M]. 程立显,等,译. 北京:世界图书出版公司,2008:28.
④ 曹辉. 道德教育与人的经济生活[M]. 杭州:浙江教育出版社,2009:51.
⑤ [德]伊曼努尔·康德. 实践理性批判[M]. 韩水法,译. 北京:商务印书馆,1999:177.

规范。

(二) 道德实施范围的广泛性

道德作为调节人与人、个人与社会、人与自然等各种利益关系的行为规范,其作用贯穿于人类的各个社会形态,广泛存在于社会关系的各个领域。道德作为独立的意识形态,所涉及的范围比政治、法律、宗教等更为广泛。道德作用的广泛性要求人人都要讲道德,时时、处处都要自觉遵守道德的规范。"道德面前,人人平等",没有特权和等级之分。

(三) 道德规范体系的多层次性

人类历史上,各个时代的道德都有其层次和序列性,不论哪个阶级的道德规范体系,都体现出多层次性的特点。这是由于人们在社会生活中,处于各种关系之中。在一个阶层、一个单位、一个家庭中,人与人之间的关系是多种层次的,社会关系的多样性和层次性决定了道德规范体系的层次性。为此,我们应根据道德规范体系多层次性特点,对不同对象提出不同的、具体的道德要求。例如,我国《新时代公民道德建设实施纲要》(2019 年)中,提出要全面推进社会公德、职业道德、家庭美德、个人品德建设。

此外,道德内容还有阶级性和继承性等特点,需要我们批判地传承,始终坚持马克思主义的道德观,继承中华民族优良传统道德的积极思想和规范,用以丰富和完善社会主义道德体系,包括广大教师的道德规范体系。

三、道德的功能

有学者在探究道德的起源和本质时指出:"道德受社会舆论和个人内在信念的直接维系推动,以善恶为基本评价词,负责为人提供'善'的为人处事方式,以满足人处理人际关系和实现自我的需求。"[1] 因此,道德的根本功能和作用在于,通过评判人的权益诉求是否正当来处理人际关系和生态环境问题,从而促进人的发展和社会和谐。"道德是维系人们生活和谐发展的纽带,社会的发展和文明的进步都离不开人们对道德观念的认同和具体德行的实践。"[2] 道德对社会、个人和教育分别具有以下作用。

(一) 调节社会关系

调节复杂的社会关系是道德最基本、也是最主要的功能之一。在社会转型发展和市场经济的冲击之下,当代社会关系已经形成了一张复杂交织的"社会资本"关系网络,道德通过评价、教育、指导、激励、示范、沟通等方式和途径,调节人与人之间、个人与社会之间等的关系,并规约其行为。

道德对人的行为具有一定的约束作用,所以,制定一些法律规范的依据也是从道德思想出发的。与法律规范不同,道德的调节途径以大众信念和公众舆论为主。"如果说道德在本质上属于自律性规范,其功能重在'扬善',那么法律在本质上属于他律性规范,其功能重在'抑恶'。"[3] 道德作用的发挥最终靠行为主体的内心信念、道德观念和良知,即道德只对讲道德、信奉道德的人起作用,对那些没有任何道德观念的人则很难发挥作用。一个无任何羞耻心、良知感、善恶观的人,即使面对纷至沓来的批评、谴责仍会我行我素。因为社会尤其是现

① 韩东屏. 道德究竟是什么——对道德起源与本质的追问[J]. 学术月刊,2011(9).
② 刘济良. 幼儿教师职业道德[M]. 上海:复旦大学出版社,2018:1.
③ 蒋先进. 正确认识法律和道德的功能及作用[J]. 探索与争鸣,2002(6).

代文明社会不可能强迫人们遵从道德,更不会采取外在强制措施去惩罚违反道德的人,所以,道德只能约束具有善良意志的"善人",而对那些没有任何道德意识、恶贯满盈、良知丧失殆尽的"恶人"很难起到规范作用。法律最终靠国家强制力做后盾发挥"抑恶"作用,正是对道德规范功能的补充。

大众信念主要包括社会核心价值观、个人的人生观、价值观和世界观、道德理想等,公众舆论主要是由某种社会现象引发的公众对道德观念的思考和评论。信念和舆论的力量不可小觑,它有时像一只无形的手,可以触及社会政治、法律所无法涉及的各个社会领域中,大到关系治国安邦的政治、经济活动,小到琐碎的邻里纠纷、家务私事等,所谓"清官难断家务事",但一些特殊矛盾是政治手段和法律途径都鞭长莫及、无计可施的,唯有通过道德的影响力和归属感、认同感来解决。通过道德来调节社会关系是无需也不能通过强力制裁的,大众信念和公众舆论、公序良俗观念正是一种无形的社会力量,对人们的思想、情绪和态度产生强烈的导向作用,从而弃恶扬善,扶正去邪,传承中华传统美德,弘扬社会正能量和主旋律。

(二) 规约个人行为

规约个人的日常行为是道德最基本的作用之一。道德正是通过对个人行为的调节从而推进社会的有序发展,保证每个社会成员都爱国守法、明礼诚信、团结友善、勤俭自强和敬业奉献。个人行为是在思想观念和价值选择的支配下实现的,良好的思想观念将对个人行为产生积极向上的影响,从而促进个人健康成长,天天向上;不良的甚至恶意的思想观念则对个人行为产生负向影响,做出不符合社会伦理道德的行为,不利于个人成长。道德的能动性就在于对人的思想观念做出善恶评价和发挥作用,不断激励个人奋发向上,完善自我的人格特征。

当前,我国市场经济体制正在逐渐完善,随之而来的道德问题也不绝于耳。"人善被人欺,好人没好报"的负面新闻不时出现。[①]那些喧嚣"道德无用论""道德代价论"的人也逐渐认识到,道德调节社会关系的作用在如今日益显现其重要作用。学校对道德教育以及师德师风教育越发重视,家庭教育中父母也会随时留意孩子的行为是否符合道德要求。网络道德、文明上网等行为的提倡,正是道德规范个人行为的重要途径。

另一个重要的途径是形成或养成个人的道德修养。道德修养是具有良好道德思想观念的表现,是产生道德行为、道德习惯的思想动力。道德修养一般是经过道德认知、道德思考、道德内化、道德习惯等长期过程最终形成的,是个人道德修养和思想品德的综合表现。道德自觉行为是道德修养的核心部分。因此,规约个人行为和慎独等并非易事,它是一个有道德的人崇高价值的体现。

(三) 教育引导功能

道德具有教育功能。我国的传统道德教育是传承中华美德的重要平台,在学校教育中开设有专门的思想政治课程(如全国小学新版"道德与法治"课程),在课堂教学中教师依据社会制度的要求,对学生进行思想品德教育,其中,将中华美德教育置于教学的重要地位,内容主要包括具有正确的道德意识、优秀的道德品质和良好的道德行为等,教导和激励学生树立正确的社会义务、荣誉、正义、幸福、关爱等观念,使受教育者成为道德高尚、思想纯洁、理

---

① 例如:洞见. 大衣哥家门被踹开,钟南山"豪宅"曝光:你们欺负老实人没完了? [EB/OL].(2020-04-20)[2020-08-24]. https://m. sohu. com/a/390266439_603230? spm=smwp. media. fd-s. 6. 1588145557383cKICO1S.

想远大的人。

道德理想需要一代代人的传承,道德教育在此过程中起到重要作用。先进的道德理想是社会发展的产物和需要,在社会变革和制度完善的过程中,道德作为积极的精神力量,一直以来是支撑社会变革的精神动力。一个拥有道德良知的人在社会生活中总是在不断完善自己的内心世界,在达到一定的道德境界时,"赠人玫瑰,手留余香",个人会感受到心情的愉悦和精神的幸福。道德观念需要从小培养,道德的养成需要长期的熏陶和培育,尤其是,道德的心理定式在人生的成长过程中和做人的准则上尤为重要。一个人追求的往往是精神的愉悦和超脱,如当一个人做了一件符合道德的行为或者有益于他人的好事,他的内心就可能产生愉快的、不可替代的体验,找到了人之为人的存在感和成就感。在学校生活中或家庭环境下,教师和家长经常充当道德教育者的角色,道德的潜移默化感染作用和熏陶作用在此过程中得到了显现。

第二节 ◆ 职业与职业道德

一、职业的含义

职业即个人所从事的服务于社会并作为主要生活来源的工作。俗话说,"三百六十行,行行出状元"。根据中国职业规划师协会的定义,职业包含十个方向:生产、加工、制造、服务、娱乐、政治、科研、教育、农业、管理。职业是参与社会分工,利用专门的知识和技能,为社会创造物质财富和精神财富,获取合理报酬,作为物质生活来源并满足精神需求的工作。可见,教师是教育工作者,属于社会职业的一种。而且,"教师还是一种专门性职业,例如1966年,联合国教科文组织在《关于教师地位的建议》中就提出,教师工作应被视为一种专门职业,教师是专业人员"[1]。教师是和社会上的医生、律师、法官、会计师等职业一样的从业人员。

职业具有社会性,规范性和功利性等特色。其中,职业的社会性即职业是从业人员在特定社会生活环境中所从事的一种与其他社会成员相互关联、相互服务的社会活动。职业的规范性包含两层含义:一是指职业内部的规范性操作要求,二是指职业道德的规范性。不同的职业在其劳动过程中都有一定的操作规范性,这是保证职业活动的专业性要求。当不同职业在对外展现其服务时,还存在一个伦理范畴的规范性,即职业道德。这两种规范性构成了职业规范的内涵与外延。职业的功利性也叫职业的经济性、目的性,是指职业作为人们赖以谋生和安身立命的手段,具有逐利性的一面,以获得一定的报酬为目的。职业活动既满足从业者自己的需要,同时也满足社会的需要。只有把职业的个人功利性与社会功利性结合起来,职业活动及其职业生涯才具有生命力和意义。教师不仅要把教育教学当作一种职业,也要把它当作一种事业来做,说的就是这个道理。

二、职业道德的含义

关于职业道德的内涵,国内外学者有不同的理解。国内学者对职业道德内涵的理解可

---

① 张笑涛. 教师教育惩戒权的内涵、意义与落实方略[J]. 中国德育,2017(8).

概括为三种观点,分别为"规范说""主客观说"和"三现象说";国外学者则主要从"个人与社会"相联系的视角进行理解和分析。① 其中,"规范说"认为,职业道德是一种行为规范。职业道德是指从事一定职业的人们,依靠社会舆论、传统习惯和内心信念来维持的,在职业活动中应该遵循的行为规范的总和。例如,2001 年我国颁发的《公民道德建设实施纲要》中规定:职业道德是所有从业人员在职业活动中应该遵循的行为准则,涵盖了从业人员与服务对象、职业与职工、职业与职业之间的关系。"主客观说"认为,职业道德包含主客观两个方面的含义。客观方面指的是从业人员在特定职业活动中应遵循的"道德规范";主观方面指的是从业人员在职业活动中应具有的"道德观念、道德情操、道德品质"。"三现象说"认为,职业道德包含职业道德活动、职业道德意识和职业道德规范三种现象。职业道德是与人们的职业活动紧密联系且具有自身职业特征的道德活动现象、道德意识现象和道德规范现象。换言之,职业道德包括从业者思想、行为上所应当遵循的行为规范、心理意识和行为活动。

上述三种观点中,"规范说"是典型的、最为常见的对职业道德的界定,包含教师职业道德、会计职业道德、公务员职业道德、医生职业道德等,都是指社会对从业人员在特定职业活动中的道德规范和要求。社会的进步需要道德的维系和保障。有人类群体和社会生活的地方,都需要有道德规范和伦理价值的存在。同样地,社会上的每一种职业都需要一定的道德规范和职业准入条件,正如恩格斯所言:"实际上,每一个阶级,甚至每一个行业,都各有各的道德。"② 所谓职业道德,是指从业人员在职业活动中所形成和遵循的该职业特有的道德要求,以及相应的道德观念、道德情操、道德品质。职业道德通过从业者的职业观念、职业态度、职业作风、职业理想等以及他们的社会效果表现出来。职业道德的优劣不仅关系到人们的切身利益,而且关系到整个社会道德风尚的好坏与道德水平的高低。③

国外对职业道德的研究,最早可追溯至柏拉图(公元前 427—347)的《理想国》一书。在该书中,柏拉图提出了他认为的理想状态中统治者、护卫者、劳动者三大阶层应达到的道德要求。法国社会学家爱弥尔·涂尔干、德国社会学家马克斯·韦伯分别在各自的研究中关注职业道德。1929 年,美国伦理学家赖特在他的《伦理学概述》中提出了西方社会中各行各业的职业道德要求,开启了现代意义上对职业道德的研究。后来,还出现了美国米切尔·贝里斯的《职业伦理学》、劳伦斯·波尼蒙的《会计职业道德研究》、肯尼思·基普尼斯的《职责与公义——美国的司法制度与律师职业道德》和加拿大莱昂纳多·J. 布鲁克思的《商务伦理与会计职业道德》等有关职业道德的著作。

总的来看,国外主要从个人与社会相联系的视角对职业道德进行理解和界定。例如,爱弥尔·涂尔干认为:"有多少种不同的天职就有多少种道德形式,这些不同的道德形式便完全适合于个人所组成的不同群体,有多少职业就有多少职业伦理的器官,每个器官都像与社会整体的联系那样彼此关联,都具有相对的自主性,分别处理各自规定的关系。"④ 还有国外学者提出,职业道德是指信仰、价值观和原则,它们是指导个人在其工作环境中的实践,理解他们的工作权利、职责,并采取相应行动的方式。⑤ 从上述列举的这些观点可以看出,国外学

① 田欢欢. 职业道德的内涵[J]. 教育教学论坛,2019(38).

② 马克思恩格斯选集(第 4 卷)[M]. 北京:人民出版社,1974:236.

③ 钱焕琦. 教师职业道德[M]. 上海:华东师范大学出版社,2008:17.

④ [法]爱弥尔·涂尔干. 职业伦理与公民道德[M]. 渠东,付德根,译. 上海:上海人民出版社,2006:4.

⑤ 转引自田欢欢. 职业道德的内涵[J]. 教育科学论坛,2019(38).

者把职业道德看作社会道德规范和个人因素在职业活动中的统一体,既包括社会对个人在职业活动中要遵守的道德规范和个人对社会应尽的责任、义务等客观要求,也包括个人在职业活动中的见解、感悟、价值观等主观因素,这样不仅使个人在职业活动中有可依据的规范、标准及职业准则,也有利于发挥个人在职业活动中的主动性。这与我国学者对职业道德的理解没有本质的区别。

综上所述,我们认为职业道德的含义有广义和狭义之分。广义的职业道德是指从业人员在职业活动中应该遵循的行为准则,涵盖了从业人员与服务对象、职业与职工、职业与职业之间的关系;狭义的职业道德是指在一定职业活动中应遵循的、体现一定职业特征的、调整一定职业关系的职业行为准则和规范。其中,职业关系包括职业者与职业服务对象之间的关系、职业团体之间的关系、同一职业团体内部人与人之间的关系,以及职业劳动者、职业团体与国家之间的关系。

三、职业道德的作用

职业道德的主要内容包括爱岗敬业、诚实守信、办事公道、服务群众、奉献社会、人格修养等。职业道德是社会道德体系的重要组成部分,它既具有社会道德的一般作用,又具有自身的特殊作用,具体表现在以下几个方面。

(一)有助于调节职业交往中人与人之间的关系

职业道德的基本功能是调节。一方面,职业道德可以调节从业人员内部的关系,运用职业道德规范约束或激励职业内部人员的行为,促进职业内部人员的团结与合作。如职业道德规范要求各行各业的从业人员,都要团结互助、爱岗敬业、齐心协力地为发展本职业以及本行业服务;另一方面,职业道德又可以调节从业人员与服务对象之间的关系。如职业道德规定了商家要怎样对用户需求负责,营销人员怎样对顾客满意度负责,医生怎样对病人健康负责,教师怎样对学生发展负责等。

(二)有助于维护本行业的信誉

一个行业、一个企业的信誉(即它们的形象、信用和声誉)是指企业及其产品与服务在社会公众中的被信任程度。提高企业的信誉主要靠产品质量和服务质量,而从业人员职业道德的高水平是产品质量和服务质量的有效保证。若从业人员的职业道德水平不高,很难生产出优质的产品和提供优质的服务,甚至会提供假冒伪劣的商品和名不副实的服务。

(三)有助于促进本行业的发展

行业和企业的发展目的是追求好的经济效益和社会效益,两者都根源于员工的高素质。员工素质主要包含知识、能力、道德、责任心等方面,其中,责任心是重中之重。职业道德水平高的从业人员有着较强的工作责任心和社会责任感。因此,职业道德通过从业者的榜样示范、道德自律、"业界良心"等能促进本行业的发展。

(四)有助于提高社会的道德水平

各行各业的职业道德是整个社会道德的主要组成部分。职业道德一方面涉及每个从业者如何对待职业和工作,同时也是一个从业人员的生活态度、价值观念的表现,更是一个人的道德意识、道德行为发展的成熟阶段,具有较强的稳定性和连续性;另一方面,职业道德也是一个职业集体甚至一个行业全体人员的行为表现。如果每个行业、每个职业集体都具备优良的道德,对整个社会道德水平的提高就会发挥重要的引领和示范作用。

四、教师职业道德的作用[①]

百年大计,教育为本;教育大计,教师为本。作为社会职业道德的一种,教师职业道德具有重要的作用,主要有四个方面。

(一) 对学生的示范和教育作用

教师所具有的道德品质,通过教育实践可以直接影响到学生,成为学生的精神财富。这就是教师职业道德对学生的教育作用或称"向师性"。这种教育作用一般又可以分为认识作用和示范作用两个不同的侧面。教师职业道德的认识作用是指教师以自己的道德实践推动学生认识的提高,促进学生正确道德观念的形成。作为儿童和青少年的中小学学生,既缺少理论武装,又缺少社会经历,对复杂的社会生活还没有深切的体验和成熟的看法。他们要懂得这一切就需要学习,教师的道德面貌是学生学习社会的一面镜子。教师职业道德的示范作用是指教师以自己的道德行为给学生树立榜样,引领和促进学生的道德成长。青少年的情感、意志、行为都具有不稳定性,要想沿着一定的方向去培养他们优良的道德品质不是一件容易的事。然而,如果教师能够始终如一地为人师表,通过自己的道德行为对学生加以示范和引导,就可以在学生身上产生深刻影响。这是因为教师的榜样最容易使学生产生亲切感,教师用"身教"来印证平日的"言教",就对学生具有很大的说服力和感染力。

(二) 对教育过程的把控和调节作用

任何一种教育过程,总是包含着各种各样的关系,存在着各种各样的矛盾。调节这些关系、解决这些矛盾,首先当然要靠党的教育方针政策,要靠学校的规章制度和纪律,但同时也要靠广大教师在自觉基础上所形成的高尚的职业道德。教师职业道德对教育过程的调节作用,是教育过程得以顺利进行的重要保证。教师和学生是教育过程的主要参加者,教师和学生的关系是否正常、和谐、融洽,对于整个教育过程的影响极大。如果学生在内心里对教师存在反感,教师所主持进行的一切教育和教学活动的效果就会大大降低,甚至会适得其反。

(三) 对社会文明的引领和影响作用

教师道德不仅在教育过程中有重大作用,而且还可以促进整个社会良好风气的形成。教师队伍是我国知识分子队伍中人数最多、分布最广的一支队伍。他们具有一定的专业知识和技能,和人民群众有着广泛的联系。近年来,随着教师地位的提高,他们常常走出校门参加各种科学文化活动和社会活动;教师还通过自己的学生,联系着社会上的每一种职业、每一个家庭。这一切表明,我国的教师队伍是一支非常积极、非常活跃的队伍,这支队伍在我国社会生活中正在产生越来越深远的影响。正因为如此,广大教师的道德面貌如何,已经成为一个关系到整个社会精神面貌的大问题。如果每个教师都具有高尚的职业道德,就会在社会主义精神文明建设、社会主义核心价值观教育中产生巨大的作用。

(四)对教师本身的约束和指导作用

对教师本身的约束和指导作用包括对教师工作的动力功能和评价功能等。孟子曰:"得

---

① 范士龙,陈春莲.教师职业道德[M].武汉:华中师范大学出版社,2018:52-54.

天下英才而教育之,三乐也!"①一个教师如果具有高尚的职业道德情感,为了教育事业甘愿无私奉献,他就会感到无比的幸福。这种情感可以使教师更深刻地感受到从事教育事业的乐趣,推动他们去寻求做好教育工作的奥秘,促进他们理想人格的形成,引导他们成为坚强有力的人类精神财富的传播者和创造者。教师职业是平凡而又艰苦的,事实上,教师如果仅仅在理智上认识到自己所从事的专业的性质和意义,还不足以产生献身教育的崇高信念,只有具备高尚职业道德的教师,才能对自我的行为从理智和情感的统一上进行评价,才能真正意识到自己应尽的义务和应负的职责,才会在自己的职业实践中战胜困难,取得成就,并能真正体会到苦中有乐,甚至其乐无穷。

第三节 ◈ 教师职业道德的形成与发展

教师职业道德是教师在从事教育工作中必须遵守的行为规范和道德准则的总和,是教师对自己从事的职业道德规范的认识和实践所达到的自觉程度,是教师在这一特殊职业的工作中形成和发展起来的品德。教师职业道德既是教师为师的根本标志之一,又是教师完成教书育人任务的有效保证。师德作为一种传统精神,数千年来,生根并繁衍于我国的教育土壤。从万世师表的典范到诸多师德修养的名言名篇,在教师职业道德修养方面,我国形成了丰富的优良传统和宝贵的历史遗产。在当代社会,既需要传承教师职业道德的优良传统,又要遵循教师职业道德的时代性,不断推进教师职业道德的创新和发展。

一、我国教师职业道德的优良传统

教师职业道德是由一系列规范构成的。从教师职业道德调整的关系上看,有师生之间的道德规范,有教师同行之间的道德规范,有教师与家长之间的道德规范,还有教师与社会之间的道德规范。"我国的师德传统主要体现为师生之间的道德规范。从万世师表——孔子的教育思想来看,他在教育教学过程中体现出来的'诲人不倦''关怀备至''因材施教''教学相长'等道德修养"②,至今仍有很强的现实价值。

(一) 学而不厌,诲人不倦

"学而不厌,诲人不倦"被孔子当作教师应有的品格加以坚持,并通过言传身教影响学生,因而得到了学生的高度评价和赞誉。"学而不厌"解决的是教师业务水平的问题,"诲人不倦"解决的是教育学生的态度问题。这是"经师"与"人师"、"才"与"德"的问题。教学过程是教与学的对立统一体,教师作为其中的主导者,其自身的教育教学水平、职业道德涵养直接关系到教育的质量和受教育者的健康成长。因此,国家在有关教师职业的规定中,既规定了"人师"的要求,也规定了"经师"的要求。这一传统的现实意义在于,强调教师的业务要求,并不等于放松对教师的职业道德修养要求,而是要求教师必须德才兼备,德艺双馨。

(二) 深切关怀,体贴备至

"深切关怀,体贴备至"是孔子教育教学过程中体现出的又一教师道德品质要求。孔子

---

① 转引自黄彦伟.孟子"乐育英才"的内在理路及儒家传统中的人文化成[J].理论月刊,2019(8).
② 包金玲.我国教师职业道德教育的发展与评价[J].国家教育行政学院学报,2006(6).

关心和爱护每一个学生,他对学生的爱护经常表现在对学生的表扬和批评上。"《论语》中关于孔子对学生的表扬批评记录有 23 处,其中,属于表扬的有 17 处。"[1] 表扬是为了鼓励学生,批评是为了学生更好地进步,但相对而言,孔子采用表扬的手段多于批评。正是由于孔子热爱自己的学生,并且关心爱护他们,并采取合适的鼓励手段,所以,学生对他尊敬备至。这一传统的现实意义在于,作为教师,一定要有一颗爱心。"师爱"是"师德"的灵魂。试想,一个缺乏爱心的教师,如何能够做到言传身教呢?因此,教师职业道德建设的根本,在于培养教师的爱心。关心和爱护每一位学生是教师应尽的义务。

(三)因材施教,教学相长

"因材施教"是孔子教育教学过程中的另外一条重要原则,他开创了因材施教的先河。孔子能够做到因材施教,同他对学生的全面了解、深入细致的观察是分不开的。这一传统的现实意义在于,教师要做到因材施教,就必须全面了解每一位学生,这就要求教师平时多观察学生,了解每个学生的兴趣爱好和个性特征,分析每一个学生的真实需求和遇到的实际困难,并把握学生成长的一般规律和特点。

"教学相长"是孔子留给后世的有关师生关系的又一份重要历史遗产。在当时等级森严的社会历史条件下,能够做到师生之间民主平等、相互学习,实在难能可贵。其现实意义在于,要将严格要求与尊重学生相结合,严慈相济。一方面,根据学生的实际情况施教;另一方面,在制度上又不允许有特殊学生存在,在师生之间建立起相互尊重、民主合作的双主体关系。这就要求教师要公正客观地对待学生,在教学活动中,对不同性别、年龄、出身、智力、个性、相貌以及关系密切程度不同的学生,做到一视同仁、同等对待,不以个人的私利和好恶作为标准。

二、我国改革开放后教师职业道德的发展[2]

(一)从"经验管理"到"法规"立法:1983—1990 年

党的十一届三中全会之后,尊师重教等社会主义精神文明建设被重新提上日程。1983年,全国教育工会召开教育工作者座谈会,讨论教师职业道德问题,对全国各地学校开展师德教育起了有益的推动作用。1984 年,在总结各地学校制订师德教育规范、开展师德教育经验的基础上,教育部、全国教育工会联合颁发了《中小学教师职业道德要求(试行草案)》。该草案对教师职业道德提出了六点要求,规定了教师个人在处理与国家、社会、家长、学生以及同事之间的关系时理应遵循的道德规范。[3]《中小学教师职业道德要求(试行草案)》尝试吸取各地方院校师德教育的经验和教训,是改革开放以来我国首次以明确的规范性文件对教师职业道德进行规定、约束的文件,对推动我国教师职业道德建设具有重要意义。

(二)教师职业道德规范的明确和完善:1991—1999 年

1991 年,当时的国家教委和全国教育工会在总结 1984 年《中小学教师职业道德要求(试行草案)》实施经验的基础上,重新修订、颁布了新版《中小学教师职业道德规范》。该规范的基本精神与 1984 年《中小学教师职业道德要求(试行草案)》保持一致,但也反映了新的时代要求。市场经济体制的建立和改革开放政策的实施,对我国传统的价值观产生重大冲击,一

[1] 转引自肖川.主体性道德人格教育[M].北京:北京师范大学出版社,2002:150.
[2] 郅庭瑾,吴慧蕾.我国教师职业道德教育的发展与评价[J].中国教育学刊,2009(8).
[3] 朱明山.教师职业道德修养:规范与原理[M].北京:华龄出版社,2006:61-67.

部分教师受到"全民经商"浪潮的影响,开始有点不务正业。这种新形势对教师队伍建设提出了新的要求。1991年,国家教委、全国教育工会修订并颁布了《中小学教师职业道德规范》,新增"廉洁从教"条目,旨在引导教师抵制社会不良风气的影响,形成良好的道德风尚。改版后的《中小学教师职业道德规范》规定的师德内容已经逐步渗透到教师生活的方方面面,例如,其中第4—6款要求教师:面向全体学生,热爱、尊重、了解和严格要求学生,循循善诱,诲人不倦,保护学生身心健康;热爱学校,关心集体,谦虚谨慎,团结协作,遵纪守法,作风正派;衣着整洁、大方,举止端庄,语言文明,礼貌待人,以身作则,为人师表。这次修订颁布的《中小学教师职业道德规范》成为我国教师职业道德建设的基本准则。

(三)教师职业道德凸显专业性和务实性:2000—2008年

进入21世纪以来,我国教师职业道德规范逐步凸显其专业性和现实可操作性,对各类不同性质的学校都提出了各自的师德教育规范。2000年,教育部、全国教育工会颁布《中等职业学校教师职业道德规范(试行)》,进一步完善我国教师职业道德规范的内容体系。该规范对中等职业学校教师在职业道德方面提出六项要求——坚持正确方向,热爱职业教育,关心爱护学生,刻苦钻研业务,善于团结协作,自觉为人师表,其中特别突出强调青年教师的师德建设工作。中等职业学校、高等学校等不同类型学校教师的职业道德标准及其教育机制受到重视。2008年5月,四川汶川大地震发生之后,因为"范跑跑事件"等的发酵,关于师德的问题再次引起社会热议。同年6月25日,教育部公布新修订的《中小学教师职业道德规范》(征求意见稿),"保护学生安全"这一条被首次纳入其中。新修订的《中小学教师职业道德规范》可操作性增强了,这正是针对过去的《规范》薄弱环节的完善。其中的条目是教师经过努力可以养成的良好行为习惯,且每一条目的最后都列举出教师不应该做的行为,即"负面责任清单"。如在"热爱学生"条目中,要求教师关心、爱护全体学生,不讽刺、挖苦、歧视学生,不体罚或变相体罚学生等。2018年9月1日新修订的《中小学教师职业道德规范》共提出了六条内容:爱国守法、爱岗敬业、关爱学生、教书育人、为人师表、终身学习。

(四)教师职业道德突出问题针对性:2009年至今

近十年来,由于人们对赏识教育、表扬教育等的片面理解和矫枉过正,导致了一些教师不敢管、不愿管学生,校园暴力事件不时发生,严重影响了教育教学秩序和家校合作育人的效果。因此,2009年8月,教育部印发《中小学班主任工作规定》,其中明确规定,"班主任在日常教育教学管理中,有采取适当方式对学生进行批评教育的权利"。2017年2月4日,青岛市政府发布《青岛市中小学校管理办法》,其中提到"中小学校对影响教育教学秩序的学生,应当进行批评教育或者适当惩戒;情节严重的,视情节给予处分。学校的惩戒规定应当向学生公开"①。据悉这是全国或地方教育性的规范性文件中首次提出"惩戒"概念。2019年11月22日,教育部根据《教育法》《教师法》《未成年人保护法》等法律规定,经充分调研与广泛征求意见,研究制定了《中小学教师实施教育惩戒规则(征求意见稿)》,不仅为惩戒的实施提供了法理依据,还提供了实施原则、惩戒程序、帮教措施,尤其是禁止情形等保障举措。

除了管教学生的国家教育法规和政策要求,针对近年来个别教师体罚学生、猥亵学生等失德败德、突破道德底线的行为,国家也专门出台了相关规范来制止和防范。例如2014年1月11日,教育部以教师〔2014〕1号文件印发《中小学教师违反职业道德行为处理办法》。为

---

① 张笑涛.教师教育惩戒权的内涵、意义与落实方略[J].中国德育,2017(8).

深入贯彻习近平新时代中国特色社会主义思想和党的十九大精神,深入贯彻落实全国教育大会精神,扎实推进《中共中央、国务院关于全面深化新时代教师队伍建设改革的意见》的实施,进一步加强师德师风建设,教育部于 2018 年 11 月 8 日修订了 2014 年的《中小学教师违反职业道德行为处理办法》。修订后的"第四条"明确规定将对中小学教师违反职业道德的 11 种行为进行处理。2018 年 11 月 14 日,教育部还印发了《新时代中小学教师职业行为十项准则》。对比最新的《中小学教师违反职业道德行为处理办法》和《新时代中小学教师职业行为十项准则》,一反一正,对新时代教师的职业道德行为,尤其对学生的安全教育、教师廉洁从教、依法执教等,提出了新的和具体的要求。2019 年 12 月 6 日,教育部、中央组织部等七部门又印发了《关于加强和改进新时代师德师风建设的意见》,进一步明确了新时代师德师风建设的指导思想、基本原则、工作目标及任务举措,提出将经过五年左右努力,基本建立起完备的师德师风建设制度体系和有效的师德师风建设长效机制。

三、我国教师职业道德的时代要求

在新的历史时期,加强教师职业道德建设依然具有重要的意义。

(一) 教师职业道德品质形成和发展的要求

教师道德品质的培养,可以通过多种方式和途径进行,其中,道德教育是前提,道德实践是途径。但是,事物发展的根本原因不在事物的外部而在事物的内部,在于事物内在的矛盾性。因此,教师道德品质的培养不可能只靠外部的教育和影响来约束,还需要通过教师内在的主观修养和自律因素起作用,外部的影响和教育只有通过教师个人的自我修养才能达到效果。所以,教师在加强师德修养的过程中,必须努力提升个体的职业道德品质,并根据社会所需要的职业道德品质要求,结合自己的实际情况,自觉进行自我教育、自我锻炼和自我提高。

(二) 教育现代化对教师的要求

实现教育的现代化,关键是人的现代化。人的现代化主要是人的思想和观念的现代化。当今世界的教育面临极好的发展机遇,但也面临前所未有的挑战,包括人才培养的理念、方式、内容、途径等方面。因而,教师的职业道德被赋予新的内容。如果一个教师具有较高的师德修养水平,他会懂得用现代的教育思想指导自己的教学,用科学的教育规律创造性地开展教育;如果一个教师具有较高的师德能力,他会懂得用前沿的科学知识丰富学生的头脑,用现代的教育技术手段去调动学生的学习积极性;如果一个教师具有较高的师德境界,他会用真诚的爱心去关怀学生的健康成长。总之,教育现代化要求教师加强自身职业道德修养,具有良好的职业道德品质。只有这样,才能有助于教师在教学中提高教学质量和教学效果;有助于在与学生的交往中以思想影响思想、以品格影响品格;有助于在和学生进行交流时,给学生提供科学知识和最新信息,教给学生科学的方式方法;有助于在给学生传授知识的同时,教给他们如何做人、如何适应社会、如何面对人生;有助于在进行创造性教学的过程中,培养学生的创新意识、创新精神和创新能力;有助于在教书育人的过程中,更好地服务学生、关怀学生。一个具有高尚职业道德品质的教师必定在人才培养方面有自己的特色,有突出的贡献。教师要适应教育现代化的需要,就必须加强职业道德修养,提高自身的职业道德水平。

(三) 新时代对教师的要求

加强教师职业道德建设也是适应新时代社会发展的要求,因为学校是社会主义精神文明建设的重要基地,教师是精神文明和道德风尚的倡导者、力行者和推行者。教师的职业道德水平不仅广泛影响在校学生,而且会通过学生影响学生家长乃至整个社会。随着时代的发展和基础教育改革的推进,整个社会对教师的职业道德提出了更高的要求。一方面,教师要及时解放思想,转变传统的教育观念,根据课程改革的精神和学生发展的需要,努力提升自己的教育技能,不断探索新的教育方式和方法;另一方面,教师要根据自身特点和学校教育要求,立足学校生活和教育教学实践,加强自我教育和自我修养,不断提高自己的职业道德水平。例如,教育部 2011 年印发的《小学教师专业标准(试行)》中,提出了"师德为先、学生为本、能力为重、终身学习"四大基本理念。其中,"师德为先"具体指:"热爱小学教育事业,具有职业理想,践行社会主义核心价值体系,履行教师职业道德规范,依法执教。关爱小学生,尊重小学生人格,富有爱心、责任心、耐心和细心;为人师表,教书育人,自尊自律,做小学生健康成长的指导者和引路人。"

2014 年第 30 个教师节前夕,习近平总书记在考察北京师范大学时发表重要讲话,勉励广大教师做"有理想信念、有道德情操、有扎实学识、有仁爱之心"的"四有"好老师。2014 年年底,北京师范大学发起"中国好老师"公益行动计划。2018 年,《中共中央、国务院关于全面深化新时代教师队伍建设改革的意见》中指出,"百年大计,教育为本;教育大计,教师为本";以及"教师承担着传播知识、传播思想、传播真理的历史使命,肩负着塑造灵魂、塑造生命、塑造人的时代重任,是教育发展的第一资源,是国家富强、民族振兴、人民幸福的重要基石。党和国家历来高度重视教师工作。党的十八大以来,以习近平同志为核心的党中央将教师队伍建设摆在突出位置,作出一系列重大决策部署,各地区各部门和各级各类学校采取有力措施认真贯彻落实,教师队伍建设取得显著成就。广大教师牢记使命、不忘初衷,爱岗敬业、教书育人,改革创新、服务社会,作出了重要贡献"。

《新时代中小学教师职业行为十项准则》(教师〔2018〕16 号)文件更是指出,教师是人类灵魂的工程师,是人类文明的传承者。长期以来,广大教师贯彻党的教育方针,教书育人,呕心沥血,默默奉献,为国家发展和民族振兴作出了重大贡献。新时代对广大教师落实立德树人的根本任务提出了新的更高要求,为进一步增强教师的责任感、使命感、荣誉感,规范职业行为,明确师德底线,引导广大教师努力成为"有理想信念、有道德情操、有扎实学识、有仁爱之心"的好老师,着力培养德智体美劳全面发展的社会主义建设者和接班人,特制定以下准则:一是坚定政治方向;二是自觉爱国守法;三是传播优秀文化;四是潜心教书育人;五是关心爱护学生;六是加强安全防范;七是坚持言行雅正;八是秉持公平诚信;九是坚守廉洁自律;十是规范从教行为。最后一条要求教师勤勉敬业,乐于奉献,自觉抵制不良风气;不得组织、参与有偿补课,或为校外培训机构和他人介绍生源、提供相关信息。

‖ 第四节 ◈ 教师职业道德的特点

一、教师职业道德意识的复杂性

一般而言,道德的价值取向是关于个体的善良与公正的言行举止,具体包括知善、爱善、行善、扬善等思想和行为。其中,"知善"即道德意识,就是要分辨是非,分清善恶、公平、正义、守约等道德价值的具体内涵,特别是要省察和批判日常生活中习而不察的道德"平庸之恶"。例如,要警惕"灰色道德"以及由此滋生的道德主观主义、道德相对主义和道德怀疑主义、非道德主义、反道德主义等非科学思想,牢记道德是"追求黑白分明的价值评判,而不是混淆黑白的灰色和中庸行为"①。

教师劳动具有特殊性和复杂性,十年树木,百年树人。因此,教师职业道德的认知具有职业道德标准的高度严格性、职业道德意识的强烈自觉性等特征。在当前社会转型期,社会大环境的变化,时代的快速发展,社会的要求,家长的期望,学生的成长,都要求教师必须具备较高的职业道德意识,这样才能胜任教书育人、影响学生身心发展和引领社会道德风尚的重任。教师职业道德包括教师职业道德意识和教师职业道德行为两大部分。一方面,教师职业道德意识和价值观引导着教师的职业道德行为,它是教师职业道德行为的内在规范;另一方面,教师职业道德行为又反映教师职业道德意识的走向。教师只有具备较高的职业道德意识水准,淡泊明志,宁静致远,重视精神需要胜过物质需要;"我为人人,人人为我",具有甘做"人梯""蜡烛"的无私奉献精神,才能将职业意识和行为统一起来,以便更好地适应今天教育的需要。

二、教师职业道德情感的陶冶性

在《现代汉语词典》(第7版)中,"陶冶"的释义为"烧制陶器和冶炼金属,比喻给人的思想、性格以有益的影响"。人的行为不仅受思想的支配,也受情感的驱使,这需要教师对待学生既晓之以理,又动之以情。教师职业道德情感是教育工作者根据一定的教师职业道德观念,在处理相互之间的关系、评价某种行为时所产生的内心体验,在师德培养中起着催化和调节作用。教师需要通过来自社会或自己的不同情感态度,及时反省自己的言行,调节自己的职业道德认识和职业道德行为。

德国哲学家卡尔·雅斯贝尔斯在《什么是教育》一书中指出:"所谓教育,不过是人对人的主体间灵肉交流活动(尤其是老一代对年青一代),包括知识内容的传授、生命内涵的领悟、意志行为的规范,并通过文化传递功能,将文化遗产教给年轻一代,使他们自由地生成,并启迪其自由天性。"②雅斯贝尔斯将"教育"理解为一种对人类灵魂的唤醒、对自由天性的启迪,可见,教师对学生的道德和精神影响,通常超过了对知识和能力的传授。教育要以情感培育情感,身教重于言教。例如,教师要求学生热爱祖国,自己首先要对祖国具有深厚的爱;教育要以品德培育品德,要求学生诚实,教师自己应该言而有信;教育要以兴趣培育兴趣,教师要能带头示范,做人活泼有趣,培养学生广泛的爱好和兴趣;教育学生要以童心对童心,教师要有真性情,用真心把微笑带进课堂,语言要儿童化,形象生动,以情感人,以趣味教学吸引学生。教师在组织学生活动时,还要做好示范,使学校成为陶冶学生情操的乐园,让学生活泼愉快地成长。

三、教师职业道德行为的示范性

学高为师,德高为范。教师职业的特点和性质,决定了教师经常处于为人师表的地位,为"师"要有渊博的知识,为"表"要有高尚的美德,教师的职业道德应体现社会主义的典范品格。在有思想、有感情、有意志、有个性的年轻一代面前,教师的言行要符合社会主义的道德

① 张笑涛. 大学生"道德精神成人"[J]. 天津市教科院学报,2013(1).
② [德]卡尔·雅斯贝尔斯. 什么是教育[M]. 邹进,译. 北京:生活·读书·新知三联书店,1991:5.

规范,时时处处起表率作用,尤其是小学生正处于成长发展的关键时期,可塑性大、模仿性强,具有强烈的向师性,他们把教师的言论作为真理,把教师的行为作为标准,把教师的形象作为榜样,教师的一言一行、一举一动对他们都产生深刻的影响。这就要求小学教师踏踏实实地践行国家规定的教师职业道德规范,具有完美的品格和模范的行为,切切实实地成为做人做事的模范,成为学生心目中的典范。这种典范性的要求与其他职业道德相比更为鲜明,比历史上任何时期的教师道德都更为突出,更为严格。为人师表是指教师用自己的言行做出榜样,成为学生效法的楷模。为人师表作为教师职业道德的原则,是由教育的根本任务决定的。教育的根本任务是教书育人。教书可以通过多种教学手段进行,但主要是通过语言传授。育人虽也可以且必须通过多种手段进行,但其主要方式是教师用自己的言行来影响学生。

四、教师职业道德影响的深刻性

十年树木,百年树人。教师职业道德既受社会道德的制约,又对社会道德的形成和发展产生极为重要的影响。尤其是现代学校由封闭式转为开放式,教师的道德行为更加广泛、深刻地影响着社会的各个方面和各个阶层,对学生的影响最直接、最深刻、最全面、最持久,甚至像鲁迅的《藤野先生》一样影响到学生的一生,可以说影响着子子孙孙、千秋万代的思想品德素质,直接关系到中华民族的思想道德素质,对现实社会和未来社会的道德风貌产生广泛、深刻的影响。古代教育家孔子被尊称为"至圣先师",现代教育家陶行知被毛泽东称为"伟大的人民教育家",许多优秀教师被称为"人之楷模",都反映了教师职业道德影响深刻性的特点。

如果教师拥有崇高的职业道德理想,散发着值得尊敬的人格魅力,他将成为一种强有力的教育力量和学习榜样,对学生的成长产生久远的影响,甚至影响到他们对人生道路的选择。这种影响无论从纵向还是横向来讲都是广泛而又深刻的。从纵向来讲,这种影响力可能会贯穿学生的一生;从横向来看,这种影响力会涉及学生生活中的各个方面,一旦学生的思想观念发生了变化,由之产生的行为也会随之改变。诚如文艺复兴时期伟大诗人但丁的名言:"道德可以弥补智慧的不足,而智慧却永远弥补不了道德的不足。"[①] 在学生的心目中,教师往往扮演着多重角色,既可能是社会的代表、知识权威的代表,也可能是伦理的化身、真理的标准。一个学识渊博、品德高尚、为人正派、公正无私的教师,会被学生视为自己学习的榜样,学生就会有意无意地模仿他的言行举止,以此确定自己人生道路的选择。

五、教师职业道德实践的长期性

道德的实践性是指道德不仅仅是一种社会意识形态,它作为一种人类在实践中创造出来的文化价值观念和规范,必然源于实践,离不开实践并要指导实践,换言之,道德追求知行合一和表里如一。

社会主义教师职业道德是理论与实践相统一的。教师职业道德源于实践,是教师天长日久、广泛实践的结晶;它又作用于实践,向教师的实际行为转化,进入教师的心理结构,变为教师的现实活动。所以,教师良好的职业道德修养不是与生俱来的,而是在科学理论的指导下,经过长期的社会实践不断完善的结果,理论与实践相结合是教师职业道德修养的根本

---

① 转引自袁利荣.关于人生的断思[J].博览群书,2011(4).

途径。教师要有正确的职业道德认识、远大的职业道德理想、真挚的职业道德情感、坚强的职业道德意志和良好的职业道德行为,要做一个社会主义教师职业道德的实践者,做到言行一致,表里一致,成为一个纯洁的、脱离低级趣味的高尚的人,而不是坐而论道、表里不一的人。

思考题

1. 如何全面理解道德的含义? 它具有哪些特点?
2. 请举例说明教师职业道德影响的广泛性和深远性。
3. 《新时代中小学教师职业行为十项准则》包括哪些核心内容?
4. 从职业道德的视角,谈谈你对如何成为一名"四有"好老师的认识。

拓展阅读

1. 刘济良.学校德育[M].北京:北京师范大学出版社,2015.
2. 张笑涛.为"道德教育、公民教育与公民道德教育"正名[J].现代教育管理,2012(9).
3. 郭华.我们今天如何谈师德[J].中国教师,2018(9).
4. 霍庆.六项修炼成就优秀教师[J].教师教育论坛,2019(2).
5. 周俊.迈向更高的师德境界——中小学教师职业道德案例研究[J].教书育人,2005(10).
6. 开放师德教育资源服务课程线上教学[EB/OL].(2020-02-14)[2020-09-28]https://mp.weixin.qq.com/s/feWYe5jVJFD6waqFit_E9A.

第 二 章

小学教师职业道德范畴

◈ 知识结构

```
                                    ┌─ 道德品质
                              品质 ─┼─ 道德内涵
                                    └─ 时代特征

                                    ┌─ 教育义务
                                    ├─ 教育良心
                              伦理 ─┼─ 教育公正
小学教师职业道德的主要范畴 ─┤            ├─ 教育荣誉
                                    ├─ 教育理想
                                    └─ 教育幸福

                                    ┌─ 专业道德规范
                              规范 ─┼─ 社会道德规范
                                    └─ 生活道德规范

                                    ┌─ 情境性原则
                                    ├─ 情感性原则
                              原则 ─┼─ 实践性原则
                                    ├─ 生活性原则
                                    └─ 交互性原则
```

◈ 学习目标

知识与技能	理解并掌握小学教师职业道德的内涵和道德伦理素养；了解小学教师职业道德规范的内容和基本原则。
过程与方法	通过阅读教材,学习和掌握"分析-综合"的研究性学习思路。
情感态度与价值观	会结合案例分析,培育学生基本的道德伦理素养,坚持"小学教师职业道德衡量和判断教师专业发展的重要标准"的立场。

第一节 ◈ 小学教师职业道德品质

教师职业道德是教师在从事教育教学活动时应遵循的基本行为规范和基本价值品质,

是调节自我与他人以及社会等一系列关系的道德观念、美好情操与精神品格的总和。可以说,教师职业道德是一般社会道德在教师职业中的特殊体现,它主要表现为教师的职业义务和道德责任。2008年9月,教育部、中国教科文卫体工会全国委员会联合发布了重新修订的《中小学教师职业道德规范》,在新时期,小学教师的职业道德品质呈现出新的内涵与时代特征,爱与责任是贯穿其中的核心与灵魂。

一、道德品质

我国道家创始人老子是最早对人类道德进行形而上思索的先驱,《道德经》是中国乃至世界范围内最早的道德哲学著作,老子在《道德经》中对"道"与"德"的概念进行了深刻的剖析,揭示了"道德"这一人类自己为自己立法的社会行为规范的含义。"道"与"德"是老子哲学思想的核心范畴,根据《道德经》的视角,道德的本源含义是指包括人在内的万物合"道"而行的品性,人的合"道"而行从本质上看就是人的实践理性与生命智慧。"道"的本义是指人们行走的道路,根据老子的思想,"道"是世界本源、万物本体。鲁迅先生曾言:"世界上本没有路,走的人多了,也便成了路。"路是人走出来的,人们走出的道路必然具有一种共同意志在内的规律与法则,于是,"道"也自然地具有了世上万事万物运动变化之规律与法则的意味。老子对"道"的使用也有明确的区分,"天地之道"作为天地万物运动的普遍规律,也就是自然的法则;"人之道"作为社会人事方面的行为规范与准则,也就是社会的准则。所谓"人法地,地法天,天法道,道法自然"①。可以看出,在老子的思想中自然法则与社会准则在层次上存在高低之分。

老子指出:"孔德之容,唯道是从。"②"道"是世界之本源、万物之本体,是世界万物普遍遵循的必然的客观规律,正是世界万物能够合"道"而行的品性构成了所谓的"德"。也就是说,"德"是追随于"道"的,是将"道"之意蕴付诸实践。道生成了世间万物,德则养育了世间万物,所谓"道生之,德畜之"③。在老子看来,"德"就是世间万物合"道"而行的自然本性。

根据老子对"道"与"德"的诠释,道德的本源含义是指人们合"道"而行的美好德性。我们可以认为,道德在本质上是一种人们的生活智慧,是对客观规律和必然法则的遵循。

康德是运用理性力量力图探寻一种纯粹的道德,对道德做出形而上思考与诠释的最具影响力与代表性的哲学家。根据康德的理解,道德是纯洁与严肃的,不应把个人幸福看作道德的源泉,幸福原则向道德提供的动机非但无法培养道德,反而会败坏道德,摧毁道德的崇高,亵渎道德的尊严。在康德看来,责任才是一切道德价值的源泉,"只有出于责任的行为才具有道德价值"④,而一个"出于责任"的行为依赖于对权威、对规律的无条件尊重,责任正是"由于尊重规律而产生的行为必要性"⑤。可以看出,责任是一种意志层面的自律,"一个出于责任的行为,意志应该完全摆脱一切所受的影响,摆脱意志的对象,所以,客观上只有规律,主观上只有对这种实践规律的纯粹尊重,也就是准则,才能规定意志,才能使我服从这种规律,抑制自己的全部爱好"⑥。

① 陈鼓应,注译.老子今注今译(简帛本最新修订版)[M].北京:商务印书馆,2016:169.
② 陈鼓应,注译.老子今注今译(简帛本最新修订版)[M].北京:商务印书馆,2016:156.
③ 陈鼓应,注译.老子今注今译(简帛本最新修订版)[M].北京:商务印书馆,2016:260.
④ [德]伊曼努尔·康德.道德形而上学原理[M].苗力田,译.上海:上海人民出版社,2012:12.
⑤ [德]伊曼努尔·康德.道德形而上学原理[M].苗力田,译.上海:上海人民出版社,2012:12.
⑥ [德]伊曼努尔·康德.道德形而上学原理[M].苗力田,译.上海:上海人民出版社,2012:12-13.

也就是说,道德作为人们的行为原则和规范的总和,不仅体现在一定时代和一定社会的道德关系中,形成一定的习惯和社会风气,而且也表现在社会成员的个人品质方面,形成个人的道德品质。

从上面对道德的诠释可以看出,一个人的道德品质必然是尊重客观规律、合乎普遍法则的合"道"之性,是一种心灵宁静,泰山崩于前而色不变,麋鹿兴于左而目不瞬,经过深思熟虑以坚定的信念与决心将规律付诸实践的美好德性。同时,一个具备优良道德品质的人也必然是一个拥有崇高责任与使命感的存在,其一切行为都出自尊重规律而产生的必要责任,以责任为动机,出于责任而行动。道德品质具体化的表现可以体现在意识与行为两个层面,之于意识层面,包括一个人的道德认知、道德情感、道德意志、道德信念等;之于行为层面,包括一个人的道德言语、道德行动、道德习惯等。意识与行为相互作用(意识能够激发、调节行为,行为能够巩固、深化意识,并把相应的意识付诸实践),共同构成一个人的道德品质状况。

二、小学教师职业道德品质的内涵

教师作为一种职业,必然有其职业道德,作为社会对教师职业所提出的道德要求与行为准则。教师职业道德是社会对教师提出的关于教师与社会、与学生、与自我之间的反思、认同与实践,"教师职业道德是一般社会道德规范的角色化和行业化"[①],教师在教育教学过程中形成的观念、品德、规范与行为,构成了所谓的教师职业道德品质。小学教师职业道德品质是指小学教师在从事教育活动时应遵循的行为规范和必备的品质,是调节自我与他人以及社会等一系列关系的道德观念、美好情操与精神品格的总和。小学教师职业道德品质可以看作一般社会道德规范在小学教师职业中的特殊体现。总体来看,小学教师职业道德品质由小学教师的职业理想、职业责任、职业态度、职业纪律、职业技能、职业良心、职业作风以及职业荣誉等因素构成,既反映小学教师的职业义务,又体现小学教师的责任担当。

(一)小学教师职业道德品质是教育领域是非善恶的基础体现

小学教师职业道德具有一个基本特点,即小学教师职业道德是对教育过程中善恶的体现与要求,是关于教育领域是非善恶的道德,其一切都应围绕教师职业展开;它不仅告诉人们教师职业何以为善的道理,而且指明了教师职业如何为善的途径,具有教育专门性的特点。教师职业道德作为教师这一行业所特有的伦理现象和精神文化,构成了教师这一行业所特有的精神风貌,成为教师职业发展源源不断的精神动力。小学教师职业道德作为小学教师行为的善恶标准和观念意识,不仅是衡量小学教师职业行为与职业水准的重要根据,对小学教师的行为具有引导作用,而且是小学教师在职业活动中对各种关系和矛盾加以调节或解决的重要依据,能够提高小学教师对其职业道德的评价能力,促进小学教师的职业道德品质不断提升。

(二)小学教师职业道德品质是教书育人的要求

教师作为一个"职业人",首先要遵守社会分工对教师职业提出的相应道德要求,所谓"师者,所以传道授业解惑也",教师的根本任务在于教书育人,这是教师职业产生的原点,也是教师职业在其发展进程中必须肩负的责任与使命。因此,小学教师职业道德的一切内容都应围绕教书育人展开,与教书育人相联系。从古至今,教师职业道德的发展始终贯穿着教

---

① 傅维利,于颖.教师职业道德的独特性及其价值实现[J].教育研究,2019(11).

书育人的要求,在教师职业道德中,育人被视为教书的根本目的,作为"职业人"的教师道德重点体现于育人任务的完成中,所谓"师也者,教之以事而喻诸德者也"[①]。凡为师者必德才兼备,既要使学生掌握基本知识技能,更要让学生知晓立身处世的品德。教书与育人相结合的双重要求也体现了小学教师职业道德要求小学教师需要根据国家和社会的要求,将人类世代创造积累下来的知识、经验、技能传授给年轻一代,并从德、智、体、美、劳等方面全面地塑造培养学生,帮助学生成人成才。同时,小学教师职业道德品质对学生品德的形成与发展能够起到榜样作用,所谓"其身正,不令而行;其身不正,虽令不从。"[②] 身教重于言教,小学教师需要以身作则,为人师表。

(三) 小学教师职业道德品质是一个不断地形成与发展的过程

外在的道德规范是教师职业道德品质发展的重要参照与中介,"在教育伦理与教师道德之间通常需要一个中介即教师道德规范,应以行为规范作为教育伦理与教师道德的中介"[③]。小学教师职业道德的内容涉及教师职业劳动的方方面面,包含小学教师的教育义务、教育良心、教育公正、教育荣誉、教育理想、教育幸福,充分体现着教师职业道德内容的全面性。小学教师职业道德品质包含丰富的内容和不同的发展阶段,这些内容涵盖着小学教师的伦理思想、教育教学行为规范、职业人际交往行为规范、仪表行为规范和语言行为规范等。[④] "教师道德发展是一个由外在规约的他律逐步走向道德体系的'内化'并自律的过程,也是由专业道德集体规约走向个性化建构的过程。"[⑤] 社会要求教师需要做到爱国守法、爱岗敬业、关爱学生、教书育人、为人师表、终身学习,教师需要将这些社会提出的道德要求与行为准则凝道成德,内化为自身自觉的价值体系与内在修养。

三、小学教师职业道德品质的时代特征

教师是立教之本、兴教之源,肩负着传播知识、传播思想、传播真理、塑造灵魂、关照生命、塑造人的时代使命,是教育发展的第一资源。如果说学生是未来实现中华民族伟大复兴中国梦的主力军,那么,广大教师就是打造这支中华民族"梦之队"的筑梦人。习近平总书记对新时期广大教师提出了殷切期望,希望广大教师成为有理想信念、有道德情操、有扎实学识、有仁爱之心的"四有"好教师,做学生锤炼品格的引路人。习近平总书记强调:"要把提高教师思想政治素质和职业道德水平摆在首要位置,把社会主义核心价值观贯穿教书育人的全过程,推动教师成为先进思想文化的传播者、党执政的坚定支持者、学生健康成长的指导者。"新时代对小学教师的职业道德品质提出全新的道德要求,小学教师的职业道德品质具有全新的时代特征。

(一) 坚持坚定的政治方向与爱国守法相结合

教师是从事国家教育事业的专业人员,教师代表国家从事人民的教育事业。新时代的《中小学教师职业道德规范》(2008 年修订)要求小学教师首先要热爱祖国、热爱中国共产党、热爱社会主义事业,坚持拥护中国共产党的领导,全面贯彻党和国家的教育方针,时刻保

---

① 胡平生,张萌,译注.礼记(上)[M].北京:商务印书馆,2017:385.
② 杨伯峻,译注.论语译注[M].北京:中华书局,2012:188.
③ 何云峰.建立和完善教育伦理与教师道德的中介架构[J].探索与争鸣,2014(4).
④ 傅维利.简论师德修养[J].中国教育学刊,2001(5).
⑤ 陆道坤,谈娟.从集体规约到个性化建构——教师专业道德生成的逻辑研究[J].教师教育研究,2017(4).

持坚定的政治方向。小学教师要自觉爱国守法，忠于祖国、忠于人民，恪守宪法原则，遵守法律法规，依法履行教师职责权利。同时，小学教师要明确一切禁止性的职业行为规章制度，严格做到不在教育教学活动以及其他场合存在损害党的权威、违背党的路线方针政策的言行。

(二) 坚持本职性要求与禁止性规定相结合

教书育人是教师在处理自身与职业劳动关系时所遵循的原则要求。教师的职业劳动是具体的教育教学活动，教育教学活动从现象上看是"教书"。在教育教学活动中，教师要开展传递知识与技能的活动，知识与技能是教师直接操作的对象，但是，教师操作知识与技能的目的还在于学生，因此，"育人"是教师职业劳动的本质。"育人"是目的，"教书"是手段，两者不可偏废。没有"教书"，"育人"就失去了依托；没有"育人"，"教书"就失去了意义。

小学教师要落实立德树人的根本任务，就要坚持育人为本，以学生为主体，遵循教育规律和学生身心发展规律，循循善诱，诲人不倦，因材施教，教学相长；培养学生良好品行，激发学生创新精神，促进学生全面发展。同时，针对当前师德建设中的共性问题和突出问题，《中小学教师职业道德规范》也作出了若干小学教师的禁止性规定，要求小学教师明确"教书育人"中禁止的行为。对于"教书"方面，小学教师不得违反教学纪律，敷衍教学，或擅自从事影响教育教学本职工作的兼职兼薪行为；对于"育人"方面，小学教师要做到不以分数作为评价学生的唯一标准，全面客观地看待每一个学生。

(三) 坚持继承传统与不断创新相结合

教师职业道德品质是时代发展的产物，具有"继承"与"创新"的双重特征。教师职业道德品质首先是从教师的职业劳动和教育的实践活动中引申、总结、提炼出来的最一般的经验和结晶，这种最一般的关系在不同时代中都是存在的，是能够沿用的。因此，教师首先既要继承、保留这种时代传承下来的最一般的经验和要求。同时，教师还要适应社会不断变革发展所提出的新要求，需要对教师职业道德品质的内容进行一定的创新。教师职业道德本身并非一种静态永恒的存在，是基于教师与社会的互动交往中动态发展的，"教师道德并非仅仅指向一种外在的客观立法，也并非仅仅指向内在的自我反省，而是基于时代变迁的内外交互作用的结果"①。

我国自古有着优良的师德传统，孔子提出了"学而不厌""温故知新""诲人不倦""以身作则""爱护学生""教学相长"等一系列师德标准与要求，小学教师一方面要继承我国优良的教师职业道德传统，明确自身的责任与义务，深刻领会教师职业道德品质的精神；另一方面，要继承爱国守法、爱岗敬业、关爱学生、教书育人、为人师表、终身学习等《中小学教师职业道德规范》(2008 年修订) 要求的教师基本职业道德品质，作为从事教师职业的规范要求律己正身。在此基础上，小学教师需要结合社会发展、时代进步的需要，在继承学习的过程中有所创新，使得自身职业道德品质能够不断更新、不断完善。

(四) 坚持关爱学生与为人师表相结合

教师职业中存在两种最基本的关系，首先是外在层面的师生关系，而后是内在层面的自我关系。师生关系是教师职业活动中发生的最重要的关系，教育活动主要就是在教师与学

---

① 王素月，罗生全，赵正.教师道德的多层次发展逻辑及其结构模型[J].教育研究，2019(10).

生之间发生的,教师所从事的教育活动的中心就是师生关系。因此,关爱学生是教师处理其与学生的关系时应遵循的原则要求。小学教师职业道德品质要求小学教师要关心爱护全体学生,尊重学生人格,平等公正地对待学生;对学生严慈相济,做学生的良师益友;保护学生安全,关心学生健康,维护学生权益,同时,不讽刺、挖苦、歧视学生,不体罚或变相体罚学生。

为人师表是教师在处理自我关系时所应遵循的原则要求,教师职业劳动不仅需要时刻与他人交往,也需要时刻与自己交往,教师需要对自己提出一定的道德要求,在自己心中树立起崇高的职业形象。小学教师职业道德品质的内在要求强调为人师表,要求小学教师坚守高尚的情操,明荣知耻、严于律己、以身作则,衣着得体、言语规范、举止文明,关心集体、团结协作、尊重同事,尊重家长、作风正派、廉洁公正。

第二节 ◆ 小学教师职业道德伦理

一般而言,教师职业道德的内涵主要包含两个方面:一是与教师这种职业密切联系的专门性道德,它揭示了教师职业道德的独特性;二是教师职业的基本性道德,它不仅包括教师在职业生活中所应遵循的行为规范和行为准则,还蕴含教师对这些规范或准则进行内化而形成的观念意识和价值追求,这便是教师职业道德伦理。

一位优秀的教师除了应该具备足够的专业知识和能力外,还要注重职业道德伦理。这种职业道德伦理素养主要表现在以下几个方面。

一、教育义务

马克思说过:"作为确定的人,现实的人,你就有规定,就有使命,就有任务,至于你是否意识到这一点,那都是无所谓的。这个任务是由于你的需要及其与现存世界的联系而产生的。"[1]教师作为社会中的自然人,必然有自身需要履行的种种义务。教师在社会生活中总是扮演着多种角色,不同的角色面对不同的道德义务。作为社会公民,必须履行维护国家安全、荣誉、利益以及依法纳税等义务;与此同时,我国《义务教育法》(2018年修订)、《教师法》和《中小学教师职业道德规范》(2008年修订)等法律和规范性文件规定,教师必须履行诸如"遵守宪法、法律""教书育人""为人师表""关爱学生"等道德义务。作为教师,在职业活动中要对国家、社会、学生、家长、同事、领导承担一定的道德责任,履行一定的职责,这就是教师的义务。这些义务都是社会对教师提出的基本道德要求。

教师的教育义务表现为教师的一种职责、一种使命,教育义务不以教师的主观意志为转移,具有绝对的客观约束力。这种客观约束力使得教育义务能够引领教师遵循教育职业的纪律要求,去做教师应该做的事。但是,从教师主观意志层面来看,教育义务又是在教师理解和认识了社会客观要求的基础上,自觉形成的一种内心信念和意志。因此,教师履行教育义务的行为又是自由的。可以说,教育义务是社会客观要求与教师主观意志的统一。教师在履行教育义务的过程中,其道德责任体现于正反两个方面,正面即"教书育人",反面即"切勿误人子弟"。具体来看,小学教师的教育义务主要表现在三方面,第一,不断提高自身的思想政治觉悟与教育教学能力;第二,尽职尽责,教书育人;第三,为学生创设良好的、适合其身

---

[1] 马克思恩格斯全集(第3卷)[M].北京:人民出版社,1960:329.

心健康发展的教育环境。

教育义务作为小学教师职业道德伦理素养的重要范畴,具有如下特点。

第一,教育义务作为一种道德命令,具有客观性。它不依赖于个别教师自我意志而转移,不会因为教师假装不知、不懂而消失。教育义务是从教师所处的职业道德关系中产生出来的,它对教师的约束是客观、全面、具体的,任何教师在教育过程中的任何时刻、任何场域,都不得不直面教育义务,接受师德原则、师德规范的约束。

第二,教育义务虽在形式上是客观的,但由于它作用于教师内心,因而教育义务也有自觉性与主动性的特点。教育义务对教师的规范与约束是教师自觉承诺的结果。教育义务只规定"应当怎样",对"不应当怎样"却不多言,它具体体现于教师的责任感之中,是教师自觉主动的行为表现。可以看出,教师教育义务的履行不依靠外力强制,更多的是靠教师的自觉。

第三,教育义务最终需要向教师的教育良心转化,表现出超越性。教师履行教育义务的意识最初以道德认知为基础,然而仅仅依靠道德认知,义务感还处于较低的水平。真正有效的义务感需要教师实现教育义务向教育良心的转化。因此,教育义务的终极超越乃是教师本人对遵循客观道德要求的强烈愿望,是教师自觉自律的意志,成为教师教育良心的重要内容。当师德规范要求成为教师个人分内事,成为教师内心向往的愿望时,教师就会自觉地调动起自己的思想、情感和意志,倾听良心呼唤自律地行动。

二、教育良心

良心是人们在履行自身对他人及社会义务的过程中形成的一种道德责任感与自我评价能力,"是一种能对各种具体情况作出道德判断和评价的知觉力"[1],是各种道德心理因素在个人意识中的统一。教师的教育良心在社会生活与教育教学活动中形成,作为一种精神动力,对教师的道德行为具有重要的指导、监督和评价作用。教师的教育良心主要包含四个方面:一是对学生的仁爱之心;二是对工作的责任之心;三是对同事的团结之心;四是对教育的热爱之心。可以说,教育良心是小学教师对教育事业的忠诚,对教育原则的坚守,对教育对象的关爱,对教育责任的担当,对教育质量的承诺,对教育效率的追求。

小学教师教育良心的特点表现为以下三个方面。

第一,内隐性。一个教师在教学活动中所产生的各种感受,其实都源于自己的内心标准,当符合自己的内心标准时,便会感到内心的愉悦与释怀;反之,当不符合自己的内心标准时,便会感到歉意与内疚。小学教师的教育良心是隐藏于小学教师内心深处的一种发自肺腑的精神力量,它无法具体测量,具有深刻的内隐性。

第二,主观性。教育良心作为小学教师心灵深处的一种道德意识,它不同于外界强加于小学教师的强制性要求,而是将外部的教师道德义务内化为自觉的道德意识,并激发出小学教师的自律行为,将外在的道德规范转变为自身自觉的体认与选择。教育良心一旦形成,其作用范围十分广泛,并且也能表现出多样的情感抉择。

第三,教育性。小学教师教育良心的榜样作用以及评断教育良心的最终标准在于教育良心是否真正符合教育事业的要求。教师职业不同于其他职业,它是以育人为中心的。小学教师在教学过程中的态度直接影响学生道德品质的形成和发展,影响着学生知识的学习

---

① 何怀宏.良心论[M].北京:北京大学出版社,2009:26.

和掌握,这种影响往往是无形的、潜在的、深刻的。由于学生这一特殊复杂的对象千差万别,如不同的年龄、个性、家庭影响和不同的知识基础、能力基础、品德基础等,这些都是小学教师在教育工作中应当注意的。小学教师职业是一个需要小学教师付出爱心和耐心的职业,小学教师对教育事业的忠诚、对学生的热爱,不是仅仅靠客观的检查和计算工作量能衡量的,更多的是靠教育良心的作用。这就要求小学教师在教育教学过程中要谨慎、细心,在充分了解学生的基础上对学生进行教育与指导。

三、教育公正

教育公正是小学教师职业道德伦理素养的重要标志,体现着社会对小学教师的根本要求。教育公正是指小学教师在教育教学活动中,公平合理地对待和评价学生,即按照社会主义道德原则指导下的伦理定位来对待、评价和处理教育活动中的各种关系,做到恪守公心,秉持公义,人格平等,机会均衡,奖惩适宜,一视同仁。其中,公平客观地对待和评价每个学生是小学教师教育公正最基本的内容。王正平教授曾说过:"教育公正作为小学教师职业道德伦理的重要一环,要求小学教师尊重每一个人的教育权利,公正地对待每一个人的教育权利。"[①]

小学教师教育公正的内容主要表现为坚持真理、秉公办事、奖罚分明。小学教师所面对的工作对象是特殊的,他们面对的是一群天真烂漫的孩子,孩子用自己稚嫩的心灵去感受和衡量这个世界,每一个孩子都有自己判断是非的标准。在孩子的眼中,教师是成人社会的代表,更是智慧与公正的化身。这就要求小学教师在其职业生涯中,所有的职业表现都要体现社会的正义、社会的良知。在学生的成长与生活中,除去家长,教师是学生接触最多的人。教师的评语、各种荣誉的评选,甚至一次小小的表扬,都会铭刻于每个孩子的心中,深深地影响着孩子们对是非善恶的理解与选择。因此,教育公正就显得格外重要。王正平教授在《教育伦理学》一书中写道:"公正、平等、合理地对待和评价每个学生,是小学教师教育公正最基本的要求,面对不同的学生,做到一视同仁,平等相待,不偏袒,不偏私,关心每个学生,热爱每个学生,从每个学生的不同特点出发,全心全意地教育好每个学生。"[②]

小学教师的教育公正有助于调动每个学生学习的积极性,使学生形成公正无私的道德品质,也有助于良好教育教学环境的形成,能够帮助教师树立一定的威信,促进师生关系和睦健康。

四、教育荣誉

朱贻庭认为:"在伦理学范畴,荣誉指一定阶级对人们履行社会义务的道德行为的肯定和褒奖。"[③]小学教师的教育荣誉作为一种职业荣誉感,表现为小学教师出于自己的责任感而履行的教育教学行为,且对自己的这种行为持肯定性的判断。并由此产生的一种自豪的主观心理感受。杨燕钧认为:"教育荣誉作为一种主观心理感受,它以社会舆论、传统习俗和内心信念三种形式得以表现。"[④]社会舆论是公众对小学教师职业应享有的荣誉感所表达的

① 王正平. 论教育公正[J]. 伦理学研究,2016(6).
② 王正平. 教育伦理学[M]. 上海:上海人民出版社,1998:165.
③ 朱贻庭. 伦理学大辞典[M]. 上海:上海辞书出版社,2002:37.
④ 杨燕钧. 教师伦理学[M]. 上海:华东师范大学出版社,1997:160.

观点和态度,集中体现在社会"尊师"的氛围。社会舆论作为一种无形的力量,既对小学教师的行为产生一定的约束力,其本身又是小学教师内在荣誉感的外显;传统习俗是小学教师荣誉感附着于礼仪习惯得到的呈现。例如,我国古代冬至的"释菜"古礼和现代社会中教师节的设立,都是对教师应享有的荣誉感的认可;内心信念是小学教师发自内心的对本职业的崇高性的笃信,以及由此产生的强烈的自豪感。这种源于心灵深处的自豪感具有内隐性的特点,外显于小学教师在没有外界监督下履行教育义务的高度自觉性。由此可见,教育荣誉是社会对小学教师职业道德行为的价值所作出的基于认可的客观评价,以及小学教师对自身行为价值的自我意识。

教育荣誉对小学教师职业道德的影响主要表现在以下三个方面。

第一,教育荣誉是小学教师职业道德行为的调节器,对小学教师的道德行为、道德品质具有重要的导向和制约作用。教育荣誉以小学教师的责任感为内在机制,小学教师劳动的最终目的在于培养社会所需的人才,而人才的培养是一个由无知到博学、由幼稚到成熟的漫长过程。也就是说,一方面,小学教师对学生的培养过程是一个没有外界监督的、自觉的过程;另一方面,小学教师的劳动很难获得立竿见影的效果。小学教师在教育劳动过程中产生的任何积极或消极的情感体验都将制约其思想和行为。

第二,教育荣誉是激励和推进小学教师积极进取,更好地履行教师义务,提升教师个人修养,完善教师道德品质的助推器。教育荣誉是小学教师在履行职责、义务后经由外界认可所衍生出的自尊感和自豪感,这种荣誉感是小学教师对自我价值的幸福体验,能够促使小学教师有更强烈的动力面对教育教学工作,实现创造与享受、奉献与获得的高度统一。

第三,教育荣誉是促进小学教师自身道德发展和完善,形成良好师德师风的重要精神支撑。高兆明教授认为,师德情感体验的标准来自良心,来自那个无所他侍、自我确定,存在于心中的善。[①] 因此,教育荣誉的关键是基于小学教师本人对职业道德的有所认同以及对职业责任有所承担。正是在这个意义上,教育荣誉能够不断地促进小学教师完善自身的道德品质,提高自身的职业素养,严于律己,以身作则。

总之,教育荣誉来源于小学教师本人对职业的高度认同,来源于学生、家长和社会对小学教师职业价值的充分肯定,更来源于小学教师在教育实践中的自我完善和专业化发展,作为强烈的道德情感,荣誉感是小学教师职业外在社会价值和内在生命价值的平衡点,使小学教师从为人师表的工作中获得生命的尊严和生活的愉快。

五、教育理想

教育理想是小学教师对教育职业活动和教育职业成就的超前反映,它与小学教师的职业追求息息相关。教育理想是小学教师职业道德修养的动力源泉,在教育理想的作用下,小学教师能够不断地学习反思,完善自我;同时,教育理想也是教育事业成功的重要精神支柱。

教育理想对小学教师职业道德的影响主要表现在以下三个方面。

第一,远大的教育理想能够敦促小学教师不断加强学习,提高自身的职业道德修养。学习是修养提升的前提,具体可以从以下三个方面加强学习。首先,加强政治思想学习,树立远大的政治理想,树立正确的世界观、价值观、人生观。其次,加强职业道德修养学习,深刻理解小学教师道德规范的要求,明辨是非善恶,提高遵守职业道德规范要求的自觉性。最

---

① 高兆明. 荣辱论[M]. 北京:人民出版社,2010:143-145.

后,加强教育科学理论与科学文化知识学习,熟练地掌握教书育人的方法,潜心钻研业务,勇于探索创新,不断提高自身的专业素养和教育教学水平。同时,树立道德榜样,虚心向他人学习。

第二,教育理想能够促使小学教师明确目标,坚定信念,不懈努力。教育理想以明确的目标作为指导,作为小学教师职业道德行为强大的精神动力,推动小学教师不懈努力,在实践中提升自身的职业道德认知,陶冶自身的职业道德情感,磨炼自身的职业道德意志,坚定自身的职业道德信念。同时,教育理想反映了小学教师高尚的职业道德追求、精神境界和高度的社会责任感,能够促使小学教师以饱满的热情投入工作,将教书育人视为崇高责任,在平凡的岗位上敬业爱岗、无私奉献、刻苦钻研、勇于创新。

第三,教育理想能够促进小学教师学会反思,做到慎独。小学教师职业道德素养是小学教师自我锻炼、自我陶冶、自我教育、逐步完善的过程,有着远大教育理想的小学教师能够对自己的教育教学活动进行不断反思,及时发现缺陷与不足,及时纠正,不断地实现自我完善。同时,教育理想能够促使小学教师在工作中不断对比、反思自身与小学教师职业道德规范的要求、身边同事、先进模范人物等的差距,并虚心听取各方评价,以便更好地认识自己、改进自己。最重要的是,教育理想能够帮助小学教师做到慎独,即便在没有外界监督的情况下,也能自觉遵守职业道德规范,不行出格之事,真正实现自我约束、自我监督。

六、教育幸福

教育幸福是小学教师在教育教学工作中由于感受到目标和理想的实现而获得的精神上的满足。教育幸福是小学教师在整个职业生涯中的价值追求,也是在教育工作中实现职业理想的主体状态。

对于教育幸福的含义,可以从两个方面进行把握。

一方面,教育幸福是心理幸福与伦理幸福的统一。主观心理体验决定小学教师是否感受到职业幸福,职业伦理则决定小学教师感受到的幸福是否正当。幸福首先是一种主观的心理体验,但单纯的主观心理体验是靠不住的。心理与伦理的统一,才是真正的小学教师教育幸福。同时,也只有产生了主观体验的伦理价值才可以说是幸福的,那些因无意识地使行为符合伦理价值却无内心体验的活动,或被迫做出合伦理的行为而没有真正获得幸福体验的活动,都不是真正意义上的教育幸福。

另一方面,教育幸福是主观情感与客观现实的统一。小学教师教育幸福只有在现实的教育教学活动中才能得到实现,是小学教师主观努力与客观现实相契合的结果,教育教学活动为小学教师的知识传授、人格魅力展示以及教育幸福的获取提供了客观基础。与此同时,对于伦理问题,虽然我们着力于理智地寻找客观的解决方案,但也不可避免地会受到主观情感的影响。个人的情感是道德感知的一个重要来源,它会促使我们做出某种直觉上的伦理反应。发自内心的同情、慈悲、怜悯等道德情感,对教师的伦理决策会产生影响,有时甚至起着决定性的作用。[①] 幸福同时也是一种主观感受,教育幸福也是 ·种潜在的能力,"没有健康的价值需求与追求的人必定是远离幸福的人,提升人的人生追求本身就是提升人的幸福水平的前提,幸福存在于人生的实现过程,一个人的生命力在何种程度上得到健康张扬,其创造力在何种程度上得到发挥,其潜能在何种程度上得到实现,其幸福也就在何种程度上得

---

① 参见周坤亮.教师专业伦理决策研究[D].上海:华东师范大学,2016.

到实现"①。如果失去了主观情感的伦理决策,必然难以使小学教师感到幸福。

第三节 ◆ 小学教师职业道德规范

古人云:"庸匠误器,器可他求;庸妇误衣,衣可别裁;庸师误子弟,子弟可复胚乎?"小学教师职业道德规范是小学教师教育学生的重要前提和保证。品德高尚、作风优良的小学教师在对学生进行教育的过程中,能够成为学生学习的榜样,对学生的知识形成和品德培养起促进作用,从而保证真正地实现教育效果。反之,则起消极作用。在社会的快速发展下,小学教师的价值观面临着多重挑战,教师职业道德规范就显得尤其重要。小学教师职业道德规范不是一成不变的,是随着社会的发展而不断改变的。自新中国成立以来,国家曾四次正式颁布《中小学教师职业道德规范》,最近一次是 2008 年修订的《中小学教师职业道德规范》,其在吸取以往教师职业道德规范的基础上,又体现了其与时俱进的特点。2008 年修订的《中小学教师职业道德规范》对中小学教师提出了六大要求,即爱国守法、爱岗敬业、关爱学生、教书育人、为人师表、终身学习。2018 年,国务院出台了《关于全面深化新时代教师队伍建设改革的意见》,并为教师群体们如何提高教师职业道德给出了大体的意见,提出"引导广大教师以德立身、以德立学、以德施教、以德育德,坚持教书与育人相统一、言传与身教相统一、潜心问道与关注社会相统一、学术自由与学术规范相统一,争做'四有'好教师,全心全意做学生锤炼品格、学习知识、创新思维、奉献祖国的引路人"②。可以看出,教师职业道德规范对教师自我成长和职业发展至关重要,尤其在小学教育阶段,教师起着关键的作用,小学教师需要通过一定的教师道德规范对其在教育活动中的伦理关系进行评价,从而确保以标准要求自己不断提高自身的道德素养,促进自身的职业发展。

一、小学教师职业的专业道德规范

小学教师专业道德规范是根据小学教师道德发展提出的与小学教师职业生涯相结合的概念,它关注小学教师的道德实践,描述了小学教师在与学生、同事交往时的行为方式。小学教师专业的道德品性首先体现在小学教师的道德责任,即小学教师的服务使命。任何专业都不能缺少一定的道德关怀和道德反思。小学教师的道德意识的提升依赖于小学教师专业道德的规范化。小学教师作为一门职业,应像其他职业一样具备专门的技术要求和道德要求。教师的专业道德是教师专业化发展的重要保障,是教师职业所必备的道德品质,对小学教师更为重要。然而,现实中的小学教师职业道德并没有在教师专业化的过程中得到相应发展,由于小学教师的特殊性,很多小学教师对自身的职业缺乏认识,工作热情不高,经常产生职业倦怠。所以,小学教师需要遵守专业道德规范,明确了解小学教师职业实施的专业化标准和进入小学教师职业领域相应的道德水准要求,从而对自身在职业生涯的行为进行指导和约束。

(一) 明确教书育人的根本任务

"教书育人"不仅是每个小学教师都具备的教育理念,也是社会对小学教师的基本要求。

---

① 赵汀阳.论可能生活——一种关于幸福和公正的理论[M].北京:中国人民大学出版社,2004:152.
② 中共中央、国务院关于全面深化新时代教师队伍建设改革的意见[N].人民日报,2018-02-01(01).

但是,当代小学教师过于注重教书,而忽视了育人,这主要体现在两方面:一方面,小学教师过多地关注学生的分数提高,一味地向他们进行书本知识的传授,而忽视了学生道德情感的发展;另一方面,虽然小学教师自身具备专业的文化知识和教学技能,但是较为缺乏基本的道德修养。教学过程是一个比较复杂的信息传递和情感交流过程,也是对学生思维方式的影响和人格的塑造过程。小学教师在进行教学的过程中,其个人的认识、道德观念、个人素质无时无刻不在影响着学生。所以,当今的小学教师要明确自身的教育任务和教育理念,将教书与育人结合起来,把社会主义核心价值观贯穿在教育教学的工作中,在重视传授学生知识的同时,也要重视学生道德品质的培养,不把分数作为评价学生唯一的标准,促进学生全面发展。同时,小学教师本身也要不断提高思想政治素质和职业道德水平,在工作和生活中以身作则,成为小学生们学习的道德榜样。

(二) 树立爱岗敬业的职业精神

我国素有"敬业""乐业"之说,敬业就是职守,乐业就是热爱职业。敬业是弘扬职业道德的前提和核心,只有敬业,才能爱岗,才能忠于职守、乐于奉献。小学教师的工作对象是学生,是一群身体和心理都发展不成熟的孩童,小学教师要对这些鲜活的个体生命进行知识的传授和道德的培养,加上小学教师的工作方式特殊,这就要求他们不仅要言传,还要身教,为学生们树立良好的榜样。但是当下的很多小学教师对自己的职业认同感很低,在工作中极度缺乏教育热情和敬业精神,经常出现师德失范的现象。比如,有些教师随意对学生进行体罚,有些教师为了个人利益收取家长红包。所以,作为一名合格的小学教师,就必须要热爱教育事业,尽职敬业。一方面,小学教师要认同和热爱自己的职业,把教育当成终身事业去对待,而不是把教学当作谋生的手段。因此,小学教师要认真对待教学工作和任务,认真备好每一堂课,认真教授每一节课,正确处理好精神享受和物质追求的关系,不被个人利益所迷惑。另一方面,小学教师要热爱关心学生。林崇德教授曾说"师爱是师德的灵魂"。作为一名小学教师,要热爱学生,关心学生,与他们平等相处,建立良好的师生关系。相比初高中,小学生的认知层面和心理层面发展较慢,在知识传授和道德教育方面,小学教师要更为用心。所以,要想成为一名优秀的小学教师,就必须具备爱岗敬业的精神,规范自身的行为,做好学生的表率。

二、小学教师职业的社会道德规范

人们的社会实践是人的道德品质形成和发展的基础,道德品质的形成和发展必然要受到一定社会物质生活条件和社会道德环境的制约。身处在社会上的每个人都需要自觉遵循一定的社会道德规范,小学教师作为祖国花朵的培育人,更需要具备较为渊博的文化知识和高尚的道德情操,积极主动地接受更高的社会道德规范约束。

(一) 养成终身学习的学习理念

终身学习是指社会每个成员为适应社会发展和实现个体发展的需要,贯穿于人的一生的持续的学习过程。教师是人类永恒的职业,但时代对教师的要求越来越高,终身学习逐渐成为当代教师促进自身发展的必经之路。"活到老学到老"是新世纪教师的需要,教师肩负着教书育人的重任,如果不能经常更新知识结构,就有可能跟不上时代的发展。所以,教师必须认清终身学习对自身成长和发展的重要性,自觉地树立终身学习的观点,不断地提高自身素质,以适应现代教育的需要。尤其是作为小学教师,终身学习更为重要。随着课程改革在全国中小学的推行,小学教师开始面临各种不断出现的新问题和新挑战,当代小学教师需要具备综合性的学科知识,优化知识结构;以学生的全面发展为宗旨,树立全新的教育理念;培养健全的心理素质,形成正确的人生观和价值观;掌握新的教育教学理念,利用信息技术与学科教学相结合。而且随着今后教育改革的实施和教学实践的发展,小学教师面临的挑战将会更多更艰难,要想成为一名真正合格的小学教师,要学的东西还有很多很多,要走的路还很长很长,小学教师必须不断学习,从中总结更多经验,发扬优点,改正缺点,不断探索新的知识、教学方法和教学手段,提高教学质量,促进自身全面发展。

(二) 具备热爱学生的教育情怀

教书育人是师与生的双边活动,这是一个双向交流的复杂过程,不是简单的一方能动、另一方被动的生产模式。热爱学生是良好师生关系得以存在和发展的基础,是搞好教育教学工作的重要因素,也是教师应具备的教育情怀。自古以来,中国倡导尊师重道,提倡师生之间建立良好的关系,教师和学生既要相互尊重,又要相互关心。尤其是作为小学教师,必须要公平对待每个学生,关心爱护他们,不仅要在学习上给予指导,还要在生活上给予帮助。小学教师的教育对象是感情丰富的小学生,他们渴望得到人们的热爱,所以,小学教师在与学生交往的过程中要注重情感的表达。小学教师要尊重学生,尊重学生的主体地位,发挥学生的主体作用,充分尊重学生既可密切联系师生感情,又可焕发学生的创造热情,激发奋发向上、锐意进取的心理。同时,小学阶段的学生也具备了一定的自尊心和基本判断问题对错的能力。所以,小学教师在教育教学过程中需要全面看待学生,不能把学生当成没有独立思考能力的个体,要懂得因材施教,平等地和学生交流。总之,小学教师在教书育人的过程中要热爱学生、尊重学生,不以学生的听话与否而区别对待,懂得与学生换位思考,这样才能和学生形成良好的互动,建立感情上的沟通与信任,提高教育效果。

三、小学教师职业的生活道德规范

小学阶段是学生道德品质、性格特征形成和发展的关键阶段,小学教师仅仅拥有熟练的教学技巧和高超的教育智慧是不够的,还必须具备高尚的生活道德。随着经济全球化、文化全球化的发展,西方的拜金主义、功利主义对我国社会的冲击越来越大,部分小学教师的生活道德观念变得淡薄,慢慢开始影响到小学教师的职业道德,影响教育质量,小学教师在注重专业道德规范和社会道德规范的同时,也要注意生活道德规范。

(一) 践行以身作则的行为方式

古往今来,对于教师一词有不同的解释。顾名思义,"师表"指的是教师的表率作用。正如孔子所说"其身正,不令而行;其身不正,虽令不从"①。这就要求教师要有崇高的职业道德,以身作则,为人师表。小学生正处于长知识、长身体的阶段,自身发展还不成熟,小学教师作为学生的主要领路人,一定要发挥好榜样作用,树立良好的道德形象。作为小学教师,要有高尚的品德和修养,在平时的言谈举止上要注意时时刻刻都要保持师者的风范。除此之外,教师作为整个社会的榜样,必须要对自己严格要求,注重自身反省,向他人学习,这样才能提高自己的道德修养,完善自己的道德品质,从而成为一个道德高尚的人。小学教师可以在如下三个方面努力成为学生的榜样。其一,勤于钻研,积极进取,成为学生学习的榜样。

---

① 杨伯峻,译注. 论语译注[M]. 北京:中华书局,2012:188.

小学教师应勤于钻研业务,树立终身学习的教育理念,坚持思考和学习,不断转变教育观念,更新储备知识,在教书育人的过程中充满热情,为学生树立一个良好的榜样,促使学生积极向上。其二,宽以待人,成为学生人际交往上的榜样。小学教师在教书育人的过程中,要设身处地为学生着想,把学生当成发展中的个体,给予他们充分的尊重,为他们树立良好的榜样,教会学生宽容待人。其三,举止文明,成为学生生活中的榜样。小学生普遍具有"向师性"的心理,这种心理使学生把教师视为生活中的楷模,包括穿着、打扮、言谈举止,所以,小学教师应注意自己生活中的细节。日常的穿着打扮必须整洁、端庄、朴素、大方,不要过于追求时髦,更不能浓妆艳抹,不能在学生面前充当反面教材。在言谈举止方面,说话要文雅,言词要恳切,对人要真诚,而且一定要说到做到,绝不食言,用真情实感、朴实、文明、大方的言谈举止去感染学生,做学生的楷模。总之,在整个小学教育活动中,学生年龄较小,思想不成熟,具有较强的"向师性",在学习和生活中把教师当成自己最崇高、最具权威的榜样,所以,每位小学教师都应当以身作则,注意言行举止,发挥教师的榜样作用。

(二) 增强自我反省的道德意识

人们常说"苦干不如巧干",这个"巧干"就是在人们思考总结自己的经验和不足之后产生的改进。无论人们从事什么行业,都需要培养反省意识。同样,小学教师这个职业也要求小学教师具备反省的思维,小学教师面对群体是小学生,每个小学生都是鲜活的个体,有其不同之处,小学教师在教学的过程中难免会遇到困惑,或者犯错,这需要小学教师对其自身进行反思,只有通过事后思考和总结,教师才能从经验中得到改进。同时,教师作为学生学习的榜样,尤其在道德方面,更应该以身作则,要注重自己的一言一行、一举一动。我国古代教育家一直都重视修身的意义,提倡通过反省来不断完善自身,进行自我更新。古人认为,教师在教书育人的过程中,如果没有取得实效,他就应该通过向他人学习,自我反省,自我改正,提高自己的教学技巧和道德修养,完善自己的品质和能力,从而成为一个优秀的教师。孔子提到做人要三省,当代小学教师也应该向古人学习,每天对自己进行"三省"。首先,对其教学工作进行反省,对每天的教学工作和任务进行思考,总结别人和自己的经验,从中获取进步。其次,对师生关系进行思考,要思考今天有没有关心学生,有没有做了什么举动伤害到学生,从而思考如何拉近师生之间距离。最后,对自己的言行举止进行反省。作为学生学习的榜样,小学教师要每天反省自己行为举止上的不足,要思考自己每个不良的举动给学生所带来的不良影响。由于小学教师工作的艰辛、繁重、复杂,他们在道德修养上会出现反复或曲折,也会因种种原因产生这样那样的缺点或错误,这都是在所难免的。适当地自我反思和正确地开展批评和自我批评,能够帮助小学教师对自己在道德实践中出现的违背教师职业道德的言论和行为进行全面的认识,促使其不断改正,不断完善,所以,学会反思对小学教师来说至关重要。

苏联教育家苏霍姆林斯基说:"教师是开启学生智力生活的第一盏灯,继而也是主要的一盏指路灯。"[①] 小学教师的职业道德影响表现在不仅直接影响着每个在校的小学生,也会通过小学生间接地影响其家庭和整个社会。所以,小学教师一定要严格要求自身,努力提高自身的道德素养,时刻以师德的标准衡量自己,才能够更好地发挥教师的作用,培养出社会所需要的人才。

---

① 转引自李春玲.教师职业道德[M].北京:人民文学出版社,2005:32.

第四节 ◆ 小学教师职业道德原则

道德原则是人们用来评价行为的是非、荣辱、正邪、善恶的根本标准,是对一定社会或阶级的道德关系的本质概括,体现了道德的社会本质和人们行为整体的基本方向。小学教师职业道德原则指的是小学教师在教育职业活动中正确处理各种利益关系所应遵循的最根本的指导准则,是一定社会或阶级对教师在职业活动中提出的最根本的道德要求,在教师职业道德建设过程中起着主导作用,是整个教师职业道德建设的核心。小学教师职业道德原则分为以下五个方面。

一、情境性原则

从宏观上看,小学教师职业道德总是要受一定社会的政治、经济、文化状况以及社会风气、传统习俗等人文条件的影响和制约;从微观上看,小学教师职业道德行为的发生总是在教育教学情境当中。小学阶段是学生道德价值观念形成的重要阶段,学校是小学生除了家庭以外待的时间最久的场所。小学生本身年龄较小,依赖性较强,所以,小学教师不仅仅是单纯地传授学科知识,更重要的是对学生进行道德教育。在上课时,小学教师要做到充满教学热情,课堂设计要生动有趣,注意激发学生的兴趣,还要积极与学生互动、沟通,调动学生的参与性和积极性。课下,小学教师要对课堂教学进行评价和反思,不断改进教学方法,提高教学效果。同时,小学生在学习和生活中很容易形成不良习惯,教师要多多关注学生,主动关心学生,对于学生的优良习惯给予表扬,及时发现学生的不良习惯,课下多与学生沟通,发现问题所在,积极帮助学生。而且,现在小学生的学业压力也在不断变大,班级里也存在一些学生因为耐挫能力不足而产生悲观情绪的情况。因此,小学教师要对这类学生给予更多的重视,经常与他们沟通、谈心,及时了解他们的情况,正确指导他们面对挫折和困难。总之,在小学教育阶段,教师不仅要注重学生成绩的提升,还要引导学生树立正确的价值观念。在平时的学习和生活中积极地观察学生的心理状况,了解学生的真实想法,积极地和学生进行沟通和交流,更好地发现学生的潜能,鼓励其发扬长处,帮助学生树立远大的目标和理想,成为德、智、体、美、劳全面发展的新型人才。同时,小学教师的辛勤劳动是一种群体性和个体性相结合的劳动,学生的成长主要是教师集体劳动的结果,小学教师不仅要处理好与学生之间的关系,还要正确处理好与教师集体之间的关系,肯定其他教师的能力、主动关心帮助其他教师,只有所有教师团结一致,才能保证教育的一致性和完整性,同时也为学生树立一个与他人友好相处的榜样。

二、情感性原则

小学教师职业道德情感指小学教师对其所从事的工作的情感,这种情感主要体现在三个方面。

首先,小学教师职业道德情感体现在小学教师对职业的全面认识上。角色理论认为,每一个个体都在社会中因不同的境况而承担多个不同的角色。教师的角色认知是指教师对自己在社会中所扮演的角色及规范的认知和对角色扮演是否恰当的判断。培养小学教师对教师职业的认知能力,能够帮助小学教师认清自身的优缺点,全面、深刻地认识到职业发展和自我发展,清醒地认识到自己所承担的崇高职业使命,始终坚守自己的职业道德和职业理性,树立起爱岗敬业的职业精神。同时,小学教师要学习先进模范,通过学习优秀教师的高尚品格和先进事迹,把教师职业道德规范具体化、人格化。通过学习先进模范,可以从中受到深刻的教育,从而不断地加强体验,提高师德认识和师德修养,积极抵制社会不良风气的影响。

其次,小学教师职业道德情感体现小学教师对学生的关怀。热爱学生是小学教师职业的本质要求,是无数教师取得教育实践成功的重要保障,是教师最具光辉的人格趋向和职业情感的本质体现,是教师职业道德的灵魂。小学教师在培养职业道德情感时,要将热爱学生的情感放在突出的位置,以一颗饱含热情的关爱之心,尊重、理解、包容和信任学生。小学教师对学生的热爱主要表现在对其生活和学习的指导方面,小学教师面对的是一群单纯可爱、活泼好动的学生,作为他们的老师,要聆听他们的心声,了解和信任他们,关心他们德、智、体、美、劳各方面的成长。小学教师只有真正从学生的利益出发,切实地关心和爱护学生,担负起教育和引导学生的责任,才能有效地促进学生成长。

最后,小学教师的职业道德情感体现在自身发展上。职业情感深厚的教师,才能对教育充满激情,不断地激发潜能,才能从平凡的工作岗位上获得乐趣,产生满足感、成就感,实现人生价值,达到自我实现的最高境界。所以,作为一名合格的小学教师,必须具备良好的职业道德情感,充分发挥对工作的热爱,尽职敬业。

三、实践性原则

小学教师职业道德的实践性是指小学教师的职业道德修养是在各种客观实践活动中不断地锻炼提高并逐步养成习惯的。小学教师只有在教育教学的过程中,才能充分展现自身作为教育资源的功能,全面地体现出小学教师的职业道德。良好的职业道德意识和品行不是简单地学习固定的规范和原则,教师职业道德的意义在于实践,实践才是培养教师职业道德的根本途径,教师的职业道德需要参加多种社会活动和各种教育教学实践方能形成。从最早对教师的表述来看,教师就已被赋予了教书育人的职责,教师既要教学生有关具体事物的知识,又要让学生知晓立身处世的品德。在教师职业道德中育人被视为教书的根本。在小学教师职业道德规范中,也包含着很多实践性的要求,如爱护学生、依法执教、廉洁从教、为人师表、学而不厌、诲人不倦等。这些都要求小学教师要不断提升自身的教学能力,将道德理想、道德规范付诸教育教学过程中。所以,小学教师参加社会实践时,要做到知行统一,在实践中进行职业道德修养。

在教师道德修养的过程中,从教师道德认识、道德情感、道德意志、道德信念到教师的道德行为和习惯,自始至终都是在社会实践中和教育教学实践中完成的。小学教师只有在教育教学实践中,在处理师生之间、教师之间、教师与家长及教师与社会其他成员之间的关系中,才能认识自己行为的是与非,才能辨别善与恶,才能培养自己良好的职业道德品质。小学教师要广泛地学习知识,注重学习职业道德理论和先进事迹。这不仅能够获得知识技能、增强能力,也是加强自身道德修养的重要途径。小学教师还需要把外在道德规范不断内化为教书育人的行为准则,在教学过程中始终贯穿着教书与育人的双重要求。

同时,小学教师应该注重科研能力的培养。相对初高中教师来说,科研能力弱是小学教师的主要短板之一。传统的小学教师是只管教书,但是这种小学教师已经不适应时代对教师提出的新要求。时代呼唤新型小学教师的出现,即教师不仅要懂得教书,而且要懂得如何做科研。对小学教师来说,科研能力也是至关重要的,小学教师应多参与科研项目,在项目研究中锻炼自己的实践能力和科研能力,提高自身的整体学术能力。

四、生活性原则

教师作为社会中的个体,扮演着不同的社会角色。小学教师所处的生活环境主要包括家庭环境、社会环境、学校环境、师生交往环境等方面,道德正是众多环境中的点滴体验综合影响的结果。小学教师不仅要在教学工作中注重职业道德的体现,在日常生活中更要注重自身的修养。小学教师要树立正确的人生观。人生观、价值观和幸福观是一个人世界观的组成部分,它主导着人们的言行,从侧面反映一个人的人格和情操。在市场经济条件下,小学教师面临各种巨大的诱惑,有些小学教师出现师德失范现象,缺乏工作热情、呈现工作倦怠等。因此,小学教师要意识到自己对学生的重要作用,从而自觉地去提升自身的精神文明层次,培养正确的人生观、世界观与价值观,更好地教育和影响学生。只有小学教师树立了正确的人生观、世界观和价值观,才能合理地处理教育活动与个人利益之间的关系:首先,要树立为教育事业奉献的人生观;其次,要树立正确对待教师荣誉与名义的价值观;再次,要树立真正的幸福是精神需要和物质需要统一的幸福观。小学教师要严于律己,加强自身修养,不断发展和完善自己的全面素质,做好学生的榜样。叶圣陶先生曾说:"一个学校的教师都能为人师表,有好品德,就会影响学生,带动学生,使整个学校形成好校风,这样有利于学生德智体全面发展,对学生的成长大有益处。"① 小学教师影响学生的不仅是所教的某些知识,还有他的品行、生活方式和对待生活的态度。

所以,小学教师在学校和生活中都要以身作则,发挥好榜样的作用。除了在上课时注意言行举止外,在日常与学生沟通中也要严格要求自己,要求学生做到的,自己先做到,以自己为典范,为学生树立榜样。对待学生要一视同仁,尊重、公平、平等地对待每一位学生,放下教师的身份,以朋友的身份与学生交流沟通,认真聆听他们的心声。总之,教学不是小学教师教育学生的唯一手段,在日常管理活动和平日闲暇生活中,小学教师都可以与学生进行交流,开展自己的教育工作,将教师职业道德发挥到生活中的各个方面。

五、交互性原则

小学教师职业道德的交互性原则主要体现教师与学生相互交往的过程中。在这一过程中,教师和学生相互交流学习推动了教学活动的形成,也促进了师生之间交互性的关系。教学是师生共同参与的双边活动过程,一方面,教师可以从学生学习的情况中总结教书育人的经验,改进教育教学的方法;另一方面,让学生参与教学过程,教师加以引导,教师可以从学生的讨论与回答问题中收集信息,受到启发,从而有效地促进教育活动的深化和拓展,使教与学相互影响,相互促进。所以,在师生交往的过程中,教师除了热爱学生、尊重学生的主体性之外,还要意识到教学过程中的"教学相长"。我国古代教育家韩愈曾经说过:"弟子不必不如师,师不必不如弟子。"② 先哲精辟地阐明了能者为师、师生切磋和教学相长的道理。一方面,在小学教师的教育教学活动中,受到教育、获得收益的不仅仅是学生,教师也可以从教育过程中获得收益,师生间可以相互影响,相互学习。教学相长也能让学生参与到教学中,

① 转引自王少非.新课程背景下的教师专业发展[M].上海:华东师范大学出版社,2005:70.
② 刘真伦,岳珍,校注.韩愈文集汇校笺注[M].北京:中华书局,2010:50.

充当小老师,有利于活跃教学的氛围,促进教学活动的开展。另一方面,小学教师不是万能的,在教学过程中也会犯错,尽管小学生年龄尚小,但是教师也有不如学生的地方,小学教师通过教学和与学生沟通,认识到自己的不足。教师要与学生互相学习,不仅在知识上互动,更要在情感上互动,建立起师生间平等的朋友关系,促进学生和教师的共同成长。

小学是我国基础教育的重要阵地,是教育事业塔式结构的底基。小学教育的成功关键是小学教师,而小学教师的素质,特别是教师职业道德素质的高低,直接关系广大小学生是否能健康成长,影响民族和国家的未来。小学教师职业道德原则指明了小学教师职业实践中道德行为的总方向,体现了小学教师职业道德的本质属性,统率整个小学教师职业道德体系,是衡量和判断小学教师行为善恶的最高道德标准。小学教师只有遵守职业道德规范,根据职业道德原则进行教书育人,才能成为一名合格的小学教师。

✿ 思考题

1. 小学教师职业道德品质的时代特征有哪些?你是如何理解的?
2. 你觉得小学教师的职业道德伦理素养包括哪些?
3. 你是如何理解"教师的工作就其根本是良心工作"的?
4. 你是如何理解小学教师职业道德规范的?它包括哪些内容?

✿ 拓展阅读

1. 王淑琴. 教师职业道德新编[M]. 北京:高等教育出版社,2015.
2. 陈大伟. 师德修养与教育法规[M]. 北京:北京师范大学出版社,2018.
3. 王正平. 尊重教师:教育伦理的一项重要原则[J]. 教育伦理研究,2015(1).
4. 霍庆. 六项修炼成就优秀教师[J]. 教师教育论坛,2019(2).
5. 郭华. 我们今天如何谈师德[J]. 中国教师,2018(9).
6. 檀传宝. 论教师的良心[J]. 教育理论与实践,2000(10).
7. 张西方. 论教师的职业理想[J]. 中国教育科学,2015(2).
8. 龙宝新. 教师专业发展与职业道德修养[M]. 西安:陕西师范大学出版社,2016.

第 三 章

小学教师职业道德行为准则

❋ 知识结构

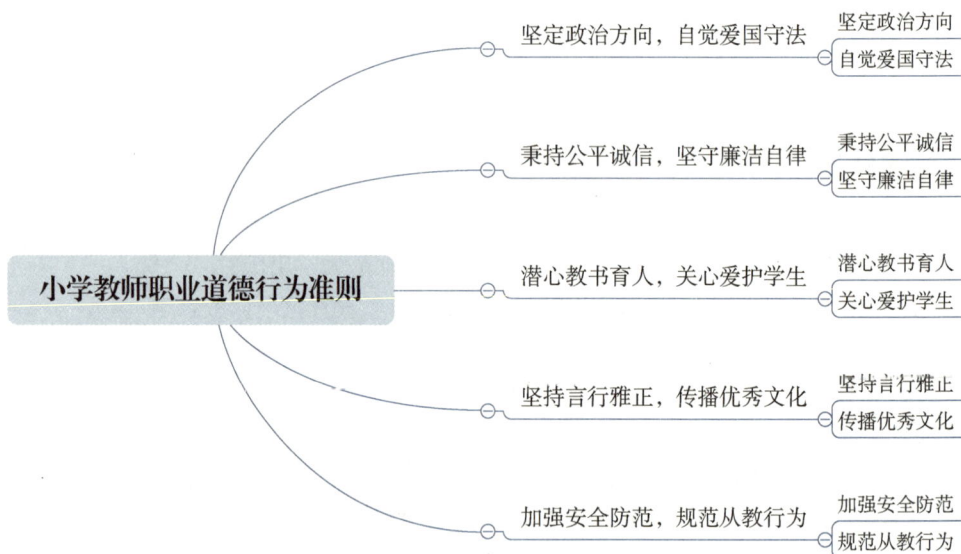

小学教师职业道德行为准则
- 坚定政治方向，自觉爱国守法
  - 坚定政治方向
  - 自觉爱国守法
- 秉持公平诚信，坚守廉洁自律
  - 秉持公平诚信
  - 坚守廉洁自律
- 潜心教书育人，关心爱护学生
  - 潜心教书育人
  - 关心爱护学生
- 坚持言行雅正，传播优秀文化
  - 坚持言行雅止
  - 传播优秀文化
- 加强安全防范，规范从教行为
  - 加强安全防范
  - 规范从教行为

❋ 学习目标

知识与技能	理解小学教师职业道德行为准则的内涵,掌握每条行为准则的意义和要求。
过程与方法	了解小学教师职业道德行为准则的发展变化过程,并掌握由知到行这一将道德行为准则转化为小学教师教育教学实践的要求。
情感态度与价值观	会结合案例分析,理解小学教师职业道德行为准则内化为教师个人价值观的过程,培养学生自觉遵守《新时代中小学教师职业行为十项准则》。

第一节 ◈ 坚定政治方向，自觉爱国守法

一、坚定政治方向

（一）坚定政治方向的意义

坚定正确的政治方向需要强化政治意识，突出政治属性，善于从政治上考虑问题。每个小学教师都要增强角色意识和政治担当，树立大局意识，察大势、观大局、谋大事，围绕大局、贴近大局发挥作用，尽心尽力地做好小学教育工作。

小学教师要深入学习习近平新时代中国特色社会主义思想，切实增强"四个意识"，坚决做到"两个维护"，时刻在思想上对标对表，在行动上紧跟紧随，在执行上坚定坚决，增强对社会主义中国的认同感、归属感、荣誉感。

小学教师要始终保持坚强的政治定力，始终把人民放在最高位置，为人民的利益不懈奋斗。要始终跟党走，高举中国特色社会主义伟大旗帜，在火热的伟大实践中发挥自己的光和热，绽放生命的光彩。

小学教师要树立担当精神、奉献精神，对照先进审视自己，看不足、找差距、学精神，沉下身子真抓实干，全心全意为人民服务，清清白白做人，干干净净做事，始终保有一颗赤子之心，坚守自己平凡的小学教师岗位，为中华民族伟大复兴和社会主义现代化建设奉献力量。

（二）坚定政治方向的要求

1. 保证社会主义的办学方向

小学教师要坚持和巩固马克思主义在整个意识形态领域的指导地位，坚持用中国特色社会主义理论体系武装头脑并统领教育工作，坚持用中国特色社会主义理论体系所贯穿的立场、观点、方法来分析和把握形势，牢牢掌握教育教学工作的领导权、管理权、话语权，任何时候都不能旁落；要深刻认识教育工作的职责和使命，牢固树立政治意识、政权意识、阵地意识，确保教育工作沿着正确的方向前进；要深刻认识教育工作的正确导向，把最好的精神食粮奉献给小学生；要深刻认识和把握学校思想政治工作的根本方向，扎扎实实地抓好学校的思想政治工作。

2. 坚持社会主义核心价值观

小学教师要坚持正确的政治方向，尤其要把学习贯彻习近平总书记系列重要讲话与学习习近平总书记治国理政"新理念、新思想、新战略"结合起来，做到学习跟进、认识跟进、行动跟进，切实用讲话精神统一思想、统领全局、统揽教育教学工作；要主动了解和熟悉党的路线、方针和政策，坚持讲政治、讲大局、讲责任、讲担当，牢牢把握正确导向；要充分发挥学校思想政治工作的导向和引领作用，在多元多样多变中立主导、把方向，坚持团结稳定鼓劲、正面宣传为主，不断增强主流意识形态的凝聚力和影响力。

二、自觉爱国守法

在公民道德基本规范的 20 个字中，"爱国守法"是公民道德建设中的第一基本要求。众所周知，"爱国守法"是全世界人民都十分关注的一个话题。当今世界没有一个国家不强调

爱国守法,而且都把爱国守法当作公民道德建设中的第一基本要求。不论你有没有宗教信仰,也不论你属于哪个国籍、哪个民族,爱国守法是全球每一位公民的神圣职责。我国从《晏子春秋》的"利于国者爱之,害于国者恶之",到古代民族英雄岳飞"以身许国,何事不敢为";从近代革命者秋瑾的"但凡爱国之心,人不可不有",到我们敬爱的周恩来总理提出的"爱我们的民族,这是我们自信心的泉源",可以看出,中华民族有着悠久的爱国传统,并不断延伸和向前发展。20世纪50年代,在中国共产党领导下的中国人民讲理想、讲纪律、讲为人民服务,爱党、爱国家、爱社会主义,形成了令人向往的社会风气和道德面貌。改革开放以来,我们是在不断总结经验教训基础上前进和发展的。载入我国《宪法》的"五爱"(爱祖国、爱人民、爱劳动、爱科学、爱社会主义)被确定为社会主义道德的基本要求和全体公民的基本义务。我国颁布的《公民道德建设实施纲要》把"爱国守法"列于首位,体现了爱国守法的重要性。

(一) 爱国

热爱祖国是对小学教师的崇高要求。小学教师所从事的职业是培养社会主义现代化建设所需要的合格人才,其一言一行对学生的健康成长将产生重要的影响。爱国守法是师德修养的基础,教师首先应该表现出高尚的爱国情感,即表现为深深地爱自己所从事的教育事业,满腔热情地教书育人,竭尽全力地为祖国的发展培养优秀的人才。事实证明,一个没有爱国情感的人,是不可能对学生有高度责任感的,更不可能把自己的一生无私地献给人民的教育事业。

在当代中国,爱祖国就是要爱中国共产党领导的社会主义祖国和社会主义事业。只有建设好有中国特色的社会主义祖国,才能振兴中华,实现现代化。建设社会主义就是一种实践着的爱国主义行为。因此,爱国和爱社会主义在本质上是一致的。爱国主义的主题就是建设有中国特色的社会主义。热爱祖国,报效祖国,始终是广大小学教师社会责任感中最重要、最集中的表现。

(二) 守法

守法是对小学教师所从事的职业的基本道德要求,小学教师的法纪观念对培养一代合格的社会主义建设者和接班人至关重要。实践证明,小学教师依法开展教育教学活动,有利于培养小学生遵纪守法的法制观念,也有利于促进社会主义民主法制建设。

作为知识和文明进步的传播者,小学教师就应该知法、懂法、守法、护法。这既是对社会中每个公民的要求,更是对小学教师的职业道德要求。作为一名小学教师,只有认真学习,深刻理解,才能严格依法执教,完成教书育人的任务。作为一名光荣的人民教师,必须要用马列主义毛泽东思想、邓小平理论和"三个代表"重要思想、科学发展观以及习近平新时代中国特色社会主义理论武装头脑,只有这样才能做到爱国守法,履行好教书育人的职责,为进一步促进和谐社会的发展,培养德、智、体、美、劳全面发展的社会主义建设者和接班人作出自己应有的贡献。

‖第二节 ◈ 秉持公平诚信,坚守廉洁自律

一、秉持公平诚信

(一) 公平

作为一种道德要求,公平是指小学教师在教育活动中处理各种关系时要符合公认的道

德准则,公平合理地对待和评价学生及全体合作者。其中,公平合理地对待和评价每个学生是最基本的道德要求,包括在人格上对学生给予平等的尊重,在学习上给予学生平等的指导帮助,对学生的发展给予平等的全面关心,对学生的评价要符合公认的道德准则。总之,小学教师要做到公正平等,正直无私,一视同仁,不偏不倚。

坚持教育公平是小学教师做好教育工作所必需的。小学教师若持之不公,学生则心之不平;小学教师若行之不正,学生则心之不敬。小学教师的公平是小学生认识社会的开始,小学生把小学教师视为社会的代表,小学教师若待小学生不公平,小学生则有可能视为社会不公平。小学教师对小学生以公平,小学生往往视为社会对自己公平,进而相信社会的公平,遂自养成公平之心,正直之志。一方面,小学教师的公平有利于树立威信,端正师表,在人格上为小学生所敬重,在言行上为小学生所信赖,在道德上为小学生所效仿;另一方面,小学教师的公平是其立身立教的根本,也是学生所敬、所信、所效的根本。要实现教育公平,需要小学教师做到以下几点。

1. 树立公平的教育观

公平的教育观认为,教育要面向全体学生,促进学生全面发展、全过程发展。因此,小学教师必须充分认识学生具有平等性、差异性、可塑性的特点;必须做到不嫌弃、不抛弃、不放弃任何一个学生。学生是学校一切工作的出发点、落脚点和归宿;学生首先是以“人”的角色存在于社会中,而每一个人的人格是平等的。公平的教育观要求小学教师要公平地对待每一个小学生。

2. 养成热爱学生的情怀

热爱教育事业,热爱学生的教育情怀,是小学教师取得工作成功的必备素质,也是感动学生并使他们乐于接受教育的精神力量。因此,小学教师要平等地对待学习兴趣和学习能力有差异的小学生,不能对某个学生表现出过分偏爱或者过分严厉。一方面,小学教师要尊重每一个学生,尊重学生的个性、特长和情感;另一方面,小学教师对学生的热爱要与对学生的严格要求要相结合,对学生既要和蔼可亲,又不可行为放纵。

3. 培养公平公正的品性

教育公平是现代社会追求的目标之一。小学教师应该认真学习关于教育公平的理论,树立教育公平的理念,培养教育公平的品性。在小学教育教学实践中,小学教师要在照顾小学生不同个性的条件下,使每个学生的个性都获得充分发展,使每个学生的潜能都获得充分挖掘。

(二) 诚信

诚信是人类最普遍、最基本的道德要求,是中华民族的传统美德,是做人做事的道德底线,是道德建设的基础。社会主义核心价值观中的“诚信”,是“诚”与“信”的结合,是作为社会关系总和的人的内在道德修养与外在行为准则的统一。简单地讲,“诚”就是诚实,“信”就是守信、信用、信任。“诚”是“信”的内在依据,是“信”之根;“信”是“诚”的外在体现,是“诚”之用,两者融为一体。

1. 诚信是中华民族的传统美德

儒家在先秦时期就提出了“诚”与“信”的概念。就“诚”而言,《中庸》把“诚”视为礼的核心范畴。《大学》里就将“诚”视为人们认识、修为和治国的重要环节。荀子认为“诚”为“政事之本”:“夫诚者,君子之所守也,而政事之本也。”宋代周敦颐更认为“诚”为“五常之本,百行之源也。”“信”也如此。孔子强调“人而无信,不知其可也。”将“信”作为朋友相交的重要原则。汉代董仲舒将“信”与仁、义、礼、智并列为“五常”,视为最基本的社会行为规范。显然,中国古代思想家、教育家把"诚信"视为人们立身处世的基本品质和行为准则。

在漫长的历史长河中,诚信原则逐渐成为中华民族传统道德文化的精华。诚信作为中国的传统美德,一直受到历朝历代的大力倡导和践行,为社会营造了浓厚的诚信氛围。

2. 诚信是小学教师的立命之本

人无信不立。诚信是个人主体的基本素质,是每个人的安身立命之本。古人讲究以诚待人,以信立世,并将诚信视为社会交往的准则,以诚信为基础的教育行业就更要把诚信作为教师个体生存和发展的命脉。作为中国基础教育中坚力量的小学教师,应该积极、主动地树立诚信的职业道德观念,养成诚信的职业道德品质,形成诚信的职业道德行为习惯。

3. 诚信是小学教师的基本修为

讲诚信在日常生活和工作中有各种各样的表现方式,小学教师应该带头讲诚信,为小学生树立学习的榜样。

第一,诚实劳动。诚信绝不只是单纯的守约与履约问题,更是劳动创造过程中的态度和思想品德问题。诚信需要小学教师在进行教育劳动的时候或与学生交往的时候,要尊重科学,实事求是,不投机取巧、偷奸耍滑。

第二,恪守诺言和约定。诚信要求小学教师遵守诺言、契约,反对毁约和违背诺言的行为。小学教师要言必信,信必果,一旦许诺,就要坚决履行。因此,在许诺前要深思熟虑,量力而定。一旦许诺,就要认真履行,遵守承诺。

第三,真诚待人对己。诚信要求小学教师在社会交往中不骗人,不自欺,反对虚伪和欺骗。因此,诚信是小学教师忠于本心、真实无妄、信守承诺的态度和品行。一方面,小学教师要为人实在、实诚,这样才会有好的工作作风和好的教育效果;另一方面,小学教师要信守约定、践行承诺,这样心里才踏实,才有安全感和幸福感。

二、坚守廉洁自律

(一) 廉洁自律的意义

廉洁自律是指小学教师要坚持高尚的情操,发扬奉献精神,自觉抵制社会不良风气的影响,绝不利用职务之便谋取私利。廉洁是小学教师立身立教的根本,如果小学教师经不起金钱和名利的诱惑,放纵私欲而为师不廉,以职谋私等,是难以立教树人的。廉洁自律是对小学教师职业道德的要求,是调整教师与物欲诱惑之间关系的道德规范。当代社会,把廉洁从教确立为教师职业道德规范,强调教师要不辱为师气节,不仅是小学教师教书育人的道德要求,而且对净化社会风气具有重要意义。廉洁自律的意义具体体现在以下四点。

1. 是坚持社会主义教育方向的保证

廉洁自律的道德规范的根本意义在于它是坚持社会主义教育方向的保证。坚持社会主义教育方向,就是要把学生培养成为具有坚定正确的社会主义政治方向、具备专业的基础理论知识和具有为实现"中国梦"而献身精神的社会主义事业建设者和接班人。这是由社会主义教育的阶级性决定的。当前,世界正处于百年未有之大变局,中国特色社会主义社会培养人才既要注重文化知识的教育,更要注重思想政治教育。其中,思想政治教育起着灵魂和统帅作用,从根本上规范教育的方向。当前,我国正处于社会转型时期,深刻的变革涉及社会生活的各个方面,也产生各种各样的矛盾冲突和利益碰撞,其中不可避免地要受到某些腐朽思想的影响和侵袭。廉洁自律把坚定正确的政治方向放在首位,使学校成为抵御资本主义腐朽思想侵蚀和培养社会主义建设人才的阵地。廉洁自律意味着小学教师要为国家尽义务,全心全意为人民服务,不能利用职责之便谋取私利,要用实际行动为实现中华民族的伟大复兴事业努力工作。因此,通过倡导和实践廉洁自律的师德规范,可以在政治上保证小学教师自觉地贯彻执行教育方针,保证学校的社会主义办学方向。

2. 是培养高质量人才的保证

小学教师的廉洁自律与把学生培养成高质量人才的关系极大。小学生正处在长知识、长身体和世界观、人生观、价值观逐步形成的阶段,在他们的眼里,小学教师应是一切美好的化身和仿效的榜样;他们将小学教师对学生提出的规范和要求人格化,因此,小学教师做出的榜样增强了言教的可信度、吸引力和感染力。如果小学教师一身正气,廉洁自律,通过自己的言传身教潜移默化地影响学生,培养出高质量的人才是毫无疑问的。相反,如果小学教师抵制不了社会腐败现象的侵蚀,势必影响培养人才的质量。所以,廉洁自律的师德规范可以帮助小学教师不断提高思想道德修养,并在小学生中树立起为人师表的良好风尚,为国家培养出更多更好的建设人才。

3. 是维护良好育人环境的保证

学校是社会主义精神文明建设的重要阵地,廉洁自律是学校精神文明建设的重要内容。学校的领导和教师真正做到清正廉洁,既是学校精神文明建设的成果和标志,又是学校精神文明建设的条件和保证。恪守廉洁自律的师德规范,有利于树立良好的校风、班风和教风,清除小学教师可能存在的某些不良倾向甚至腐败现象。所以,廉洁自律能够维护学校良好的育人环境,形成安定团结的氛围,发挥小学教师的积极性和聪明才智,保证教育教学工作的顺利进行。

4. 是学校各项改革健康发展的保证

随着社会主义市场经济体制的建立和发展,学校的各项改革不断深入,事业发展有了新的生机和活力。但因为新体制尚不完善,法制不够健全,不可避免地会出现某些偏差或漏洞,这样就有可能出现以权谋私、钱权交易、贪赃枉法等腐败现象。有鉴于此,廉洁自律的师德规范可以成为小学教师自律的武器,弘扬正气,调动积极因素,克服消极因素,保证学校各项改革的健康发展。

(二) 廉洁自律的要求

1. 公正执教,平等对待每一个学生

小学教师在教育教学活动中要公平、公正地对待每一个学生,做到公正执教,这是廉洁从教的基础。小学教师绝不能因学生性别、智力、家庭情况等差异而对学生采取不同的态度和情感模式。小学教师从教的公正性,充分反映了小学教师人格的崇高性。只有学校和教师廉明,才能保证教育的公正性。清廉是公正的前提,小学教师要始终保持清廉的品格,奠定公正从教的品格基础,成为学生和家长都崇敬的"好园丁"。

2. 坚守大义,发扬无私奉献的精神

人非苦行僧,需要去追求合法的"利",小学教师的工作也是谋生的手段,况且目前小学教师的经济地位、生活水平、工资收入都不是很高。但小学教师不能不讲"义",唯"利"是图,唯名利是瞻。在市场经济的大环境下,利己主义在部分小学教师的身上也膨胀起来,有些小学教师甚至成为金钱的奴隶和俘虏。我国传统的义利观历来重义轻利。不求取非法之利是我国自古以来优良的传统美德,中华民族几千年来表现出尚义尚节、守义守信的优秀道德传

统,涌现了无数见义勇为、舍生取义的英雄人物。因此,小学教师要继承我国的优秀传统文化道德,遇事要以大义为先,发扬奉献精神,身体力行,率先垂范。

小学教师要坚守大义,必须从思想到行动都严格要求自己。首先,要有明确的义利观。要树立大义为先,私利居次,个人利益必须服从民族、国家和集体利益的观念,任何时候都不能舍义取利,要鄙弃唯利是图、自私自利的行为。其次,要抵住金钱和名利的诱惑,坚持自己崇高的职业信念。在市场经济发展的过程中,一些人下海经商发了,成了大款;一些人靠不正当的手段也腰缠万贯,一些掌权者也靠权钱交易暴富了,一时泥沙俱下、良莠不齐,小学教师对此必须有正确的认识。最后,要以廉洁的实际行动来实现大义,不取不义之财、非法之利。比如,家长要求教师对其子女特殊关照,因而送请客礼,如果教师认为是区区小事而接受,则损害了小学教师清廉公正的大义。因为"吃人的口软,拿人的手短",就必然会对其子女另眼相待,对其他学生就失去了小学教师应有的公正性。

3. 廉洁自律,抵制非正当利益的诱惑

廉洁从教局面的形成,除了法规约束、执法监督等外在因素外,主要还是要靠广大小学教师用廉洁的标准进行自我约束,时时处处都自觉地保持清廉纯洁的作风,这是廉洁执教的最深厚的威力所在。要真正自觉地做到廉洁自律并不是很容易的事情,它必须要靠小学教师高尚的道德情操来保证。首先,小学教师要努力培养自律的自觉性。小学教师只要树立了正确的义利观,尚廉尚法,才能鄙弃贪、占、欲等丑行,厌而恶之,避而远之,则廉洁的自觉性就养成了。一旦廉洁的自觉性养成了,就能抗腐蚀、拒贿赂、远利诱,不为非义之利所动,不取不义之财。其次,小学教师廉洁自律必须从最细小的事做起,不取一点一滴的不义之财,不索一针一线的非法之财,做到"慎独"。最后,廉洁自律作风的养成还要长期坚持清廉自守,持之以恒。小学教师廉洁从教最难能可贵的就是一辈子清廉自守,不论外界条件如何变化,不论有多少困难和诱惑,都始终持大义而不移。只有树立了正确的义利观,知道了何为廉、何为贪、何为洁、何为污,才能明辨是非,辨别美丑,只有这样,才能始终保持廉洁自律的风范,而不坠秽污俗沼之中。

第三节 ◈ 潜心教书育人,关心爱护学生

一、潜心教书育人

(一) 潜心教书育人的意义

教书育人既是教师的根本任务,又是党和人民赋予教师的神圣职责和光荣使命。在从教的过程中,教师必须按照党和国家的教育方针、社会主义的培养目标,正确地处理好教书与育人的关系,把学生培养成为有理想、有道德、有文化、有纪律、热爱社会主义祖国和社会主义事业,具有为国家富强和人民富裕而艰苦奋斗,不断追求新知,实事求是、独立思考、勇于创新的新一代公民。

1. 教书育人的内涵

教书是指小学教师有目的、有计划、有系统地向学生传授科学文化知识,训练技能和技巧,培养能力,发展智力,教学生学会学习;育人是指小学教师在教书过程中遵循党和国家的

教育方针,对学生进行思想政治教育,以身示范,帮助学生树立正确的人生观、世界观、价值观,培养学生成为具有正确的政治方向、良好的思想品德和个性品质的人,使学生懂得做人的道理,学会做人。通过教书育人,最终把学生培育成德、智、体、美、劳全面发展的社会主义建设者和接班人。

教书和育人是相互联系、辩证统一的关系。教书育人既指明了小学教师的神圣职责和肩负的历史使命,又总结了小学教师的手段、劳动方式和劳动任务。教书的根本目的是育人,育人的重要途径是教书。教师以教为主,学生以学为主。小学教师一方面将思想品德教育寓于各门学科的教学之中,通过教书、传授知识来育人;另一方面通过以身示范、言传身教来教育学生,影响学生,使学生健康成长。教师是学校育人的主体,小学教师在传授知识的同时,总是将一定的世界观、人生观和价值观传递给学生,用一定的道德理论和道德学说感染学生。所以,教书和育人是紧密联系的,教书的过程中必然渗透着育人,而要育人必然少不了教书,教书和育人相互联系、辩证统一。

2. 教书育人是小学教师职业道德的核心

教书育人是小学教师必须完成的任务,也是小学教师必须坚守的职责。小学教师通过教书育人的实践活动完成自己的本职工作,实现自己的职业理想和人生价值。因此,教书育人是小学教师职业道德的最终体现。

首先,教书育人是小学教师必须坚守的职责。小学教师作为人类文化的传播者、人类灵魂的工程师,不仅仅要向学生传授书本上的科学、文化知识,更重要的还要向学生传递中华民族几千年积淀起来的社会规范、伦理道德;不仅仅要关注少数所谓的"好学生",更要对全体学生负责;不仅仅要关注学生眼前的利益,更要为学生未来的发展着想。正如教育家徐特立所说的:"教书不仅是传授知识,更重要的是教人,教育后一代成长为具有共产主义思想品质的人。"所以,小学教师的本职工作就是教书育人,小学教师通过自己的教书和育人,使学生在思想品德、文化知识、劳动技能和身心健康等方面都能符合、适应社会发展的需要,最终实现育人的目的。

其次,教书育人是小学教师实现人生价值的根本途径。人们往往用个人对社会所作贡献的大小来衡量人生价值实现的程度,而小学教师对社会的贡献就集中体现在教书育人的本质工作上。所以,小学教师的人生价值就集中体现在忠诚人民的教育事业,为提高中华民族的伟大复兴作贡献,为社会主义事业培养建设者和接班人。小学教师要能够最大限度地实现自身的价值,就必须能够做好教书育人的工作,那就需要小学教师不但要拥有丰富的学科知识,懂得教育科学,掌握教育规律,还要在向学生传播知识、技能的过程中对学生进行思想政治教育、道德教育。总之,小学教师只有将教书和育人两项工作都做好,才能完成自己的本职工作,实现自己的人生价值。

最后,教书育人是小学教师职业道德的最终体现。小学教师的职业道德要求小学教师全面贯彻党和国家的教育方针,树立科学的教育观、人才观,并始终忠诚于人民的教育事业,坚持社会主义的办学方向。教书育人的过程,既是小学教师实践其职业道德的过程,也是小学教师职业道德不断升华、不断完善的过程。

(二) 潜心教书育人的要求

1. 要加强政治理论的学习

小学教师教书育人的工作要以思想政治理论为基础,即要以马列主义、毛泽东思想和邓小平理论、"三个代表"重要思想、科学发展观和习近平新时代中国特色社会主义思想为基础。这就要求小学教师要认真学习这些理论,不断提升自身的思想政治觉悟和马克思主义理论水平,明确自己所肩负的历史使命。只有通过理论的武装,小学教师才能树立正确的世界观、人生观、价值观,明确学习的目的和未来发展的方向,为社会主义的教育事业贡献自己的力量。

2. 要有奉献教育事业的精神

小学教师的职责和义务就是教书育人、献身教育。小学教师要想很好地履行自己的职责,完成自己的义务,就必须热爱学生、热爱教育事业,并为之奉献终身。奉献终身不是轻而易举就能实现的,它是一个长期、艰苦的过程,它需要广大小学教师能够埋头苦干、不计得失、追求创新、开拓进取、乐于奉献、以教为荣,最终为学生的成长和教育事业的发展而奋斗。

3. 要勤于学习,勇于实践

不断学习是小学教师充实新知识、更新新观念、发展新思想、从事教书育人工作的重要前提。所以,小学教师必须做到勤于学习、博览群书,从书中获得知识;向先进的教育工作者学习,取长补短;向社会学习,汲取社会生活中的营养,从而创造条件、抓住机遇对学生进行教育。同时,小学教师还要积极大胆地尝试,勇于参加教育、教学实践活动。小学教师可以通过具体的教育教学实践活动展示自己的知识,发挥聪明才智,通过大胆地参与教育实践,与学生教学互动、教学相长,来完成启迪学生思维、开发学生智慧、提升学生道德水平的任务。

4. 要将思想政治教育融入各科教学之中

思想政治教育是学校教育的重要组成部分,它与智育、体育、美育、劳动教育相互联系,彼此渗透,密切协作,共同实现育人的目的。学校思想政治教育的目标就是使青少年学生热爱社会主义祖国,热爱集体,热爱自己的家庭,关心自己和他人,并积极拥护中国共产党的领导和党的路线、方针、政策,为具有中国特色的社会主义事业努力学习和作出贡献。要实现这些目标,就要求小学教师要引导青少年努力学习马克思列宁主义、毛泽东思想、邓小平理论、"三个代表"重要思想、科学发展观和习近平新时代中国特色社会主义思想,逐步树立科学的世界观、正确的人生观和价值观;要引导青少年学会理论联系实际,弘扬艰苦奋斗的精神,具有为人民服务的使命感、责任感;要引导青少年自觉地遵纪守法,具有良好的道德品质和健康的心理素质;要引导青少年勤奋学习,勇于探索,努力掌握科学文化知识。实践证明,思想政治教育不能孤立地开展,它必须联系学生的实际、联系生活的实际、联系我国社会主义建设的实际,它必须与各门学科相互渗透,在师生的共同教育教学实践中得以实现。所以,小学教师必须将思想政治教育融入学科教学中,按照思想政治教育的总体目标和学生的成长规律,促进学生思想政治水平的提高。

二、关心爱护学生

关心爱护学生是小学教师的天职,是小学教师必须具备的教育情怀,也是小学教师必须遵循的职业道德规范。

(一)关心爱护学生的意义

关心爱护学生是教育学生的感情基础,是小学教师职业道德高低的试金石。教学和教育活动是在小学教师和学生相互配合、相互协作的过程中进行的。在这个过程中,小学教师和学生配合与协作的好坏,以及教育和教学的效果如何,在很大程度上取决于小学教师对学生的态度,取决于小学教师是否对学生倾注了热爱之情。因此,重视培养小学教师对学生的热爱之情,对于搞好教学活动和提高教育质量具有十分重要的意义。正如俄国著名文学家、教育家列夫·托尔斯泰说的那样:"如果一个教师仅仅热爱教育,那么他只能是一个好教师。如果一个教师虽然读过许多书,但却不热爱教育事业,也不热爱学生,那就算不上一个好教师,如果一个教师将热爱事业和热爱学生相结合,他就是一个完善的教师。"①

1. 关心爱护学生是小学教师教育工作的前提

关心爱护学生是指小学教师要关心爱护全体学生,尊重学生人格,平等、公正地对待每个学生;关心爱护学生是指小学教师要严格要求学生,耐心教导学生;关心爱护学生是指小学教师不讽刺、挖苦、歧视学生,不体罚和变相体罚学生,保护学生的合法权益,促进学生全面、健康地发展。关心爱护学生是对小学教师的基本要求,是一个小学教师应该具备的最基本的道德素质,是小学教师职业道德修养的底线。小学教师只有努力履行这一道德规范,才能正确地处理好师生关系,优化教育过程,高质量地完成对学生的教育和培养。可见,小学教师关心爱护学生既是其高尚品德的自我表现和师生情感深化的具体体现,又是实现教育任务的重要手段和力量。因此,关心爱护学生是小学教师从事教育工作的前提。

一方面,关心爱护学生是我国教育方针对小学教师的根本要求。在我国,人民教师担负着为社会主义现代化建设培养建设者和接班人的重要任务,他们必须首先热爱自己的劳动对象——学生。我们知道,学生是在教师的教育下学习知识、获得智慧、养成品德、强健体魄的,所以,小学教师对学生的教育必须建立在一种高度的责任感之上。小学教师的这种责任感是一种充满着科学精神的教育之爱,这种爱不同于母爱中的偏私,也不同于友情之爱的单纯。小学教师的这种爱立足于对社会主义祖国前途的关心,是对教育事业的忠诚和对新一代社会主义接班人的期望。总之,小学教师对学生的爱如同一座坚实的桥梁连接着他们的心,它是人世间最真诚、最高尚、最宝贵的情感之一。

另一方面,关心爱护学生是素质教育对小学教师的基本要求。素质教育是促进社会发展、提升人口素质的重要途径。素质教育要求教育必须着眼于受教育者及社会长远发展的要求,以面向全体学生、全面提高学生的基本素质为根本宗旨,以注重培养受教育者的态度、能力、价值观,促进他们在德、智、体、美、劳方面生动、活泼、主动地发展为基本特征。根据素质教育的要求,学生在学习的过程中是一个独立的主体,而不是一个简单、被动的接受者。作为一个独立主体,学生需要得到教师的尊重,更需要得到教师的爱护。因此,小学教师在教育、教学过程中必须以热爱学生、关心学生、尊重学生为其工作的基本前提。

2. 关心爱护学生的作用

没有爱就没有教育。爱学生是小学教师对教育事业坚贞不渝、忠心耿耿的基础。离开了这一基础,教育中的一切手段和技巧都将变得苍白无力。小学教师对学生的热爱,是爱在教育中的突出表现,这种爱对小学教师的自我完善和学生的健康成长都具有十分重要的作用,具体表现在以下几个方面。

其一,关心爱护学生有利于促进学生奋发向上。每一个学生都是一个独立的个体,他们有思想、有感情、有意识、会思考,是个生动活泼的人。不仅如此,每一个学生在学习、生活中也特别渴望得到别人的尊重、关怀、爱护,尤其是在学校里能够得到老师的重视和关心。在

---

① 转引自[苏]契尔那葛卓娃,契尔那葛卓夫.教师道德[M].严缘华,盛宗范,译.上海:华东师范大学出版社.1982:22.

学生们的心目中,教师对自己的态度就是他们对自己的知识、能力、表现等许多方面的评价。如果教师对自己尊重、关心、爱护,就表明教师对自己的表现是满意的、肯定的,学生同样也会肯定自己。相反,如果教师不尊重、不关心自己,表明教师对自己是不满意的,学生也会否定自己。长此以往,得到教师肯定评价的学生会产生积极的情绪,从而产生前进的动力;得到老师否定评价的学生就会产生消极的情绪,以至于失去进步的动力。因此,小学教师一定要热爱每一位学生,使他们都产生积极的情感体验,从而肯定自己、相信自己、奋发向上。

其二,关心爱护学生为小学教师的施教提供了感情基础。在教育过程中,积极、深厚的情感是教师教、学生学的基础。小学教师在教育学生的过程中,只有关心、爱护、尊重学生,对学生充满真挚的友善之情,才能让学生感受到教师的关爱、真诚,产生对教师的尊敬、爱戴。有了师生之间的这种互相尊重、互相关爱的感情基础,也就为小学教师对学生进行德、智、体、美、劳的教育提供了良好的情感氛围。无论是什么样的学生,当他经过亲身的观察和体验,真正感受到教师对自己的关爱和友善,领会到教师对自己的谆谆教导都是出于好意,他就会对教师充满敬意和感激,也会虚心、乐意地听从教师的教诲,并将教师的要求转化为自己的实际行动。相反,如果教师在教育、教学过程中对学生态度冷淡、缺乏感情,并随意地伤害学生的自尊心和自信心,教师的这些行为就会引起学生的反感和厌恶,进而使学生形成对学习的逆反心理。因此,热爱学生是小学教师开展教育、教学的感情基础。

其三,关心爱护学生为小学教师培养学生的良好品德创造了契机。人们的高尚品德总是在一定的环境中,经过一定的亲身体验之后才能养成。当一个人生活在友爱、互助的环境中的时候,他就会被这种良好的氛围感染,在潜移默化中学会关爱、帮助别人。同样地,当一个小学生常常得到教师无微不至的关心和爱护,他就会在心中产生一种积极的情感体验,在感受被关心、被爱护的无限美好中去学会主动地关心、爱护他人。通常情况下,教师与学生如果能够彼此关爱、相互尊重和信任,师生之间就是一种民主平等的关系。在这样的关系中,学生会有一种自立、自主的主人翁的感觉,此时,不但学生乐于倾听教师的教导,积极参与到学习活动中,而且还会充满信心地、主动地施展自己的才能,求得更大的进步。教师在这样的情况下教育学生,更容易激发学生的主人翁意识和责任感,使学生更加积极地投入到高尚品德的学习中,并主动地用这种品德指导自己的实践。由此可见,关心爱护学生为小学教师培养学生高尚品德提供了难得的契机。

其四,关心爱护学生有利于小学教师教学质量的提高。小学教师对学生的爱是教师与学生形成良好的师生关系的基础,也是小学教师有效开展教育、教学活动的保证。小学教师对学生的爱是源于教师对教育事业的无限忠诚、对受教育者的高度负责,因此,我们常说师爱是一种伟大的、持久的、普遍的爱,是一种充满科学精神、具有理性的爱。小学教师对学生的爱越深,就越能赢得学生的尊重与爱戴,此时,学生不单单会喜欢这位教师,而且还会喜欢教师所上的这门课,反之亦然。所以,小学教师对学生的爱是学生学习的推动力、成长的催化剂,更是学生勇于攀登知识高峰的不竭动力。由此可见,对学生的爱是小学教师提高教育教学质量的重要保证。

其五,关心爱护学生有利于激励小学教师为教育事业作出贡献。小学教师对学生的爱,既为学生的安心学习提供了重要的情感保障,也能激励小学教师为教育事业作出更大的贡献。人都是有感情的动物,当学生通过观察、体验,从内心深处感受到师爱的时候,他们是不会无动于衷的,他们会及时地回报教师的爱。教师对学生投入的爱越多,就越会拨动学生的心弦,学生会更加地尊重、喜爱自己的教师,给予教师积极的情感回应和实际行动的报答。

同样,教师也会被学生的积极回应所感染,以更大的热情投入到教育事业中去,为学生的成长、为学校的发展、为国家的教育事业贡献更大的力量。

(二) 关心爱护学生的要求

1. 要深入了解学生

关心爱护学生必须深入了解每一个学生。法国教育家卢梭在《爱弥儿》一书中指出:"令人尊敬的教师,要谨慎啊!去探索大自然吧,去了解你的学生吧,让性格的种子自由自在地生长,仔细地观察它,不要束缚它。"①苏联教育家苏霍姆林斯基也认为:"必须首先了解孩子的内心活动单,凭某些专门的手段是学不到这种本领的,只有依靠教育者高度的情感和道德修养才能做到这一点。"②

毫无疑问,小学教师在关心爱护学生的过程中首先要了解学生。正所谓没有了解的爱是一种盲目的爱,没有了解的教育是一种主观主义的教育。每一个学生都有其独特的生理、心理发展特质。对于不同的学生,教师对他们关爱的内容是不同的;对于不同的学生,教师对他们关爱的方式也是不同的。所以,了解学生是小学教师热爱学生的起点,也是小学教师进行教育的前提。只有当小学教师对学生有了全面、清晰的了解之后,才能够根据每一位学生的兴趣、爱好、特长、需要等具体情况实施关爱,以便促进学生更好地发展。

同时,了解学生是小学教师公平地评价、对待学生的需要。只有了解学生,教师才能够发现学生身上的优缺点,以此因势利导,使学生发扬优点、改正缺点;只有了解学生,教师才能够用发展的眼光去看待学生,相信每一位学生都是可造之才,都能够在自己的领域中取得成功;只有了解学生,教师才能够客观、公平、公正地对待每一位学生,设身处地地为每一位学生着想,让每一位学生都得到其应该得到的关爱和鼓励。

2. 要充分尊重学生

自尊心人皆有之,渴望得到尊重是人们的内在要求。尊重学生不但是小学教师应具备的职业道德品质,而且是保证良好的教育效果的前提。所谓尊重学生,就是对学生一种善意的行动倾向,它不仅包含对学生个体存在价值、上进愿望的肯定,而且还包含对学生意愿、要求的充分关注。所以,小学教师充分尊重学生是调动学生积极性的关键所在。

一方面,要尊重学生的人格。尊重学生首先就要尊重学生的人格。小学教师对学生有管理、教育的义务和权利。在教育、教学过程中,小学教师拥有按照社会主义教育目标塑造学生的权利,但在人格上教师与学生是平等的。在整个教育过程中,教师与学生无论是在法律人格还是在道德人格上都是平等的,他们之间没有尊卑、贵贱之分。因此,小学教师所有的教育行为都应以尊重学生的人格为前提。教师不尊重学生的人格,任意打骂、侮辱、体罚学生,不仅违反教师职业道德规范,而且也是触犯法律的。每一位学生都是一个独立的个体,他们有着与教育者同等的人格尊严,无论在任何情况下,他们的人格都应该受到尊重和维护。只有尊重学生的人格,师生关系才能够融洽;只有尊重学生的人格,学生才能在有尊严的环境中奋发向上;只有尊重学生的人格,教育才能达到事半功倍的效果。

另一方面,要尊重学生的个性。心理学告诉我们,个性没有好坏之分,小学教师应该尊重每一位学生的个性。小学教师要用动态的、发展的眼光来看待学生的个性特征,相信无论

---

① [法]卢梭.爱弥儿[M].方卿,编译.北京:北京出版社,2008:30-31.
② [苏]苏霍姆林斯基.教育的艺术[M].肖勇,译.长沙:湖南教育出版社,1983:22.

什么样个性的学生,只要经过正确的引导、恰当的教育,都能够朝着积极的方向发展,成为对社会有用的人才。个性对于一个人的发展是具有重要意义的。一个人独有的气质、天赋、智力、意志、兴趣、才能、体质、情感等是其成才不可缺少的重要因素。所以,小学教师在与学生相处的过程中要尊重学生的个性特征,发展学生的个性,因材施教,因势利导,培养学生独有的兴趣、爱好,而不应当将自己的主观意志强加给学生,处处要求整齐划一,把学生模式化,扼杀学生的个性和创造性。尊重学生的个性,就要为学生个性的发展营造宽松的环境、和谐的氛围,使学生在自己感兴趣的问题上进行更加深刻的探索,进而有所发现和创新。因此,小学教师在教学过程中要尊重学生好奇、兴趣、勤奋、质疑、想象、求异的个性心理特征。

3. 要充分信任学生

在日常生活中,每一个人都希望得到别人的信任。信任别人是一种美德,而希望被别人信任是一种人之常情。同样,在教育、教学活动中,小学教师对学生的信任会使学生体验到成功的满足,能激发学生的兴趣,调动学生的积极性,特别是对于后进生,教师的信任能够给他们提供进步的强大动力。如果教师无视学生的这一需要,不能理解这一需要,而只要抓住学生的一点不足就居高临下、不分青红皂白地严厉批评,则容易引起学生的消极、抵触、对立、逆反的心理。优秀的小学教师应是能够通过沟通、交流,采用民主、商量的方式,体谅学生、信任学生、爱护学生,引导学生认识自我、完善自我。

任何一个学生都希望自己能够成功、成才,为社会作出自己应有的贡献。小学教师在教育学生的过程中,要对学生充满信心,相信每一位学生都能成才、成功,都能成为社会需要的人才。人无完人,每一位学生都会有自己的缺点,小学教师要正视学生的这些不足,相信绝没有不可救药的学生。小学教师在态度上表现出来的信任感,是激发学生前进的巨大动力,有助于他们自觉地克服缺点,进行自我教育。

4. 要严格要求学生

小学教师对学生的爱,是一种将热爱、尊重、严格要求统一结合起来的爱。小学教师的这种爱不是宠爱、溺爱和放任,而是要爱中有严,严中有爱,严慈相济。正如苏联教育家安东·马卡连柯所说的那样:"实在说,在我们的辩证法上这两者是一个东西:对我们所不尊重的人,不可能提出更多的要求。当我们对一个人提出很多要求的时候,在这种要求里也就包含着我们对这个人的尊重,正因为我们向他提出了要求,正因为他完成了我们的要求,所以我们才尊重他。"[①] 可见,对学生的严格要求是对学生尊重和关爱的一种体现。

小学教师对学生的教育要"严",但不是"凶",也不是意味着教师可以按照自己的想法随意要求学生,而是有着如下特定的道德特征。

其一,严而有理。严而有理就是小学教师在要求学生时,一方面要符合学生身心发展的规律,符合教育的规律,每一项要求都必须有利于学生全面发展,而不应是压抑、抵制,使人片面发展;另一方面,小学教师在要求学生时要摆事实、讲道理,使得每一项要求都有理有据,这样才能让学生对教师的要求欣然接受、心服口服。

其二,严而有度。严而有度就是小学教师对学生的要求要适度、恰到好处。小学教师在教育教学过程中,要根据学生的实际情况,对他们提出适度的要求,对不同的学生的要求也应该是不同的,否则,学生就会反感、抗议。比如,教师不能为了提高学生们的学习成绩而不顾学生的实际情况和其他方面的教学要求,布置大量的课后作业,频繁举行考试,完全占用

---

① [苏]马卡连柯. 马卡连柯全集:第 5 卷[M]. 刘长松,等,译. 北京:人民教育出版社.1956:224.

学生的整个课余时间,以致超过学生的实际接受能力。这样就会使学生把严格要求仅仅看成是一种外在压力,不能使学生的个性得到健康的、生动活泼的发展。因此,小学教师在严格要求学生的过程中一定要掌握好度。

其三,严而有恒。严而有恒就是小学教师对学生的要求必须始终一贯,坚持到底。教师对学生的要求一旦提出,就必须长期坚持下去,不能朝令夕改、虎头蛇尾。也许,在贯彻、落实这些要求的时候会遇到来自学生惰性、理解程度等方面的阻挠,但是教师必须态度严肃、意志坚定,不要轻易改变已经提出的要求。只有这样,才能使必要的要求得到落实,学生的良好行为习惯得以养成。

其四,严而有方。在教育教学过程中,学生中会出现各种各样的问题,教师必须想办法促使学生自觉执行对他们的严格要求。任何合理的要求只有转化为学生的实际行动,才能起到应有的教育效果。小学教师对学生提出要求时必须从学生的实际情况出发,在充分考虑教育条件的基础上,选择合适的教育方式,只有这样,学生才能乐于接受。"严"是"刚","方"是"柔",只有刚柔相济,寓刚于柔,才易于教育学生。

其五,严而有情。教师对学生的严格要求是出于对学生真诚的无限关爱,而不是一种冷酷无情的表现。小学教师要想使学生对自己的严格要求乐于接受,就必须让学生感受到自己的善意。因此,小学教师要真心诚意地关心学生、爱护学生,使学生感受到教师对自己的一片好心。只有这样,学生才能理解教师的要求,心服口服地接受教师的严格要求,并用这种要求约束自己的行为,提高自律。

5. 要平等对待学生

小学教师平等地对待学生就是要求教师要公平、公正、不偏不倚、一视同仁。一方面,小学教师不能因为个人感情的好恶、私人关系、学生成绩的优劣等偏袒或轻视学生;另一方面,小学教师不能因为学生的性别、外貌、性格特征、身体条件、家庭出身等的不同而偏向或轻视学生。总之,对任何学生,教师都不偏袒、不姑息、不迁就、不溺爱,对任何学生也不歧视、不苛求、不虐待、不嫌弃。在处理学生中发生的问题时能主持公道,按照事情的本来面目分清是非曲直,不袒护或不冤枉任何一个学生。

▌第四节 ◈ 坚持言行雅正,传播优秀文化

一、坚持言行雅正

(一) 言行雅正的意义

在商务印书馆 2012 年出版的《现代汉语大词典》中,"雅正"一词有三个含义:(1)敬词,把自己的诗文书画等送人时,请人指教;(2)正直;(3)规范。在这里,"雅正"取"正直"和"规范"之义。言行雅正要求小学教师在语言和行为方面要为人师表,以身作则,举止文明,作风正派,自重自爱;不得与学生发生任何不正当关系,严禁任何形式的猥亵、性骚扰行为。教师言行雅正的意义表现在如下三个方面。

1. 是决定教育成败的重要因素

自古至今,一切在教育教学上有成就的教师无一不是用言行雅正这一道德规范作为自

己行动准则的。教育家孔子说过:"其身正,不令而行;其身不正,虽令而不从。"学生对言行雅正的教师所传授的知识技能确信是真实的、科学的;对言行雅正的教师所倡导的政治思想、道德品质、人生理想确信是可靠的、可遵从的,往往都不加怀疑地承认其正确性,从而能自觉地、积极地、主动地去学习、接受,去遵从、信仰,去贯彻、执行。只有这样,才能保证社会主义核心价值观的贯彻落实,才能保证教育沿着社会主义办学方向前进。

2. 是引导学生奋发向上的动力

小学教师的丰富学识、真挚情感、言谈举止、生活习性、道德品质、思想境界、人生信仰等都会对小学生产生巨大的感染力。"近朱者赤,近墨者黑"这句话十分贴切地说明了师生间的影响和熏陶作用。因此,如果希望把小学生引向正确的人生轨道,激发小学生对生活中真善美的追求,小学教师自身就必须具备渊博的科学知识、良好的道德品质、丰富的精神情感、高尚的人格修养,也就是说用自身的言行雅正去教育感染学生。实践证明,能够为人师表、以身作则、言行雅正的小学教师在小学生心目中都是积极的,无论对小学生的知识学习、能力培养、身体锻炼,还是对小学生的思想品质、道德修养、审美境界都会产生积极的推动作用。

3. 是学生行为上的榜样和表率

言行雅正的教师往往是小学生心目中的榜样形象、理想形象,小学生会在自己的言行举止中不自觉地加以学习、模仿。小学教师的仪表形象、言谈举止、道德风貌、人格魅力等都可以成为小学生模仿、学习的榜样。同时,小学教师的言行雅正能很好地诱发小学生的行动意向,并积极地指导他们的行动。"桃李不言,下自成蹊",这实际上也就是人们常说的"身教重于言教"。因此,小学教师在对小学生的行为提出要求之前,首先要严格要求自己,使自己真正地做到言行雅正,真正能起到榜样和表率作用。

(二) 言行雅正的要求

归结起来,言行雅正就是要求小学教师要有高尚的道德情操,有健全的人格,以及做到身体力行。

1. 要具有高尚的道德情操

高尚的道德情操是小学教师高尚的内在思想情操的重要内容,是重要的师表风范。对小学教师来说,其劳动的"示范性"特点,决定了小学教师的道德修养具有特别重要的意义和价值。教育家夸美纽斯认为,教师应该是道德卓异的优秀人物。一方面,高尚的道德情操是小学教师从事教育工作的前提条件;另一方面,高尚的道德情操也是重要的教育手段。实践证明,高尚的道德情操是小学教师必须具备的师德素质,高尚的道德情操也是小学教师教育学生形成良好道德品质的催化剂和推动力。因此,小学教师需要通过如下路径注重道德修养,做高尚情操的垂范者。

其一,陶冶高尚的道德情感。小学教师的道德情感是指小学教师对现实教育教学生活中的道德关系和道德行为是否符合道德标准而产生的好恶等情绪态度。小学教师道德情感的产生必须以小学教师的道德认识同世界观、人生观和道德理想结合为基础,才会形成对现实道德关系和道德行为的一种爱憎或好恶的情绪态度,才会形成积极的道德情感。因此,培养小学教师高尚的道德情操和形成良好的职业道德,必须首先发展良好的道德情感,使小学教师对违反职业道德的行为产生厌恶、不满的消极情感,对符合职业道德需要的行为感到钦佩、敬仰。只有这样,在小学教师群体中以遵守教师职业道德为荣、以违反教师职业道德为耻的健康的道德情感才能形成。

其二,培养健康的生活情趣。情趣是指人们生活中的一种追求、一种价值取向和一种生活品位。高尚的道德情操源于人们丰富的精神世界和健康的生活情趣。首先,小学教师要有开朗的性格、平静的心境和健康的情绪。小学教师热情开朗的性格是一种重要的教育因素,它在教育教学活动中表现为热爱人生、热爱事业、精神饱满、勤奋愉快、胸怀坦荡、乐观向上的精神状态。小学教师只有保持平静的心境,才能给自己带来乐趣和幸福感,才能使学生产生一种愉快的感情体验,提高学习积极性,并能创造一种和谐融洽的师生关系。其次,小学教师要有广泛的兴趣。广泛的兴趣可以开阔教师的视野,培养优良的个性品质,增强生活情趣,提高生活质量,为小学教师做好教书育人工作提供动力和保障。一个兴趣广泛的小学教师,才是一个具有魅力的小学教师。最后,小学教师要有高雅的生活品位。健康的生活情趣离不开高雅的生活品位,高雅的生活品位也是高尚道德情操的重要体现。一个人的生活品位越高,他的精神世界就会越丰富,他的道德情操也随之得到提升。因此,小学教师要努力培养、提高自己的审美情趣和生活品位,这不仅是小学教师自我道德修养的需要,也是育人的需要,更是教育者的重要职责。

其三,形成高尚的道德品质。小学教师高尚的道德品质是在一定的社会环境及教育环境中通过教育实践活动和教育培养以及个人自觉修养而逐步形成的。小学教师在培养自己高尚道德品质的过程中,一方面,要培养高尚的节操。小学教师高尚的节操,应表现为在任何条件和处境下,都能忠诚人民的教育事业,全身心地投入到教育事业中,无私奉献,真情投入。另一方面,小学教师要有客观、公正、平等、民主的道德意识。客观是指小学教师要尊重教育规律和客观事实,不能以自己的好恶和需要来左右教育过程,评价学生。公正是小学教师的一种崇高的道德境界,即公平、正直、没有偏私。平等和民主是小学教师必备的道德素质,它要求小学教师充分尊重学生、理解学生、信任学生,在教育、教学活动中引导学生畅所欲言、积极思考,体现出师生互动,教学相长,而不是居高临下、唯我独尊、刚愎自用。第三方面,小学教师要培养良好的道德习惯。小学教师的道德习惯是指小学教师在日常生活中所形成的稳定、持久、习以为常、一贯执行的生活惯例。小学教师良好的道德习惯的养成需要小学教师经过长久的、反复的实践。

2. 要拥有健全的人格

小学教师要做到以身作则、为人师表,不仅要做高尚情操的垂范者,而且还应做健全人格的表率者。

人格是个人的尊严、名誉、价值的总和。人格是构成一个人的思想、情感及行为的特有的统合模式。小学教师一定要具有健全的人格。不仅如此,小学教师还要追求高尚的人格。小学教师对高尚人格的追求就是小学教师要具有崇高的教育理想和坚定的教育信念,具有为教育事业奉献的精神和忠诚于人民教育事业的决心。小学教师只有拥有了高尚的人格,才能树立起崇高的教育理想,以教书育人为己任,热爱教育事业,投身教育事业,并以满腔的热忱献身教育事业;才能对教育事业执着追求、呕心沥血,才能有勇气克服教育工作中遇到的各种困难,最终为教育事业作出自己应有的贡献。

3. 要养成良好的行为习惯

教育劳动本身具有显著的示范效应。小学教师对学生传授知识技能,对学生施加教育影响的过程,是一种特殊的人与人交往的过程,是师生之间相互作用和影响的过程,其中,教师的榜样作用占据主导地位。小学教师对学生的影响绝不仅仅限于课堂教学,教师的一言一行,一举一动,都会对学生产生潜移默化的影响。鉴于教师的示范、榜样效应,小学教师必须是身体力行的践履者。为此,小学教师要做到以下几点。

其一,要仪表大方。小学教师的仪表是其精神面貌的外在体现,是其内在素质的反映和个人修养的标志,对学生具有强烈的示范作用。一方面,小学教师要朴实整洁。小学教师的仪表、衣着直接反映小学教师的道德面貌和审美情趣,对学生具有重要的道德意义和审美价值。因此,小学教师的仪表应该具有美感,衣着要美观大方、朴素典雅,应该具有职业感。另一方面,小学教师要举止稳重端庄。小学教师在职业劳动中要做到待人接物稳重端庄,落落大方;对学生要以礼相待、温文尔雅,体现出良好的文化道德修养,使学生感到教师和蔼可亲、平易近人。

其二,要语言文明。语言是小学教师劳动的重要手段。丰富科学知识的传授,美好思想感情的交流,良好道德品质的培养,总离不开教师的语言。小学教师应善于用语言来开启学生求知的心扉,点燃学生探索宇宙奥妙的心灵之火;善于用语言培养学生远大的理想,丰富学生内在的精神世界;善于用语言启迪学生审美的情趣,引领学生审美境界的升华。这就要求小学教师做到:(1)语言要规范。要用纯洁、文明、健康的语言,以促使学生形成纯洁、文明、健康的心灵。(2)语言要准确、鲜明、简练。准确就是要精确清晰,合乎逻辑,具有专业性和学术性;鲜明即语言褒贬分明,饱含真情;简练就是语言精辟透彻,言简意赅。(3)语言要有激励性、启发性。小学教师的语言应该具有感人的力量,要热情、诚恳,富于激励性。同时,小学教师的语言要含蓄、幽默,富有启发性。

其三,要严于律己,表里如一。教师的示范、榜样作用要求小学教师干什么事情都必须身体力行,严于律己、表里如一是不可或缺的品质。一方面,小学教师要严于律己。严于律己就是要求小学教师要严格要求自己,保证自己的言行符合小学教师职业道德规范的要求。小学教师的严于律己应该渗透在自己工作、学习、生活、交往的方方面面,通过严格要求自己,用自己的实际行动为学生做出表率。另一方面,小学教师要表里如一。表里如一就是要求小学教师做人、做事要言行一致、光明磊落,所说的和所做的前后一致。小学教师在与学生接触和交往的过程中,要特别注意自己的言行,坚持说到做到。事实证明,小学教师只有做到表里如一,才能维护自己在学生中的尊严和地位,才能顺利地完成教书育人的工作。

二、传播优秀文化

(一) 优秀文化的含义

在商务印书馆 2012 年出版的《现代汉语大词典》中,"文化"一词有如下三种解释。(1)人类在社会历史发展过程中所创造的物质财富和精神财富的总和,特指精神财富,如文学、艺术、教育、科学等。(2)考古学上指同一个历史时期不依分布地点为转移的遗迹、遗物的综合体。同样的工具、用具,同样的制造技术等,是一种文化的特征,如仰韶文化、龙山文化。(3)指运用文字的能力及一般知识。在这里,"文化"取第一个释义。优秀一般指"非常好、超出一般"。

因此,本书中的优秀文化是指人类在社会发展过程中所创造的非常好的、超出一般的精神财富。如人类社会发展过程中形成的民主制度、爱国精神、诚信精神、法律制度等。

(二) 传播优秀文化的价值

1. 涵养社会主义核心价值观的源泉

在数千年的人类文明发展史中,世界各个国家、各个民族、各大宗教共同创造并形成了人类各种优秀文化。其中,中华民族将自己长期实践积累的经验成果转化为文化思想,同时,不断吸收国外优秀文化成果进行改造、创新、提升,形成了数千年从未中断的中华文化和中华文明,为世界作出了自己独特而伟大的贡献。在社会主义新时代的当代中国所确立的"富强、民主、文明、和谐、自由、平等、公正、法治、爱国、敬业、诚信、友善"的社会主义核心价值观,既是中华民族几千年文明成果的体现,又吸收和借鉴了世界优秀文化。因此,优秀文化是当代中国社会主义核心价值观赖以生存的"根"和不断向前发展的"魂",是社会主义核心价值观的涵养之源。

2. 继承、弘扬、创新世界优秀文化的需要

优秀文化是一个国家和民族社会经济发展的基础,是科学技术进步的前提,能形成融合发展的动力。自觉推动优秀文化的继承、弘扬、发展和创新,对于提高当代小学教师的综合素质、丰富当代小学教师的精神生活、促进当代小学教师专业成长和发展起着重要的引领作用。优秀文化展现人类发展历史、拓展社会文化教育范畴、实现文化架构创新的一个重要举措,就是要将优秀文化融入和渗透到校园文化建设的方方面面。弘扬和传播优秀文化,需要学校把"修身立德"作为教育的重要目标,把"天人和谐"作为教育的重要内容,把"自强不息"作为教育的重要精神;弘扬和传播优秀文化,需要学校把自由、民主作为教育的精神涵养,把科学、理性作为教育的理念引领,把法制观念作为教育的价值追求。小学教师在继承和弘扬优秀文化时,要不断创新和发展优秀文化,自觉培养学生对人类优秀文化的认同、继承和发扬。

3. 民族复兴、增进国际交流合作的需要

改革开放 40 多年来,中国经济经历了快速增长的发展过程,国家硬实力的增强有目共睹。相比硬实力,中国的软实力还有待提高。如何将中国深厚的文化资源优势和文化大国地位转化为文化软实力,如何在激烈的文化竞争中从文化大国变为文化强国,是当前复杂的国际环境下我们面临的重大课题。长期以来,"权力转移论""中国威胁论"等观点始终伴随着中国经济社会的发展和中国的崛起。一方面,中国的周边国家和西方发达国家需要与中国开展政治经济文化教育的交流合作,享受中国经济社会发展给他们带来的红利以促进他们自身的发展;另一方面,它们又对中国的发展和崛起抱有不符合实际的猜疑与不必要的防范。

中国优秀文化发展的历史告诉我们,中国向来倡导和谐、和平,追求天人合一,当代中国要向世界传递的中国理念是和平与发展,而要倡导和传递和平与发展的理念,中华优秀文化影响力的提升必不可少。习近平总书记强调:"坚定文化自信,是事关国运兴衰、事关文化安全、事关民族精神独立性的大问题。"[①]中国特色社会主义文化源于世界优秀文化,铸就于中国特色社会主义改革发展的伟大实践。因此,传播优秀文化是实现中华民族复兴、增进国际交流合作的需要。

(三) 传播优秀文化的要求

1. 带头践行社会主义核心价值观

带头践行社会主义核心价值观是小学教师不可推卸的社会责任,也是小学教师职业道德建设的主要内容。这不仅表现为小学教师学高为师、身正为范的熏陶和影响力量,更体现

---

① 中共中央党史和文献研究院.十八大以来重要文献选编(下)[M].北京:中央文献出版社,2018:474.

在小学教师立德树人、教书育人的点滴工作之中。小学生正处于世界观、人生观、价值观逐步形成的重要时期，小学教师要把社会主义核心价值观体系融入教书育人的全过程，坚持以社会主义核心价值观教育引导小学生，促进他们健康成长。要深入开展社会主义核心价值观教育，全面加强和改进学生思想道德教育，引导学生自觉追求富强、民主、文明、和谐的国家理想，弘扬自由、平等、公正、法治的社会价值，遵守爱国、敬业、诚信、友善的道德规范。把青少年培养成为有高尚道德情操、有责任心、有正义感、有奉献精神的人。

2. 积极弘扬真、善、美，传递正能量

在日常的教育教学活动中，小学教师要积极行动起来，通过不断探索真、追求善、创造美、践行爱，通过课堂内外的教学活动向小学生和社会传递人类积累起来的优秀文化，培养小学生正确的人生观、价值观、世界观。同时，要发挥学校作为教育教学主阵地、主战场的作用，大力开展社会主义核心价值观教育，大力传播人类创造的文化成果和文明成果，为培育新时代社会主义建设事业的可靠接班人，为实现中华民族伟大复兴的在"中国梦"作出新的贡献。

3. 自觉不发表和不转发错误观点，不编造和不散布虚假不良信息

在信息传播越来越发达的现代社会，个人的言论观点传播越来越快、越来越便捷。特别是在今天这个自媒体社会，每位小学教师的思想、言论和观点随时随地都会被学生、家长、同事、同学通过网络等手段传播出去，流传到你能够想到和想不到的社会生活的各个地方。正面的思想、言论、观点和信息可以产生正能量，能够有效地促进社会主义精神文明的建设和发展，错误的思想、言论、观点和虚假的不良信息则会产生负能量和不可挽回的影响，甚至可能触犯法律，给个人和社会带来严重的后果。因此，小学教师要坚持传播优秀文化，不得通过课堂、论坛、讲座、信息网络和其他渠道发表、转发、评论错误的思想、言论、观点，不得编造散布虚假信息、不良信息。

第五节 ◆ 加强安全防范，规范从教行为

一、加强安全防范

学生的安全关乎学校的生存，一旦出现学生的重大安全事故，将造成不可挽回的损失。因此，各级各类学校的领导和教师一直要安全警钟长鸣，安全之弦紧绷，安全问题成为学校教育的不可承受之重。

（一）加强安全防范的意义

安全所涉及的范围非常广，包括生命安全、财务安全、饮食安全等，作为小学教师一定要增强安全意识，加强安全教育，防范事故风险，保护学生安全。在教育教学活动中遇突发事件、面临危险时，不能不顾学生安危，擅离职守，自行逃离。

小学生在校内进行体育活动、集体活动和课间休息时，都可能发生意外。因此，小学教师加强安全防范，警惕各种影响学生安全的事故发生，对保护校园安全具有如下重大的意义。

1. 是预防事故的重要前提

校园不安全因素总是隐藏在小学教师日常工作中最容易疏忽的灰色地带，在不经意或者一刹那之间，潜伏的安全隐患就可能造成极大的危害和对小学生的人身伤害。所以，每一

位小学教师都要在自己的心目中树立起安全防范意识,具备安全防范的基本常识,掌握安全防范的基本技能,落实安全防范的各项措施,加强对安全隐患的排查力度,做到防患于未然,这是预防校园安全事故发生的重要前提。

2. 是安全教育的重要内容

安全教育是指为了预防在学习、生活或劳动过程中发生意外事故,而将安全知识和技能传授给学生的教育和安全检查活动。由此可见,安全教育重在防范。俗话说:"安全第一,预防为主。"小学教师在对学生进行安全教育的时候,主要是通过向学生讲授安全防范知识来提高学生的安全防范意识,培养学生的灾害防范能力。所以,加强安全防范是安全教育的重要内容。

3. 是安全校园的重要保障

安全校园的构建首先是师生安全意识的构建。校园安全无小事,许多安全事故都是忽略了小事而酿成的。因此,学校每一位教师都要参与安全管理工作,人人都是安全员,人人都是安全责任人,见到校园中任何不安全现象有责任向学校报告,有权力对安全问题"指手画脚"。每一位小学教师都要加强安全防范,时刻盯着校园的各个角落,有效地把安全隐患工作做在事故发生之前,这样就构成了安全校园的重要保障。

(二) 加强安全防范的要求

1. 营造安全防范环境

学校和教师积极改进和营造有利于进行安全防范教育的环境,使学生在潜移默化中受到影响。学校应在校园内积极建立一种完善的安全防范教育环境体系,如张贴各种安全宣传标语、设置安全橱窗、出安全专题教育黑板报、上安全教育课等,使小学生从多方面了解安全知识,在学校浓郁的安全氛围感染下提高小学生的生命安全意识。

2. 加强安全防范教育

(1) 通过安全专题教育,使学生系统地了解生命安全问题。小学生年龄比较小,自我安全防范意识比较薄弱,学校应该把加强安全防范教育列入工作计划,真抓实练,不流于形式。小学教师要通过主题班会、主题活动课、主题讨论课、主题实践课、主题社团活动等形式使学生认识安全标志,学习有关交通安全、防火防电、饮食卫生、地震避险自救、火灾安全逃生等方面的安全知识,增强小学生的自我保护意识,加强其防范意识。

(2) 在学科教学中充分挖掘隐性的生命安全教育内容。在学科教学活动中,小学教师要注意挖掘潜藏的隐性生命安全教育内容,贯彻落实对小学生的生命安全教育。小学教师在教学中要引导小学生正确认识人的生命价值和意义,培养小学生珍惜、尊重、热爱生命的态度,增强小学生对生活的信心和社会责任感,树立正确的生命观,使小学生善待生命,活出生命的意蕴,绽放生命的光彩,实现生命的辉煌,从而综合提高小学生的安全防范素质。

(3) 在日常班级管理工作中,做好生命安全防范教育工作。安全防范教育的最终目标是促使小学生形成安全意识,从而在学习、生活和体育劳动中远离安全事故,学会自我保护。小学生是未成年人,对安全隐患难以预见,这就要求小学教师要防患于未然,扎扎实实地抓好养成教育,从小规范小学生的行为习惯,培养小学生的安全意识和安全习惯,增强他们的社会责任感。例如,从常规入手,抓日常工作,严格规范常规管理,每天检查出勤、值日、纪律等情况,做到每天两个"一":课前一分钟的在校安全教育,放学一分钟的安全交通警示教育。在班级管理过程中,小学教师要制定安全规章制度,不厌其烦地对小学生进行安全防范教育。

(4) 学校要开展安全防范教育的实战演练。学校要将安全常识、法律法规、心理知识等结合典型案例，根据小学生的心理特点，采取实战模拟等方式对小学生进行防护技术的训练，如溺水急救、中暑急救、使用消防器材、保护案发现场等。小学生虽然年龄小，但接受新事物非常快。小学教师要教会小学生如果遇到别人侵犯自己的人身安全，要及时报警或告知老师和家长，保护好自己的安全。教育他们要在平常的学习和生活中遵守学校的规章制度，尊重社会公德，遵守公共秩序，爱护公共财产，从小养成良好的生活习惯和道德风尚，养成加强自我防范和自我保护的意识。

二、规范从教行为

长期以来，广大小学教师忠诚于党和人民的教育事业，扎根三尺讲台，潜心教学，悉心育人，默默耕耘，无私奉献，培养出一批又一批优秀人才，为我国经济社会发展作出了不可替代的贡献。总体上说，小学教师队伍的师德师风是好的。但是，受社会不良风气的侵蚀和金钱利益的诱惑，在小学教师队伍中也存在着部分教师为师不尊、律己不严、品行不端的现象，甚至有少数小学教师借给学生补课、评选班干部、评优奖先、安排好座位等名义向学生及家长索要礼品礼金，或者利用职务之便向学生推销图书报刊、教辅资料、生活用品、社会保险等商品或商业服务并从中获取回扣，严重败坏了教育风气，损害了教师形象，人民群众对此反响强烈。针对这些不正之风，教育部发布了《严禁教师违规收受学生及家长礼品礼金等行为的规定》，以规范教师的从教行为。

(一) 规范从教行为的含义

商务印书馆 2012 年出版的《现代汉语大词典》中将"从教"解释为从事教育工作；将"行为"定义为受思想支配而表现在外面的活动、有意识的行动。一般来讲，从教行为是指教师在从事教育、教学工作中所表现出的语言、动作、表情等外在形式。

由此可见，小学教师的从教行为含义非常广泛，目前尚未看到对小学教师从教行为进行系统归纳和研究的成果。教育部发布的《严禁教师违规收受学生及家长礼品礼金等行为的规定》也仅仅从下面六个方面为教师从教行为画了"红线"，设了"禁区"。

案例 3-1

《严禁教师违规收受学生及家长礼品礼金等行为的规定》

为纠正教师利用职务便利违规收受学生及家长礼品礼金等不正之风，特作如下规定：

一、严禁以任何方式索要或接受学生及家长赠送的礼品礼金、有价证券和支付凭证等财物。

二、严禁参加由学生及家长安排的可能影响考试、考核评价的宴请。

三、严禁参加由学生及家长安排支付费用的旅游、健身休闲等娱乐活动。

四、严禁让学生及家长支付或报销应由教师个人或亲属承担的费用。

五、严禁通过向学生推销图书、报刊、生活用品、社会保险等商业服务获取回扣。

六、严禁利用职务之便谋取不正当利益的其他行为。

学校领导干部要严于律己，带头执行规定，切实负起管理和监督职责。广大教师要大力弘扬高尚师德师风，自觉抵制收受学生及家长礼品礼金等不正之风。对违规违纪的，发现一起、查处一起，对典型案件要点名道姓公开通报曝光。情节严重的，依法依规给予开除处分，并撤销其教师资格;涉嫌犯罪的,依法移送司法机关处理。

这既是教育系统坚决整肃不正之风、强化问责与严厉惩处的切实行动,也是进一步规范教师从教行为、深化师德师风建设的重要举措。各级教育行政部门、各级各类学校应以贯彻落实《严禁教师违规收受学生及家长礼品礼金等行为的规定》要求为契机,坚决整治教师违规收受学生及家长礼品礼金等不正之风,切实规范教师的从教行为,着力建设优良的师德师风,营造风清气正的执教氛围。

(二) 规范从教行为的意义

教师是学生的楷模。所谓"学高为师,身正为范",只有品德高尚、知识渊博、行为规范的人,才有资格成为教师。小学教师不仅是知识的传授者,还是思想教育者和道德示范者。小学教师不仅要有做人的威望、人格的力量,令学生所敬佩,还要以最佳的思想境界、精神状态和行为表现,积极地影响和教育学生,使他们健康成长。规范小学教师从教行为的意义具体如下。

1. 有利于保证社会主义办学方向

拥有规范从教行为的小学教师具有坚定的政治方向,坚持把培养德、智、体、美、劳全面发展的社会主义建设者和接班人作为根本任务。只有规范的从教行为,才能保证教育为人民服务,为巩固和发展中国特色社会主义制度服务,为改革开放和社会主义现代化建设服务;只有规范的从教行为,才能保证坚持社会主义意识形态的根本特征,才能保证社会主义的办学方向。

2. 有利于社会主义教育目的的实现

拥有规范从教行为的小学教师,会以马克思关于人的全面发展的学说为指导,认真贯彻落实我国社会主义的教育目的,通过有目的、有计划、有组织的学校教育活动,把小学生培养成为德、智、体、美、劳全面发展的社会主义建设者和接班人,这保证了我国社会主义教育目的的实现。

3. 有利于学校教育教学质量的提高

拥有规范从教行为的小学教师,能够贯彻国家的教育方针,落实我国社会主义的教育目的,有效地开展教育、教学活动,向小学生传授科学文化知识,训练他们的基本技能,培养他们的高尚思想品德,锻炼他们的强健体魄,引领他们的艺术审美,养成他们的良好劳动习惯,通过培养一代代社会主义的合格建设者和可靠接班人来提高学校的教育教学质量。拥有规范从教行为的小学教师,能够积极地开展教育教学改革,勇于开拓创新,不断探索新的教学模式和教学方法,通过教育教学改革的成果来提高学校的教育教学质量。拥有规范从教行为的小学教师,能够积极地开展教育科学研究,不断思考和总结自己的教育教学经验,通过教育科学研究成果来提高学校的教育教学质量。

4. 有利于小学生的健康成长

拥有规范从教行为的小学教师,能够做到对小学生尊重、关心、爱护,能够做到对小学生严格要求、耐心教育、积极引导。没有爱就没有教育,爱学生是小学教师对教育事业坚贞不渝、忠心耿耿的基础,也是改进、改善教育教学方法和提高教育教学质量的基础。小学教师的规范从教行为,是小学生知识学习的动力、思想教育的引领、道德品质的向导、艺术修养的榜样,能够保证小学生在这份无私、丰厚、真诚、热烈的爱的滋润下健康成长。

5. 有利于小学教师的专业发展与成长

拥有规范从教行为的小学教师,会不断学习、不断反思、不断探索、不断创新。在职业道德方面,小学教师会不断提高自身的思想认识和职业道德素质,坚定献身教育的信念和决心,坚持育人为本的教育宗旨;在教育教学方面,小学教师会积极探究教育教学规律,开展教育教学研究,对自己的教学活动及时反思,总结教育教学工作中的成功与不足,逐步提高教学水平,逐步丰富教育教学经验,逐渐形成自己的教学风格。这些都有利于小学教师自身的专业发展与成长。

(三) 规范从教行为的要求

目前,我国关于规范从教行为的要求尚未有专门的、全面的、具体的规定。只有教育部和个别地方教育行政管理部门针对一些突出现象出台的针对性的禁令。

案例3-2是甘肃省武威市凉州区羊下坝镇中心学校对规范教师从教行为提出的十项具体要求,供读者参考。

案例 3-2

廉洁从教规范教师从教行为的有关规定[①]

1. 教师在执教过程中要自觉做到:依法执教,爱岗敬业,热爱学生,严谨治学,团结协作,尊重家长,廉洁从教,为人师表。

2. 教师要全面贯彻国家的教育方针,以"培养优秀人才,发展先进文化和推进社会进步"为己任,模范遵守国家的法律法规,不得有违背党和国家教育方针、政策的言行,严禁参与赌博、封建迷信、色情或邪教活动。

3. 教师要忠诚党的教育事业,爱岗敬业,教书育人。认真备课、上课、批改作业、辅导学生,指导学生全面、系统、准确地掌握所学知识。不得敷衍塞责,无故停课、缺课、擅离职守或故意不完成教学任务,不得传播有害学生身心健康的思想。严格遵守学校的教学管理制度,上课不迟到、早退或拖堂,不随意调课。

4. 教师要热爱全体学生,尊重学生的人格,平等公正地评价和对待每位学生,严禁侮辱、歧视、体罚和变相体罚学生,不得公开排列学生的考试名次,不得单纯以学生的学习成绩来评价学生。在课堂活动、评语撰写、家庭访问等教育教学中,对学生作出客观、全面和公正的评价。以发展的眼光看待学生,对学习有困难的学生无偿辅导,不从事有偿家教。

5. 教师要严谨治学,自觉提高自身业务素质,要树立终身学习的思想,与时俱进,不断更新知识、更新观念,增强创新意识,改进教育教学方法,努力掌握现代教育方法和教学手段,提高教书育人的能力和教科研水平。不准在教学中出现知识性错误,不得重复使用旧教案,不请学生代改作业,不用作业惩罚学生。在教育教学过程中杜绝安全事故。

6. 教师要尊重同事,团结合作,正确对待竞争,维护其他教师在学生中的威信,不得诋毁其他教师,不得有损害学校荣誉和不利于团结的言行。

7. 教师要尊重家长,主动与学生家长沟通联系,定期进行家访,认真听取家长的意见和建议,取得支持与配合,积极宣传科学的教育思想和方法,促进学校教育、家庭教育和社会教

① 羊下坝镇中心学校.廉洁从教规范教师从教行为的有关规定[EB/OL].(2014-12-08)[2020-08-24]https://wk.baidu.com/view/bOeaad32ad45b307e8710H69e3143323968fsc7.

育的有机结合。不得训斥、指责学生家长。不把自己应承担的教育责任转交给家长。

8. 教师要发扬奉献精神,坚守高尚情操,廉洁从教,不搞有偿家教,不从事第二职业,不得接受学生家长的宴请、礼品和礼金,不准要求学生家长为自己或亲友办私事,严禁向学生、家长索要或变相索要财物。不得自立名目乱收费、乱罚款,不准向学生推销商品或强迫学生购买规定书目以外的学习资料。

9. 教师要为人师表,模范地遵守社会公德,语言规范文明,校内要讲普通话,写规范字,行为举止要礼貌,衣着得体,要体现教师的职业特点,不穿奇装异服,不浓妆艳抹,不穿拖鞋、背心进课堂。严禁工作日中午饮酒,不准在教学区和学生面前吸烟、打牌、喝酒,酒后不准进入教育工作场所,严禁酒后驾驶机动车辆,上课时间严禁使用手机。

10. 教师要严格执行规定的作息时间,减轻学生的课业负担。要根据教学要求和学生实际,合理、精选、科学地布置作业,作业的分量和难度要适合不同层次的学生,不布置机械重复和大量抄写的作业,不以留作业作为惩罚学生的手段,不占用学生的活动课及休息时间。

　　小学教师只有养成良好的从教行为,为人师表,才能让学生"亲其师""信其道",才能潜移默化地影响学生、感召学生、熏陶学生,美化学生的心灵,陶冶学生的情操,培养学生的品德,塑造学生的灵魂。因此,对小学教师来讲,规范从教行为既是崇高的精神追求,也是基本的职责要求。广大小学教师要注重修身立德,积极践行社会主义核心价值观,努力坚守小学教师职业道德与职业操守,自觉规范自身的从教行为,真正做到为人师表、行为世范。特别是要把教育部规定的"六条禁令"内化于心、外化于行,不逾规矩、不踏"红线",不做有违师道尊严的事情。

❀ 思考题

1. 简述教育部颁布的《新时代中小学教师职业行为十项准则》具体内容。
2. 什么是"公平"?简述实现教育公平对小学教师的要求。
3. 什么是"言行雅正"?简述言行雅正对小学教师的要求。
4. 什么是"从教行为"?简述规范从教行为的意义。

❀ 拓展阅读

1. 张仁贤.案例解读中小学教师职业道德规范[M].天津:天津教育出版社,2019.

2. 肖北方.做党和人民满意的好老师:《中小学教师职业道德规范》新解[M].天津:天津教育出版社,2019.

3. 王颖.厚德载物大道树人:新时期中小学教师职业道德修养[M].长春:吉林大学出版社,2019.

4. 教育部.教育部关于印发《新时代高校教师职业行为十项准则》《新时代中小学教师职业行为十项准则》《新时代幼儿园教师职业行为十项准则》的通知[EB/OL].(2018-11-14)[2020-09-28]http://www.moe.gov.cn/srcsite/A10/s7002/201811/t20181115_354921.html.

5. 教育部.教育部公开曝光8起违反教师职业行为十项准则典型案例[EB/OL].(2019-12-05)[2020-09-28]http://www.moe.gov.cn/jyb_xwfb/gzdt_gzdt/s5987/201912/t20191205_410994.html.

第 四 章

小学教师职业道德情怀

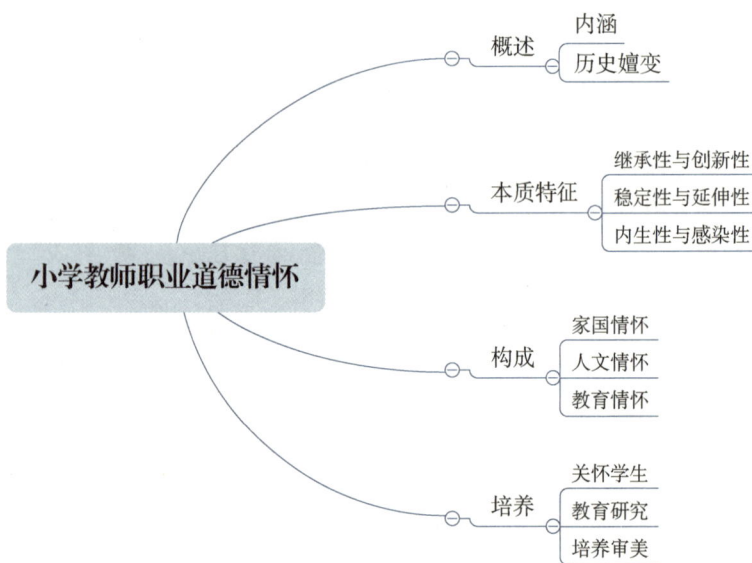

知识与技能	理解并掌握小学教师职业道德情怀的内涵、特征及构成；了解小学教师职业道德情怀在不同历史阶段的发展变化和本质特征。
过程与方法	通过阅读教材，学习和掌握培养小学教师职业道德情怀的基本路径。
情感态度与价值观	通过经典人物的学习，培养小学教师的职业道德情怀，提升小学教师生命的广度与深度。

好教师德才兼备，是经师和人师的统一体。所谓经师，是指学有专长且能授人知识的教师；所谓人师，是指德行高尚且能陶冶人情操的教师。人师的核心要素是师德情怀。人师的模范主要是"师德"之范，即好教师要有高尚的职业道德。众所周知，"立德树人"的目标是党和人民对新时期人民教师提出的更高要求。2014 年 9 月 9 日，习近平总书记在同北京师范

大学师生代表座谈时,讲到"做党和人民满意的好老师"的共同特质是:要有理想信念,要有道德情操,要有扎实学识,要有仁爱之心。小学教师职业道德情怀正是对"四有"好老师特质的进一步阐释。

教育的要求规定教师的职业道德,而要让学生产生对生命价值的领悟,教师必须具备职业道德情怀,能够由内而外地引动生命的活力。"离开感情层面,不能铸造人的精神世界。"①教育首先应该是温暖的,是充满情感的事业。教师必须关爱学生,尊重学生人格,做学生的知心朋友。这就需要教师对学生倾注相当的热情,因为只有"爱"才能使教师与学生在相互依存中取得心灵的沟通,共同分享成功的欢乐与挫折的烦恼。然而,爱是一门艺术,能爱是一个层面,善爱则是更高一层的境界。我们所谈的教师职业道德情怀,就是善爱的源泉和不竭动力,是教师职业能够永葆青春活力的秘诀。它是教师道德与良心的高度统一,是一种超越小我实现大我,进而实现人的最大幸福的教师境界,体现"心底无私天地宽"的气派,正如王国维在《人间词话》中所说:"有境界,则自成高格。"

第一节　◆ 小学教师职业道德情怀概述

一、职业道德情怀与小学教师职业道德情怀

(一)职业道德情怀

1. 情怀的概念

欲提道德情怀,先解情怀意涵。"情怀"在《辞海》中释为:(1)心境,心情;(2)胸怀,高尚情怀。《现代汉语词典》(第7版)释为:"含有某种感情的心境",指一个人以某种情感为核心的对待外部世界的稳定而持久的心理状态。情怀的英译包括 feelings、emotion、affection、sentiment,翻译为情怀、情绪、情感、情操等。从微观上看,情绪、情感、情怀呈现层层递进的状态。情绪是人在面对外界变化中最直接的反映,是心理层面上的应激状态。情感则是在情绪基础之上的进一步深化和升华,是由外部刺激与内部认知形成相对一致性后形成的一定时间段的心理评价与心灵体验。情感的上位概念则是情怀,大致可以理解为"含有某种情感的胸怀、怀抱",它是指一个人以某种情感意志为核心的对待外部世界的稳定而持久的心理状态。鲁迅在《这也是生活》中说:"无尽的远方,无数的人们,都与我有关。"②情怀的落脚点在人的胸怀,可谓大其心,能处处彰显对于宏大世界的思考和对万事万物的关切。

2. 情怀的分类

在情怀的基础上,需要对道德情怀、教育情怀和生命情怀作出区分。道德情怀是人自身维持道德力的一种将发而未发的心理状态,是内心对外部世界的道德认知范式。道德情怀的凝结既可以由个人情感向外延伸与社会公约共识(如世界观、人生观、价值观)结合构建,又可以通过外部榜样产生道德提升感反过来涵养自身。所谓道德提升感,是指个体看到他人的道德行为时,欣赏他人的美德并感到自己的道德情操被提升,而产生的一种积极道德情

---

① 朱小蔓. 情感教育论纲[M]. 北京:人民出版社,2007:224.
② 鲁迅. 这也是生活——鲁迅回忆录[M]. 北京:华夏出版社,2008:296.

感。教师道德情怀既是人类美好的心灵世界的展现，又是这些"最富有人文精神的群体"在胸怀上体现出来的共性。

教育情怀是一种崇高而持久的精神力量，是师者从教时产生的一种情感体验与心境状态，形成的一种教育信仰与仁爱胸怀，达到的一种生命境界与教育理想。基于对教育无比崇高热爱的情怀，方有实践中"生命与使命结伴同行"的执着坚守与自我价值实现的根本认同。究其本质是人文精神与教育信仰的融合，是教师生命中的源头活水，源源不断地渗入其职业生涯乃至整个生命历程，并在其中得以升华。尽管有人认为教育情怀过于"空泛而虚无"且无法界定，但笔者仍然认为教育情怀作为一种教育精神，本就存在于教师的真实生命里，引导其知情意行，反映于言谈举止，在教育实践中发挥着以生命影响生命的至关重要作用。

生命情怀是人们对生命的尊重和呵护、希望和信任的一种情结。教师拥有生命情怀有助于认识生命的意义，尊重与珍惜生命的价值，热爱并发展个人的独特生命，启发对生命的省思，激发生命的正向情感，接纳并转化负向情感，实践并活出天人物我的共荣共在的和谐关系。在教育工作中，生命情怀体现在教师要尊重"教育是慢的艺术"，懂得"以爱育爱"，即可拥有超然的生命情怀。

从上述三者的阐释中，可以发现道德情怀、教育情怀、生命情怀之间存在着千丝万缕的联系，它们其实对应了教师的三重属性。教育情怀是从职业角度出发，从教育中习得和发扬符合自身工作角色的因素；道德情怀是站在社会人的角度，教师在社会人际关系中遵循规则并使情感得到升华，最终凝结成模范人格；生命情怀则是由人而出发，在追寻超越自我的生命意义中求得心灵的归宿，通过生命觉醒逐步靠近人生的终极价值。

3. 职业道德情怀的含义

职业道德情怀是指从业人员在工作活动中的职业道德境界和职业道德情感，是职业道德认知内化为常态机制的关键因素，是从业人员把职业道德认知转化为职业道德行为的中心环节。职业道德情怀的立足点是职业，其基本内核是爱岗敬业。现实生活中，一些人对自己的职业认知不清晰，定位不准确，抱怨收入少，缺乏工作热情和工作方法，这都是没有职业道德情怀的表现。

习近平总书记指出："幸福是奋斗出来的。"任何工作的从业者都需要对自己的职业充满热情、充满情怀。唯有充满热情、充满情怀，才能刻苦工作，踏实肯干，乐于奉献，披荆斩棘，开拓创新，方能取得丰硕的成果，方能铸就明日的辉煌。同时，各行各业的从业者也需要对自己的职业充满敬意，这就必须对职业价值有清晰的认识和高尚的情怀。"三百六十行，行行出状元。"一个人对自己的领域认识愈加深入，他的工作热情就愈加高涨，他的职业道德情怀就愈加坚定，他的工作业绩就愈加丰厚。2019年，为庆祝中华人民共和国成立70周年，党中央评选了300名新中国成立后在各行各业涌现出的先进模范，号召全国人民向这些"最美奋斗者"学习。其中有教师，有干部，有士兵，有工人，有科学家，有工程师，他们来自不同地区，战斗在不同的工作岗位，有着不同的人生经历，但是他们都有相同的基因——职业道德情怀：立足本职工作，干好本职工作，努力为人民服务，用自己的一份光和热点燃中华民族振兴的希望，为中华民族伟大复兴的"中国梦"默默作出了自己的贡献。

（二）小学教师职业道德情怀

在上述内容的基础上，对小学教师的职业道德情怀进行进一步界定。小学教师职业道德情怀是小学教师在教育义务、教育良心、教育公正、教育理想、教育荣誉、教育幸福等方面的积极正向的心境体验,通过连续的情境浸染和道德认知的交互,逐渐升华为高尚的为小学教师专属的职业境界和生命境界。

那么,小学教师职业道德情怀究竟体现在哪里呢? 我们从 2018 年全国教书育人楷模张玉滚的身上能够看到这种情怀。作为乡村教育的守望者,河南省镇平县黑虎庙小学的"80后"教师张玉滚,17 年来如一日,在伏牛山深处默默奉献着自己的青春年华。"春蚕到死丝方尽,蜡炬成灰泪始干。"他化身为烛,划破山间的迷雾,照亮山区孩子们求学的道路。教育部官网的题记中这样写道:"他,十几年如一日坚守大山深处,只为改变山里娃的命运,托起大山的希望。他,虽然收入微薄,但 17 年资助学生多达 300 多名。从教的黑虎庙小学因交通困难,学生每学期的课本都是他靠着肩上一根窄窄的扁担挑进大山。而这一挑,就是 5年。面对山里学校缺师少教的现实,他不得不把自己练就成语文、数学、英语、品德、科学样样精通的'全能型'"教师。"[1] 2001 年,刚刚毕业的张玉滚跟着老校长来到母校,满眼望去依然是"破桌子,破水泥台子,里面坐着十来个土孩子"。而最令人忧虑的是没有教师教这些"土孩子",他望着孩子们渴求知识的清澈无邪的眼睛,时间仿佛凝固了。这一刻,教师的神圣使命感促使他作出一个决定——扎根山中,用自己的一生为大山里的孩子铺出一条求学之路。山里交通困难,课本无法顺利运入。为了学生能够更好地学习,他义无反顾拿起一根扁担,几十公斤重的教材和作业本扛在肩上,在崎岖的山路中艰难地行走,支持他的力量不正是教育的理想信念吗? 不正是对教育事业的高尚情怀吗? 正如张玉滚所说的:"我愿做十八弯山路上的一轮明月,照亮孩子前进的道路。"以自己的个体生命,唤醒世间青春的力量,齐呈活力,天地间最高尚可贵的事情正是如此。他承担了教师身份所赋予的重任,同时又超越了教师的身份,成为学生人生中不可或缺的一部分,引动一根根命运之弦改变轨迹,一个偏远小山村里走出了 16 名大学生。他坚守的这一份淳朴与清贫背后正体现了他对小学教育事业的强烈职业道德情怀,用无私的爱浇灌山村的教育之花,用高尚的师德展现了新时代人民教师的光辉形象。

二、教师职业道德情怀的历史嬗变

苏湖教法的开创者胡瑗曾言:"职教化者,则当果决其行,而力学、审思、强问、笃行,使其性明志通,又且养育其德,以修其志,使其道之大成,至于圣贤而后已。"[2] 在古代,读书人受儒家正统思想的影响,研读经典,经历学问思辨行的环节后,育德修志,以道为本,达到天人合一的圣人之境。其中遵循的是"修身、齐家、治国、平天下"的思想逻辑,形成内圣外王的理想人格。韩愈在《师说》中指出:"师者,所以传道、受业、解惑也。"[3] 教师兼具礼法教化者和儒经传授者的两重身份,教师职业道德被统整于儒家倡导的君子之道中,所谓君子怀德,怀的是儒家伦理道德,怀的是"大丈夫"的情怀。简言之,古代教师所遵循的是全社会共同认同的君子之德。

中国古代教育哲学的精神之一是"身道合一",人对道的追求体现在日常教育生活之中,

---

① 孟新生,王丙双,张同华. 十八弯山路上的一轮明月——记小学教师张玉滚. [EB/OL]. (2018-08-30)[2020-06-10] http://www. moe. gov. cn/jyb_xwfb/xw_zt/moe_357/jyzt_2018n/2018_zt15/zt1815_km/201808/t20180830_346628. html.

② 徐建平,陈钟石. 胡瑗——北宋大儒一代宗师[M]. 苏州:苏州大学出版社,2012:108.

③ 孙昌武,选注. 韩愈选集[M]. 上海:上海古籍出版社,2013:220.

"人人皆可为尧舜"的观念使得教师内部的主体自觉性高涨。钱穆先生曾以"自觉精神"来形容这种从读书人心中涌现出的情怀,这是一种应该担负天下重任的情怀。"(中国古代德性化的教育)注重从血脉上感化人、从情感上教育人;忧国忧民之情怀和'以身殉道'之精神成为中国士人之品格与风骨等。"[①] 这种德性化的教育必须依靠教师自身的特质才得以实现,教师对道的肩负则培植了此类特质。换言之,铁肩担道义使得教师有了自发向上的道德情怀,这种情怀转化为古代德育的基本观念,培养出大批服膺家国天下的门徒,开枝散叶,继续教育,继而形成一个较为完整的循环。

欧风美雨驰而东,随着西方的枪炮打开古老中国的国门,沉睡的巨人被惊醒了。社会结构的变化和思想观念的转变使得师德从泛化的君子之道向救国保种育英才转化。王国维有言:"自三代至于近世,道出于一而已。泰西通商以后,西学西政之书输入中国,于是修身齐家治国平天下之道乃出于二。"[②] 不同的"道"决定中西文化教育的理念大相径庭。虽然统治者一再强调"中体西用",但随着科学体系的融入,新学在内核上不可避免地出现震荡。政令推动下的外力粘合并未实现文化的融合,却因两不相契引发文化失调现象。这种体用分离对教师的身份认知造成极大冲击,有毅然投身新学堂者,有徘徊不定游离新旧边缘者,有归隐山林不问世事者,但毋庸置疑的是,教师职业道德情怀从原有稳定的结构中被剥离出来,被迫与新的形势相结合,近代教师需要更多地关注自身与国家兴亡之间的关系,关注人才培养与国家崛起的关系。这种建立在国家危亡之际的职业道德情怀带着教师对学子的殷殷期望,被赋予更多功利主义的色彩。"譬诸人利涉,我为楫与航,载之达彼岸,举步皆康庄。"[③] 这是一位温州教师的内心独白,他将教育作为救国保种的根本之法,正所谓"书生报国一支笔",这种职业道德情怀将教书育人与国家的命运紧密地联系在一起。

伴随着西方教育科学理念的传播,教师职业道德情怀逐渐专门化,许多教育家融通中西并提出自己的见解。陶行知指出,教师要追求真理,讲真话,驳假话,和学生大众站在一条阵线上;廖世承提出教师要有积极探索、勇于尝试和艰苦卓绝的精神,要热爱儿童、诲人不倦;徐特立强调"人师"与"经师"的和谐统一,让每个教知识的人成为模范人物。从这些教育家的思想中可以看出,教师职业道德情怀开始更多地与学生结合,与人民始终站在一起。

随着新时代的到来,教育科学和人本理念的进一步发展令教育领域出现大的变革,在法治化指引下教师职业道德在职业规范中被细化。一谈起教师职业道德,人们往往会想起2008年修订的《中小学教师职业道德规范》。其中,教师职业道德与新时代下的价值观进行了融合,形成了以热爱祖国、拥护国家为核心的爱国情怀,以甘为人梯、诲人不倦为核心的教育情怀,以关爱学生、坚守情操为核心的人文情怀。

教师职业道德情怀在民主平等的基础上被赋予更多的现代因子,呈现出时代发展的特征。正所谓"立德先立师,树人先正己"。教师的工作就是"塑造灵魂、塑造生命、塑造人"的事业。高尚的道德情怀主要体现在对教育事业的无比忠诚,对教书育人的无比热爱。作为一名好教师,就是一心一意地投入工作,甘于在平凡的岗位上无私奉献,甘于在平淡的生活中建立人格力量,打造人格魅力,实现师德典范。所以,教师要承担立德树人的神圣使命,就

① 李申申,李志刚. 中国古代"即身而道在"教育的基本特征——一种具身性教育的永恒魅力[J]. 河南大学学报, 2016(4).
② 王国维. 王国维全集(第十四卷)[M]. 杭州:浙江教育出版社,广州:广东教育出版社,2009:212.
③ 政协浙江省苍南县委员会文史资料委员会编. 刘绍宽专辑[M]. 政协浙江省苍南县委员会文史资料委员会,2001:426.

必须要"师德"垂范,即教师要在言传身教的过程中,用自己的道德情操去感染学生、引导学生,为实现中华民族伟大复兴的"中国梦"培养有德之才和合格的建设者与接班人。一言以蔽之,现代教师职业道德情怀建立在"中国梦"基础之上,以立德树人为宗旨,以自我生命延展为方向。

第二节 ◈ 小学教师职业道德情怀的意蕴

一、小学教师职业道德情怀的本质

陶行知认为,只有重视人的生命,把个体生命放在"高于一切"的位置上,追求自由世界和自由人格的目标才有希望,中国的教育才有出路。日本作家池田大作也指出:"生命最为可贵,一切的出发点在于生命。我觉得,今天,在从宇宙的广阔天地中,得到那宝贵生命的同时,建立一种真正能感受到生命尊严的、准确的生活方式,才是最重要的。"① 如果说教育的本质是大爱天下,小学教师职业道德情怀的本质就是有温度的容己和育人,从传统人文理念中汲取充足的营养,从现代人文精神里树立时代的标杆。一方面,在内外情感交互共融中悦纳自我,寻找自我生长的价值,实现个人与社会的和谐统一;另一方面,以自身生命向上的活力引动他人的生命力。通过尊重与赏识建立沟通的桥梁,促使小学教师更加爱岗敬业,勇于追求教育理想,维护小学生发展的权利,培养社会主义的优秀接班人,实现教书与育人的完美融合。

二、小学教师职业道德情怀的特征

(一) 继承性与创新性

小学教师职业道德情怀自教师职业产生后开始萌芽,是教师在生产劳动、教育实践和学术活动中不断积累而形成的。孔子对教师提出了具体的要求:学而不厌、诲人不倦、以身作则、为人师表,这些都是古人传承下来的富有人文情怀的理念。除此之外,教师自身兼具的多重身份导致其对君子之道、大丈夫之志的追求,"穷且益坚,不坠青云之志"成为许多普通教师的心灵写照。也有不少人隐于名山大川,聚众讲学。朱熹在《衡州石鼓书院记》中讲得十分明白:"(宋初)士病无所于学,往往相与择胜地,立精舍,以为群居讲习之所。"② 可见形胜之地往往多讲学之所,既静心求学,又陶冶情操。这种与自然交融,体察万物而明心见性的方式使得教师的道德情怀能够超越现实条件的限制,复归万物本性。虽然现实条件发生变化,教师职业日益规范化,但是植根于教师的传统因子并未消失,而是蛰伏起来,随时准备生根发芽。诸如现代小学教师生命情怀的育成,其实就是探索生命的奥秘,唤醒生命的意识,学会珍惜自己、关爱他人;根植生命的情怀,滋养生命的本源,学会欣赏生命、尊重生命;思考人生的价值,领悟生命的意义,学会感恩惜福、择善固执;建构职业信仰,学会知行合一,幸福人生。而传统文化范畴内的"仁""义""礼""智""信"也与现代小学教师的生命情怀紧密

---

① 〔日〕池田大作.我的人学(下)[M].潘金生,庞春兰,译.北京:北京大学出版社,1990:261.
② 〔宋〕朱熹.朱子全书(第24册)[M].朱人杰,严佐之、刘永翔,主编.上海:上海古籍出版社,合肥:安徽教育出版社,2010:3783.

联系,为大写的人提供支撑。

小学教师职业道德情怀并不是一成不变的,而是随着时代的发展与时俱进。党的十八大以来,习近平总书记提出的"中国梦"成为国家的重要指导思想和重要执政理念。中国梦凝聚着亿万中国人民共同的愿景,自然包括小学教师。在"中国梦"的引领下,小学教师职业道德情怀要围绕着国家富强、民族振兴、人民幸福的主题,走中国特色社会主义道路,坚持中国特色社会主义理论体系,弘扬民族精神,凝聚中国力量,实现个人情怀与国家情怀的高度一致,人文精神与科学素养的和谐共存,自我发展和传承文明的完美融合。

(二)稳定性与延伸性

人类文明起源以来,人的道德情怀类型、品质与彰显出的形式展现出较强的稳定性,文明所蕴含的诸多正向的共性因素均可以成为情怀的养分。小学教师作为建造人类文明大厦的工程师,群体精神生产活动从情感出发,保持大脑、身体、心灵的高度和谐。在认知和体验的交互中,依然遵循着"内—外""师—生""家—国"的逻辑,职业道德情怀的主旨不曾改变,秉持师道与师德合一,自然与约定并行。例如,"敬"作为治学讲学的核心之一,从古至今不曾改变。南宋大儒朱熹白日工作繁忙,夜晚面对学生仍"随问而答,略无倦色,多训以切己务实,毋厌卑近而慕高远,恳恻至到,闻者感动"[①]。近代教育家陶行知始终秉持着"为一大事来,做一大事去"的态度兢兢业业,成为"捧着一颗心来,不带半根草去"的典范。这种情怀也一直延续至今,2014年"全国最美乡村教师"胡汝清身后一门师表,70年四代相传,培养出20 000名弟子,如果没有对教师职业的"敬",没有高尚而坚定的职业道德情怀,是难以想象的。

情怀作为一种高尚的境界,在相对稳定的心理结构基础之上又彰显了文明的厚度。"是故情深而文明者,志起于内,思虑深远是情深也,言之于外,情由言显是文明也。"[②]尤其在当代,文明由碰撞转向融合,小学教师职业道德情怀能够站在更宏大的人类视角,兼容更多的先进的人类理念,比如人类命运共同体所倡导的"持久和平、普遍安全、共同繁荣、开放包容、清洁美丽"就能够给予小学教师很多省思,促使其情怀得到进一步升华,延伸到文明的各个方面。最典型的例子就是国际教育援助,东南亚作为我国对外教育援助的主要地区,对其教育援助的主要方式之一就是派遣汉语教师志愿者。目前,中国每年向泰国派出超过1 000名汉语教师志愿者,在1 000多所中小学推广中国语言文化。最为突出的则是孔子学院的建设,这可以说是儒家文化和世界大同的统一体。

(三)内生性与感染性

人从本质上讲是一种精神性或价值性的存在,所以,具有自由意志的人能够懂得生活不止眼前的苟且,还有诗和远方。一个拥有职业道德情怀的教师往往有着丰富的内涵生命,这种内涵生命必须有价值支撑,也只有如此,生命才能够更具备厚重感和独特性。从另一个层面来讲,职业道德情怀因主体的生命性而呈现出律动的状态,它随着万事万物的变化呼吸生长,情怀日增一分,小学教师生命的意义便清晰一分。职业道德情怀的功能在于对小学教师个体的引导,引导又包括小学教师职业生活和小学教师社会生活两个方面。职业生活即小学教师能自我引领专业发展,提高专业素养,做到"经师"和"人师"的结合;社会生活即小学

① 王懋竑,编. 朱子年谱(卷一)[M]. 北京:中华书局,1998:45.
② 郑玄,孔颖达,等,编. 礼记正义[M]. 上海:上海古籍出版社,1990:681.

教师能超越现实条件的桎梏,在生活中寻找生命的感动,在感动中体悟存在的价值。

小学教师良好的职业道德情怀会在情感上感染学生,帮助其树立正确的人生观和价值观,进而影响学生的道德人格发展。"隐性课程"理论中一个很关键的影响因素就是教师的榜样品质,他们能够以心传心,将内心深处最真挚的情感传递给学生,使学生在一瞬间感悟世间最美好的良善。这种情感的传递将对生命的感悟毫无保留地送入学生的心中,促使幼苗能够茁壮成长。可见,小学教师由于具备了这种道德情怀,才能使自己的工作更富于人文温度和生命意蕴,也才能更好地完成熏陶、培育学生思想道德和良好人格的使命。

三、小学教师职业道德情怀的价值

(一)是小学教师丰富情感的源头活水,能够有效防止心灵沙化

教育者先受教育,作为教育的实施者,师者首先应是一个人格健全、感情丰富、具有悲天悯人之心的仁爱之师。长期以来,对小学教师的内在生命形态存在忽视的现象,导致小学教师自我存在状态下的生命意识缺失。小学教师经常为维护其职业权威性,在学生面前掩饰自我真实的生活感受,抑制小学教师的生活发展。这些问题的解决,除有待于教育环境、教育政策等进一步改善外,教育情怀的培育无疑也是有效途径之一。

(二)是小学教师教育生涯的不竭动力,能够有效摆脱职业倦怠

如果教师本身在教育职业中行走,却对人与教育的价值缺乏认知,对人的成长、发展、未来缺少关注,将教学工作视为维持生存的无奈选择,甚至一些小学教师忽视生命体验,忽略生命情感,淹没生命激情,逐渐忘却选择教育职业的初心,"做一天和尚撞一天钟",工作仅是为了谋生、获利,就会在压力中迷失自我,深深地陷入职业倦怠而无法自拔。职业道德情怀则能为小学教师的工作提供一种不竭的动力源,让小学教师有机会在关照他人生命发展的同时,也关照自己的内心,以生命的名义思考教育。如同夏丏尊所说:"教育上的水是什么?就是情,就是爱。教育没有了情爱,就成了无水的池。"① 爱是教育情怀表达性实施的核心要素,要尝试在生命的源头"浇水"。

(三)是小学教师教育观念的真实再现,能够生动建构人格品性

"教育的本质是生命教育"②,小学教师作为一个独立的生命个体,在具有教书育人的社会价值的同时,还具有内在的生命价值的觉察与省思的个体生命价值;教育情怀使小学教师具有生命化思维和浓烈的生命意识,并将其美好的生命姿态与健康人格贯穿于教育实践的始终。帮助教师认清工作的意义和专业性的同时,以其积极的情感、端正的态度、正确的价值观,去真正贴近学生、贴近生活、贴近实际;使其在生存现实与教育理想间保持生命的张力,确立自己心心念念、矢志不渝的职业目标,让生命与使命结伴同行,逐渐实现从职业——事业——志业——命业的跨越发展,全面提升个体生命的长度、宽度、厚度、韧度、亮度和慧度。

因此,作为小学教师,教育情怀不可缺失。重要的是小学教师职业道德情怀应在教育实践中培植和发展,并成为整个教育界乃至全社会所认同和倡导的从教理念、价值取向、教育人格及教育信仰。小学教师因为有了职业道德情怀,才将自己彻底区别于其他社会角色,充

---

① [意]亚米契斯. 爱的教育[M]. 夏丏尊,译. 北京:中央编译出版社,2015:1.
② 顾明远. 教育的本质是生命教育[J]. 教育周刊,2018(25).

分体现出特有的生命价值;职业道德情怀因为有了小学教师,才使其真正鲜活起来,成为真实的客观实在。

第三节 ◈ 小学教师职业道德情怀的构成

荣获"人民教育家"称号的于漪老师曾用诗一般的文字抒发自己的思想:"一颗狭小的心有浩浩荡荡的学子,有多情的土地,有伟大的祖国,胸怀就会无限宽广,无处不是学习的机会,无处没有智慧的闪光。"[①]从中我们能看到教师职业道德情怀的影子。小学教师的职业道德情怀更多地作为一种精神层面的境界体现,由几个最为重要的核心要素构成,即家国情怀、人文情怀和教育情怀。

一、家国情怀

习近平总书记在2019年春节团拜会上发表的重要讲话中指出:"我们要在全社会大力弘扬家国情怀。家国情怀具有深厚的文化底蕴,是由家庭联结国家的一种深入民族精神的理想信念和宏大愿景。"顾炎武曾言:"天下兴亡,匹夫有责。""修齐治平"实际上是中国传统知识分子入世的内在逻辑,建立起"家国同构""家国一体"的秩序体系。"爱国惜家"是中华民族家国情怀的特点,它映射出国家主体民主自由、中华民族繁荣和睦、中华文明日渐走近世界文明舞台的中央的历史嬗变记录。[②]"忠厚传家久,诗书继世长"是一副传统的对联,其中蕴含的家风建设的要素在当代依然具有非常重要的意义。习近平总书记认为家庭是社会的细胞,要注重家庭、注重家教、注重家风,用良好的家风支撑起全社会的风气。[③]家风建设应不忘初心,树立牢固的文化自信。古代家庭文化中的精粹需要弘扬,比如《易传》提出的"积善之家,必有余庆;积不善之家,必有余殃",《朱子家训》提出的"居身务期质朴,教子要有义方",《曾国藩家书》中提到的"勤俭刚明,忠恕谦浑"。古人经过反复实践馈赠给后人的宝贵财富是当代人应该学习的内容。除此之外,家风建设还需要注意家庭内部的和谐,"和"是中华民族的精神内核之一,当今我们所提倡的"和谐社会"就是很明显的反映。尤其作为教师而言,家风不正不仅会对工作造成影响,还会带给学生负能量。因此,小学教师必须高举文化大旗,将家庭建设好。

有一首歌是这样唱的:"我们都有一个家,名字叫中国。"家国统一的认知存在于精神层面,家国之间都有着共同的理想追求,如以爱国主义为核心的民族精神。近代教育家陶行知先生一生热爱祖国。"我是一个中国人,要为中国作出一些贡献来",这是陶行知少年时期就立下的爱国志向;"国家是大家的。爱国是每个人的本分,顾亭林先生说得好:'天下兴亡,匹夫有责。'我觉得凡是脚站在中国土地,嘴吃中国五谷,身穿中国衣服的,无论男女老少,都应当爱中国"。[④]这是他对爱国主义最通俗的解释,也是最朴素的感情。陶行知先生为自己是一个中国人而感到自豪,认为中国未来一定了不得,这是他对祖国所寄予的希望和坚定信

① 姚晓丹.人民教育家于漪[N].光明日报,2019-09-21(03).
② 刘松.主体自由、民族和睦、文明提升:家国情怀的历史衡量三维标准探析[J].山东社会科学,2019(5).
③ 杨威,张金秋.新时代家训、家风建构的新向度[J].重庆社会科学,2020(2).
④ 华中师范学院教育科学研究所.陶行知全集(第一卷)[M].长沙:湖南教育出版社,1984:672.

念。爱国主义是中华民族的民族心、民族魂,是中华民族最重要的精神财富,是中国人民和中华民族维护民族独立和民族尊严的强大精神动力。中共中央、国务院印发的《新时代爱国主义教育实施纲要》中提到,爱国主义教育要面向全体人民。作为人民教育的践行者,小学教师必须做爱国主义教育的先行者,必须具有浓厚的家国情怀。

二、人文情怀

人首先是情感的存在,人文化的情感体现了人所具有的精神情操、精神境界。小学教师是承担"塑造生命"使命的人,是"经师"与"人师"的统一体,似"人"字,撇是技术能力,捺是人文修养,两者相互支撑,方能"顶天""立地"。人文情怀是一种普遍的人类自我关怀,表现为对人的尊严、价值、命运的维护、追求和关切,对人类遗留下来的各种精神文化现象的高度珍视,对一种全面发展的理想人格的肯定和塑造。中国的知识分子素来重视人文情怀,张载的"为天地立心,为生民立命,为往圣继绝学,为万世开太平"就彰显了儒家知识分子对社会人生的超越性思考和终极关怀。《中庸》中强调"君子动而世为天下道,行而世为天下法,言而世为天下则",人文情怀是一种魅力体现,能够让人在不知不觉中受到感动;人文情怀是一种生命省思,能够让人在快节奏的生活中寻得心灵的静谧之所;人文情怀是一种自我讴歌,能够让人在不断追寻终极意义的同时彰显自我价值。

人文情怀在人自身的特质中体现出来,这种特质可以被称为人文素养。张国龙提出人生中必备的几种人文素养包括:独特深刻的情感体验、唯美气质与诗性质感、感知各种微妙关系、烛照各种幽微情愫、达观与通脱等。[1]一个有着人文情怀的小学教师,必然是一个有温度的人,是一个光华内敛、待人和煦的人。贵仁、尽性、无类、知止、弘毅,这些传统人文价值的核心要素,都应当成为小学教师学习的内容。小学教师读书要有所选择,应读一点文学著作。文学即人学,写的都是人的生活与人的生命,多读了,会增加我们的灵性,人会变得聪明起来,会更有智慧。柳袁照领导的苏州市第十中学的文化精神和办学理念是"质朴大气,真水无香,倾听天籁"。质朴大气就是浩然正气,是一种实而厚重、素而无华、纯而不染、真而简明的精神。真水无香就是要返璞归真,不雕琢,不作假,淳朴一生。倾听天籁就是倾听自然之声,按照规律来做事,保持自然真诚的本性。在这种理念的指导下,苏州市第十中学的教师进行原创性写作,已出版十多部论著、十多本校本教材、几十篇论文。仅2013年就编辑出版了《西花园的风》《西花园的雅》《西花园的颂》《西花园的树》《西花园的雨》《我的老师》《我坐在窗前》等近十本校本教材及校园文化读物,其中不乏高质量的学术著作,如二十多万字的校本教材《诗海巡览——全球视野中的古今诗歌》。[2]

三、教育情怀

教育情怀的集中体现便是爱。习近平总书记在讲到做"四有"好老师时指出,好教师要有"捧着一颗心来,不带半根草去"的奉献精神,自觉坚守精神家园,坚守人格底线,带头弘扬社会主义道德和中华传统美德,以自己的模范行为影响和带动学生。"捧着一颗心来,不带半根草去"是陶行知献身精神的生动体现。陶行知的献身精神具体体现在全心全意为人民

① 张国龙.文艺工作者必备的人文素养[EB/OL].(2018-09-29)[2020-06-10]http://www.alac.org.cn/project/news_details_23_46917.html.
② 柳袁照.构建诗性的课程与课堂——诗性教育的研究与实践[J].江苏教育研究,2015(Z5).

的教育事业献身。为了中国的教育事业,他是"为了苦孩,甘为骆驼;于人有益,牛马也做","愿把整个的心捧出来献给小孩",愿为农民"烧心香"。"教育是一项基于信念的事业,也就意味着教师的行为更多的应该是自发的、真诚的、内源性的,而不是出于外在强制和纯粹基于个人私利的;是高度自觉的,而不是盲目的;是基于生命的灵动与热力,而不是机械、麻木与冷漠。"① 具有深厚的教育情怀是小学教师职业发展的不竭动力,是衡量小学教师是否能够成长为人民心中的好老师的评价标准之一。

《中国教师报》曾报道江苏省睢宁县王集小学教师朱永,用 36 年的坚守,把如火的青春献给家乡的孩子,献给乡村美术教育事业。② 1983 年,朱永率先在农村开辟儿童画教育新天地,在他的努力下,王集中心小学成立了美术兴趣小组。为辅导学生创作,朱永把一腔心血都扑在工作上,30 余年的辛勤耕耘,收获了累累硕果。1 600 余幅儿童画在国际上获奖,近 200 名孩子考入艺术院校,有的成了大学教授,有的成了优秀美术工作者,还有的长大后又回到学校,成了一个个新"朱永"。是什么能够让这个老师三十多年来坚守在乡村美术教育的阵地上呢? 他在自述中提到,愿意在农村美术教育这片希望的原野上无怨无悔地走下去,用赤诚情怀和执着精神为家乡的美术教育事业贡献毕生精力。这背后反映出的就是高尚的教育情怀,是对教育理想的追求和对家乡孩子的热爱。

第四节 ◈ 小学教师职业道德情怀的培育

一、关怀爱护学生,坚定道德情怀

教书育人是教师的神圣天职。育人的过程是一个动态的过程,其实质是关怀他人。关怀教育理论作为 20 世纪末在西方教育界兴起的具有重要影响的理论流派,内尔·诺丁斯是其中的代表人物之一。诺丁斯的关怀教育强调人与人之间要相互关心、相互信任,这种理论认为关怀是人的基本需要,关怀伦理是关怀教育的基础,情感影响道德情怀的发展,继而进一步影响人与人之间的关系。它强调个体的自我价值,而自我价值实现的就是自我尊重和尊重他人。尊重是一种使利己心无地自容的价值觉察,是对道德法则的践行,实现尊重的形式就是关怀。通过关怀,"将关心者置于关心的关系中,不管一个人声称他多么乐于关心,重要的是看他是否创造出一种能被感知到的关心关系"③。

教育要尊重学生个体的差异性、独特性、创造性和自主性,应该根据学生的志趣、才能、资质、特长和爱好加以引导,使个体得到和谐、完美、自由地发展。关怀教育理论视阈下要求把学生的生命发展当作教育的出发点和起点,重视学生的个体价值,尊重学生的个体差异,全面落实以人为本的教育理念。首先,应该关怀人的需要,引导学生对自我本质的认知,增强学生的主体意识。要树立一切为了学生的理念,真正发挥学生的主体地位,让学生在学校里产生强烈的归属感。小学教师要给学生足够的发展空间,进而提升每一个学生的生命质量。其次,以促进人的全面和谐和自由发展为目的,尊重每一个学生的独特性。每一个学生

① 肖川.教育:基于信念的事业[J].湖南师范大学教育科学学报,2015(1).
② 孙陆培.朱永:开辟农村儿童画新天地[N].中国教师报,2019-09-25(02).
③ [美]内尔·诺丁斯.学会关心——教育的一种模式[M].于天龙,译.北京:教育科学出版社,2003:162.

都是独特的个体,教育不应该用同一把尺子去度量每一个独特性的个体,教育要真正做到因材施教,而不只是流于形式。最后,学生作为一个完整的个体,除了学习必要的学科知识和发展智力之外,还必须关注学生发展的完整性,也就是除智力之外的其他非理性的发展。对人的认识"既不能离开知识、理想、意志、道德等理性活动,也不能撇开人的本能、欲望、意志、情感等非理性活动,否则就不可能准确地、完整地、辩证地把握人性"①。换句话说,就是协调学生的知、情、意、行均衡发展,尤其要加强对道德的培养,以道德统摄全局,以理性指导实践。

同时,小学教师要拥有关心学生的精神,做好关怀的榜样。教育是心灵的沟通,是情感交流的过程,一个小学教师拥有扎实的专业知识固然重要,但是教师在教育教学过程中面对的是一个个有情感的完整的学生个体,真正感染学生的是小学教师的人格魅力和教育情怀。在众多构成小学教师人格魅力的因素中,教师对学生无私而博大的爱是最吸引人的。小学教师要树立新型的关怀学生观,把学生当作学习的同伴,形成"我培养了学生,学生也培养了我"的观念。马斯洛认为,人的本质中有一种发展的趋势:每一个学生都有可塑造的资质,如果具有良好的环境、优越的教育条件和强烈的主观能动性,人的才能就可以发展到前所未有的高度。

关怀教育理论认为,要在现实的教育环境下实现对学生个体生命的关怀,构建关怀、亲近、和谐的师生关系是关键。关怀教育理论强调关怀的连续性、关怀的空间性,因为教师在同一空间或不同时空对学生的关怀会给他们留下不同的体验。而"体验是人的生命存在的方式,也是人追求生命意义、实现生命价值、焕发生命活力、走向生命超越的方式。体验是生命活动中产生的内在感受、主观体验和深刻情感,生命通过体验感知自我,认知他人,解读生活;生命通过体验获得意义,升华情感,净化灵魂"②。构建关怀、亲近、和谐的师生关系要遵循师生平等的原则,教师和学生在人格上是完全平等的,师生之间是一种"我—你"的平等交往关系,这就需要小学教师做好榜样,加入其中而不是站在旁边监督,需要把教知识和教做人结合在一起,以诚恳开明的态度拥抱学生。师生之间相互关爱是构建关怀性师生关系的立足点,关怀教育理论本身就强调师生之间的相互关怀。苏联教育家苏霍姆林斯基认为:"建立跟儿童的友谊,这是要用我们的力量、我们的思考、我们的明智、我们的信念和我们的情操去鼓舞儿童的思想和情感的事。"③关怀型的师生关系注重师生通过对话来化解师生在交往过程中遇到的问题,对话"允许我们讨论我们正在试图展示什么。它给学习者去问为什么的机会,它帮助双方达成有见地的决定"④。其中,理解是关怀理论的实质,理解周围的事物,理解师生所处的角色。总之,关怀学生就像一根沉入海中的巨锚,稳住了教育这条大船,使教育者能够在风浪中始终保持稳定,坚持涵养道德情怀。

二、开展教育研究,提升道德情怀

许多小学教师认为,教师只需要上好课和管理好学生,教研只是评职称所进行的工作,对于教育研究并没有给予重视。随着时代的发展,教育理论逐渐更新,小学教师应当扮演更多的角色,如研究者的角色。作为一线教师,在日复一日年复一年的教育实践中总结归纳其

---

① 刘奎林.潜意识在认识中的地位和作用——兼评弗洛伊德潜意识理论[J].哲学研究,1998(3).

② 刘济良.生命教育论[M].北京:中国社会科学出版社,2004:274.

③ [苏]瓦·阿·苏霍姆林斯基.给教师的建议[M].杜殿坤,译.北京:教育科学出版社,1984:317.

④ [美]内尔·诺丁斯.学会关心——教育的一种模式[M].于天龙,译.北京:教育科学出版社,2003:42.

中的规律,在研究中思维逐渐清晰化,形成对教育新的认知,从而深化对小学教师职业道德的理解,不断提升小学教师的职业道德情怀。

具体而言,教育研究的要求有二:一是遵守一定的研究伦理规范,二是表现教育的创新性,为教育事业发展谋福祉。从前者来看,教育研究并非静态的小范围的研究,往往会涉及诸多群体。在研究的过程中,研究者身上必然肩负着相应的道德责任和社会责任,这种社会道德属性决定研究必须要处理好伦理关系、遵循合乎道德的学术规范。教育研究需要遵循公正性原则,檀传宝教授指出其包含三个方面:自重,人格对等的公正,以及对规范的同等尊重的公正。[①]这三方面都牵扯到良心问题,在研究的各个阶段是否能够做到独立自主、客观真实,不抄袭不诋毁,不愧对自己的良心。除此之外,教育研究也要遵循关怀性原则。换句话说,要避免研究目的的功利性,研究并不是评职称的快速通道,不应该成为个人谋取自身利益的工具。教育研究必须是对小学教师自身发展的关怀,是对培育学生科研素养的关怀。最后,教育研究还要遵循务实性原则。研究不是为了标新立异,不是为了夺人眼球,而是要脚踏实地去做。研究的根本目的是探求现象世界的客观真理,判断知识和理论的真伪。无论是从内容到过程,从方法到表达,都应该务实,切忌浮华。

从后者来看,教育研究应始终与教育紧密相连,并具有一定的总结和前瞻,对教育事业起到理论支撑的作用。小学教师植根于基础教育中,不仅要教学相长,也要教研相长,在解决教育实际问题的同时深入思考,归纳总结经验,及时进行理论转换,为更多的后进者提供指导帮助。创新是发展的不竭动力,是教育研究的灵魂。教育研究的创新性主要体现在教育理论创新、教育方法创新、教育技术创新、思维方式创新、教育教学模式创新等方面。在研究的过程中要禁止简单地拼凑,杜绝"灌水"现象,因为这体现了小学教师的研究态度和道德水平,也是其社会责任感的体现。好的小学教师,心怀对教育事业的热忱,不断为教育发展建言献策,道德情怀自然在研究中获得发展,在创新中进行孕育。

教育研究真正能够在小学教师群体中得到普及,需要通过提升小学教师科研素养的方式来实现。裴娣娜教授指出,教师应该努力从以下四个方面来提升自身的科研素养。一是坚持学习科学理论及科研知识、技能体系。其目的首先在于确立科学研究的价值观并掌握科学研究的方法论,同时提升教师自身对教育问题的洞察力及研究的基本操作技能、能力。学习科学理论及其知识、能力体系,必须坚持"功夫在课外"。科学研究素养是一个综合性的知识、能力、信念体系,不能仅仅着眼于教育科研本身,而且需要在教育科研以外甚至几个学科领域下苦功夫,广泛涉猎。二是要扎根于教育实践。实践出真知,教育实践知识的积累、教育实践体验的沉淀是保证教育科学研究"接地气"并"富有创造性"的重要基础与源泉。三是要具备良好的学风和研究风气。进行教育科研的目的在于发展中国的教育事业,探索教育科学的规律,对人民、对科学研究、对历史负责。所以,要扎扎实实,一丝不苟,实事求是,坚持真理,修正错误,要具备严谨、严肃、严格的治学与研究风气。四是要在博采众长的基础上形成自己独特的研究风格。研究风格的形成是保证创造力的源泉,是一个研究者的科研能力是否成熟的重要标志。通过教师科研素养的提升,教师逐渐形成对教育科研正确的伦理态度和价值信念体系,最终内化为提升相应方面的道德情怀。[②]

---

① 檀传宝. 教师职业道德[M]. 北京:北京师范大学出版社,2016:128.
② 裴娣娜. 教育研究方法导论[M]. 合肥:安徽教育出版社,1995:389.

三、培养审美境界,升华道德情怀

第俄提玛曾对苏格拉底说:"一个人凭临美的汪洋大海,凝神观照,心中涌起无限欣喜,于是孕育无量数的优美崇高的道理,得到丰富的哲学收获。"[①] 审美能力是指人感受、鉴赏、评价和创造美的能力。小学教师要使自己以一种审美的态度"过有意义的教师职业生活",必须主动培养自己的审美能力,特别是审美感知、审美想象、审美情感、审美领悟等能力。

审美感知是对事物整体特质的主观性把握。当小学教师面对教育时,能够清晰敏锐地认知其中的美好。审美感觉是整个审美心理活动的初始阶段,法国著名的文艺理论家伊波利特・阿道尔夫・丹纳在《艺术哲学》中谈到希腊人性格的三个特征是造成艺术家的心灵和聪明的特征时,首先说的就是"感觉的精细,善于捕捉微妙的关系,分辨细微的差别"[②]。审美知觉在感觉的基础上产生,具有一定的选择性,它通过透过事物的形式达到对它们的情感表现性的把握,继而为审美活动奠定了心理基础,审美感知的最终目标就是创造和引向一个独立的审美世界。小学教师在教育工作中必须具有敏锐的审美感觉,善于从最不显眼、最细微的小事中感受美的魅力,才能进入美的殿堂。清晨里的第一缕阳光,晨跑时和煦的风,路边不知名的野花,这些都会给人以美的享受。在教育教学工作中,要学会从孩子身上发现人类最宝贵的特质,从他们渴望获得知识的亮晶晶的黑眸中得到一种美的感受。

古罗马作家斐罗斯屈拉特说想象是用心来创造形象。审美想象是审美主体在一定的刺激下,将大脑中已有的相关表象进行重组、加工、改造,创造出新的表象的心理过程。审美想象具有自由性和情感性的特点,小学教师在想象的过程中,能够将事物外在的表象和内在的意象结合,进而经过创造性的认知加工建立起人与物之间的联系。在想象的作用下,小学教师打开审美世界的大门,能够在不同的情境下迅速把握重点,获得艺术的自由体验。审美想象发挥巨大的联想作用,能够连接小学教师与人类文明价值的本质。

审美情感是主体对审美对象是否满足自己的精神需要以及对自己进行内省所形成的主观体验和态度。在审美中,人们总是以对审美对象的感知为基础,以想象为动力,怀着纯粹的心去欣赏面临的对象。"登山则情满于山,观海则意溢于海",就是古人对审美中情感活动伴随着对对象的感知而展开的描述。所谓"情景交融""神与物游""浑然同一",就是人与外物情感交织的状态。情感是能洋溢出来的,对内能够满足个人情感需要,形成相应的道德情怀;对外能够感染他人,产生情感共鸣,凝结出情感共同体。"皮格马利翁效应"是美国心理学家罗森塔尔和雅克布森在智力测验中发现,通过教师对学生心理的潜移默化的影响,从而使学生取得教师原来所期望的进步现象。其中所显示的期待效果,其实也就是审美情感的力量。

审美领悟是指主体用某种感性的形式,对客体意蕴和审美活动意蕴的直接的、整体的把握和领会。这是一种生命的顿悟,王国维先生用"众里寻他千百度,蓦然回首,那人却在灯火阑珊处"来阐释人生的第三重境界。小学教师成长过程中一旦能获得一种审美层面上的领悟,就能实现教育人生的一次蜕变。获得审美领悟的小学教师就能够进入到一种大师之境,能够对生活与教育当中的现象进行敏锐的捕捉,对人与物的形式、特质、关系作出洞察,这种洞察基于直觉之上,用想象力和情感统摄整体,形成一种稳定的系统。从小学教师职业来

---

① [古希腊]柏拉图.文艺对话集[M].朱光潜,译.北京:人民文学出版社,1963:272.
② [法]丹纳.艺术哲学[M].傅雷,译.北京:人民文学出版社,1963:270.

说,它有助于小学教师更迅速地捕捉职业活动中一闪即逝的火花,感悟小学教师这一职业所带来的快乐。

综上所述,专业审美发展之下,小学教师产生愉悦的心境,超脱功利性,能够在不知不觉中生成对于专业的幸福感,因此,教师的职业道德情怀得到升华。它有助于优化小学教师的情感体验,增强小学教师的专业自我认同,促进小学教师的专业创造力的提升。

❋ 思考题

1. 如何理解道德情怀的内涵,它具有哪些特点?
2. 请举例说明小学教师职业道德影响的内生性和感染性。
3. 从职业道德情怀的视角,谈谈"四有"好教师应该具备哪些特质。

❋ 拓展阅读

1. 刘济良. 教师职业道德[M]. 北京:华文出版社,2008.

2. 檀传宝. 教师职业道德[M]. 北京:北京师范大学出版社,2016.

3. 黄蓉生,等. 教师职业道德新论[M]. 北京:人民教育出版社,2014.

4. 杨鼎家,张小冰,杜正梅. 教师职业道德规范与素质修养[M]. 北京:中国言实出版社,2012.

4. 王坤,朱小蔓. 情感文明:教师育人素养的关键价值尺度[J]. 中国教育学刊,2019(2).

5. 吴亮奎. 教学审美与教师专业发展[J]. 教育科学论坛,2020(1).

6. 李清雁. 教师道德释义对师德建设的启示[J]. 教育学术月刊,2009(7).

第 五 章

小学教师职业道德的现实问题

❀ 知识结构

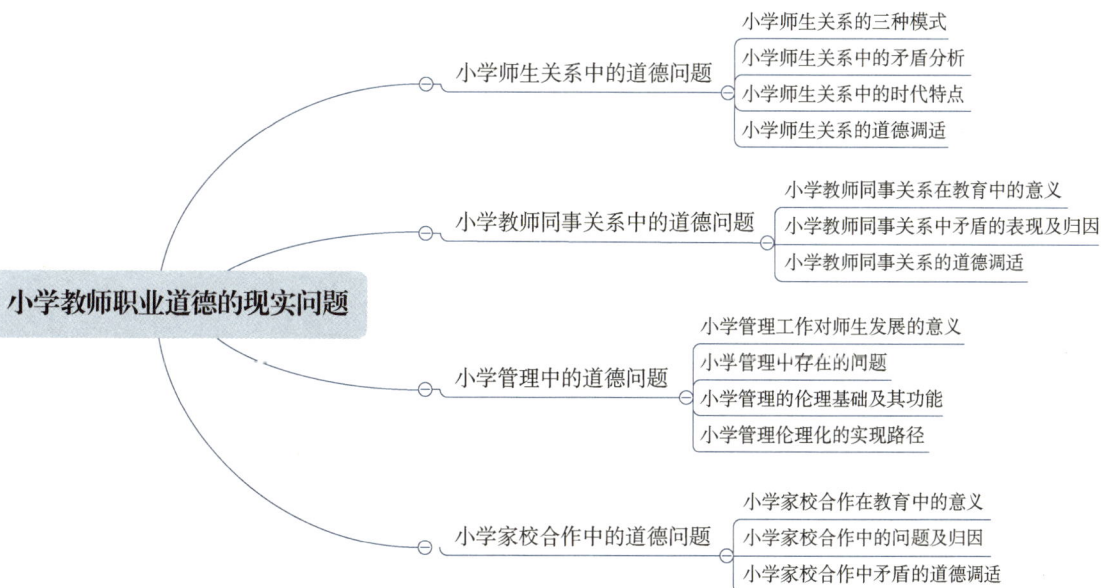

❀ 学习目标

知识与技能	理解掌握师生关系、同事关系、小学管理、家校合作的内涵及其在教育中的意义；了解分析小学教师在师生关系、同事关系、小学管理、家校合作四个方面中的主要矛盾。
过程与方法	通过对小学教师职业道德现实问题的"现状—问题及后果—归因—对策"等逐层分析，掌握理性思考和学术表达的一般程式。
情感态度与价值观	结合"家长作业""弑师案"等典型案例分析，培育小学教师在师生关系、同事关系、小学管理、家校合作中树立尊重、关爱、协作、宽容、民主参与、平等互助等道德观念，为落实好《新时代小学教师职业行为十项准则》提供保障。

第一节 ◈ 小学师生关系中的道德问题

师生关系是学校人际关系中最重要的一种关系。师生关系是否和谐,是否众志成城和团结一致,关系到整个学校各项教育活动能否正常进行和成效的高低。充分认识师生关系在教育中的意义,对师生关系中道德层面的矛盾进行深入而正确的分析,并适度地加以调节,将对教育过程的各个环节产生重要的保证作用。

一、小学师生关系的三种模式

构筑新型的师生关系,是时代发展和社会进步对广大小学教师提出的新要求,协调师生关系对全面推进素质教育和创新教育具有重要的现实意义。

师生之间的伦理关系是指教师和学生以其各自的心理、情感、意志、信念和行为,遵循一定的社会行为规范所形成的相互之间的关系。伦理关系是师生关系体系中最高层次的关系形式,对其他关系形式具有指导、约束和规范的作用。从伦理学视角看,师生之间的伦理关系可以分为师生代际关系模式、师生朋友关系模式和师生代际-朋友式关系模式。

所谓师生代际关系模式,就是将师生之间的伦理关系视为不同时代人的辈分关系的模式。师生代际关系模式将成为调整师生关系的基本根据,确定师生在处理相互关系时各自的行为规范。从小学师生之间的平均年龄差距看,师生之间可以视为两代人,但是在针对具体的师生关系时,应当灵活把握。所谓师生朋友关系模式,是将师生之间的伦理关系视为朋友关系的模式。虽然中老年教师与学生的年龄差距比较大,青年教师与学生的年龄差距比较小,但在以人为本的教育思想指导下,无论是中老年教师还是青年教师,都是可以与学生成为朋友的。所谓师生代际-朋友式关系模式,就是既将师生之间的伦理关系视为两代人的辈分关系,同时又视为朋友关系的模式。师生代际-朋友式关系模式比较符合当代师生关系的实际情况。尤其在中老年教师与学生之间,由于相互之间存在一定的年龄差距,在某些情景下,教师应以长辈的身份教导学生,这样会取得很好的教育效果;但在某些情景下,教师应以朋友的身份与学生推心置腹、促膝谈心,同样会取得很好的教育效果。亦师亦友和良师益友就是该模式的生动描述。因此,在处理师生关系时,应当具体情况具体对待,分不同的场合采取不同的处理形式和办法。

二、小学师生关系中的矛盾分析

长期以来,由于受应试教育、旧的教育观念和教学方法、教师的个人素质等方面的影响,小学师生关系中出现了一些不和谐的因素,师生之间的矛盾不断发生。在新的教育理念指导下,新型的小学师生关系应该是平等、民主、互相尊重、互相理解、互相信任、亲密的、和谐的关系。只有建立新型的小学师生关系,才有利于学生积极性、创造性的发挥,才有利于师生在教学活动中共同合作,为实现教育教学目标共同努力。对师生矛盾,小学教师应当正确面对,深入分析矛盾发生的原因和根源,细心地探究调解矛盾的途径和方法。

(一) 师生之间价值观念冲突带来的矛盾分析

师生之间价值观念的冲突是师生关系紧张的思想根源。传统的"师道尊严"观念影响根深蒂固,教师总认为自己高人一等,学生应该绝对尊重他的劳动和人格,不应该在课堂上消极听课,更不能不把老师"放在眼里"。一些学生认为与教师有代沟,有心理距离,对教师的教育教学可能不感兴趣,加上自己对学习的信心不足或其他一些原因,而在课堂上表现出一种消极态度,但这并不能说明学生不尊重教师,问题在于如何看待学生的消极态度或表现出来的不当行为。在课堂教学过程中,小学教师面临着一个难题:一方面,他必须以社会代言人的身份站在社会文化的立场上,通过一定的评论方式来维护现存的社会关系和文化;另一方面,他又必须考虑到尚未成年的学生既有的对社会的理解与情感,以学生所能接受的方式来传递社会规范。由于观念上的差异,师生之间对同一事物的评价标准通常存在差异,进而产生冲突。例如,教师认为学习对个人和社会都有好处,有些学生则不这样认为,或许学习在学生那里是件痛苦的事情,这些学生认为通过其他途径照样可以达到自己成人成才的目的。即使师生的评价标准一样,但在表达标准的方式上也可能产生分歧,例如,有些学生虽然也知道学习的重要,但是遇到教师用挖苦、嘲笑、讽刺的话语或用体罚的方式督促学生学习时,就不会产生学习是最重要的理性认识,甚至会导致师生关系的对立,2019 年媒体披露的"20 年后拦路打老师案"[①]就是典型的师生关系恶化的表现。

在思想认识存在显著冲突的情况下,对不同年龄段的学生,教师应区别对待。尤其对小学生,小学教师更多的应该是关爱、呵护,无私地、像父母一样地去爱学生,更多地运用启发、引导、感化等手段。

(二) 师生对应试教育不同理解带来的矛盾分析

望子成龙、望女成凤是中国家长的普遍心理,应试教育导致教师对学生的期望值过高,是师生之间产生矛盾的现实根源。部分教师之所以对学生施加那么大的压力,是因为学生的学习成绩和升学率直接与教师的工资、奖金、职称、职务等现实利益挂钩,这就迫使教师必须或不得不对学生提出过高的期望。如果学生因为自己的能力或其他原因达不到教师的要求,教师就会用极端的方式对待学生,如用题海战术、讽刺、挖苦、体罚、侮辱等。相对来说,学生在课堂上处在弱者的地位,本来学习就很被动,如果教师对学生在课堂上的不良行为再表现出非理智的行为和态度,学生行为的性质就有可能发生转化,师生之间正常的人际关系就可能遭到破坏,师生矛盾将会进一步加深。尽管教师大多数情况下是出于好意,是"恨铁不成钢",但由于方式和方法简单、粗暴,既会挫伤学生的自尊心,也会挫伤他们的学习积极性。2017 年发生在湖南沅江的"弑师案"[②],班里学习最好的学生亲手杀死了对他最好的班主任,就是典型的应试教育埋下祸根的反面背书。

(三) 师生关系中情感不和带来的矛盾分析

情感不和是师生关系不协调的重要心理因素。良好的师生情感关系建立在师生个性全

---

① "20 年后拦路打教师案"中的道德与法律[EB/OL].(2019-07-10)[2020-09-29]http://news.sina.com.cn/sf/news/ajjj/2019-07-10/doc-ihytcitm1051375.shtml.2018 年 7 月,常仁尧路遇曾担任过其初二班主任的张某某,想起上学时因违反学校纪律被张某某体罚,心生恼怒,将手机交给同行的潘某某为其录制视频,拦下张某某辱骂殴打,引起二十余人围观。事后,常仁尧将所录视频传递给初中同学观看、炫耀,该视频在多个微信群和朋友圈被传播扩散,造成恶劣影响。

② 湖南沅江的弑师案:暴露出"过度教育"正在吞噬家庭的幸福![EB/OL].(2019-03-28)[2020-09-29]https://dy.163.com/article/EBA5FQMI05380AKY.html;NTESwebSI=6167C1F7860811B2CE59DA7FA155421B.hz-subscribe-web-docker-cm-online-rpqqn-8gfzd-r5j7g-5789646fwvb-8081.

面交往的基础上。它是一种真正的人与人心灵的沟通,是师生相互关爱的结果。它是一种和谐、真诚和温馨的心理氛围,是真、善、美的统一体。小学教师要真诚地对待每一个学生,关爱每一个学生,尤其是对学业成绩不够理想的学生、纪律观念较差的学生,教师更要多鼓励、多关爱、多沟通,相信他们的潜力,给予他们改正缺点的机会。小学教师的真诚和全心投入,必定会得到学生的真情回报。同时,小学教师要加强个人修养,积极展现教学魅力和人格魅力。在课堂教学中,小学教师要通过联系小学生的生活实际,激发他的学习兴趣和求知欲,认真改进课堂教学活动,增进教学中的互动和情感交流,使教学过程充满情趣和活力。小学教师要努力完善自己的个性,使自己拥有热情、真诚、宽容、温和、幽默等优秀的情感品质。这些都是培育师生情感关系的重要条件。

培育师生情感关系,建立温馨和谐的师生情谊,是师生关系改革的现实要求,也是教学活动中人格塑造的强大动力。小学生的成长和发展是多方面的,除了学业上的发展,更为重要的还有健全的人格、性格、情感等个性心理品质的形成。良好的师生关系为小学生心理品质的塑造提供良好的条件。学生被教师接纳和信任,得到教师的支持、尊重和鼓励,在这样轻松愉快的氛围里,能够促进学生各种优秀品质的形成,如善良、乐观、积极、进取、自尊、自信、合作等,随之形成健康的人格。反之,如果师生关系不和谐,学生得不到教师的尊重或理解,师生之间充满着对立、猜疑、冷漠、隔阂、讽刺、挖苦等负面情绪,学生就容易形成悲观、消极、自卑、自弃等不良品质,严重的会造成学生人格的缺陷或心理扭曲。

(四) 师生关系中年龄差异带来的矛盾分析

学校的中老年教师与小学生在年龄上存在较大的差异。由于受特定历史时期的政治、思想、经济、文化的影响,中老年教师在思维方式和处世待人的行为方式上往往带有时代的特征。这对处于现时代的小学生来讲可能会感到格格不入。这就是所谓两代人之间存在的思想上、心理上的“代沟”。由于特定的职业地位,小学教师通常会与小学生产生一定的心理差距。一般来讲,师生年龄差距大的,心理差距也可能大一些。小学生思想活跃,情绪激昂,喜怒哀乐常常溢于言表,容易冲动,感情用事。但小学教师则不同,由于职业的要求,使他们随着年龄和阅历的增长而日趋成熟和老练,表现得比较矜持和稳定。这种代沟和心理差距,常常会引起师生对某些事物的感知、理解、判断和评价的不一致,由此出现矛盾和冲突。对于师生因年龄差异而引起的矛盾,小学教师应当积极而认真地对待,要通过多种渠道、多种方式,尽可能地与学生进行多方面的交流,求大同,存小异。同时,小学教师也要与时俱进,不断地向时代学习,向学生学习,紧跟时代的步伐。

(五) 师生关系中性别差异带来的矛盾分析

由于性别不同,男女教师在心理特征上存在明显的差别。一般说来,男教师的心理特征总体上属于理智型。男教师在思维的灵活性、逻辑性、开放性、抽象性、独立性、探索精神、情绪支配性与自信心等方面见长,具有豁达、爽朗、果断、勇敢、顽强等心理品质,并有较强的推理能力、问题化解能力及动手操作能力;对小学生要求严格,讲话有条理,偏重理性色彩,能控制自己的情感;在教学管理上,精力充沛,办事有魄力,阳刚之气足,吸引力强,能较快地在小学生中建立威信,引起学生的好感,易于形成良好的师生关系。但男教师存在的不足也很突出,例如,说话态度刻板;授课内容过于简洁或深奥,使学生不易理解;在班主任工作中粗心马虎,有的对学生放任自流,不闻不问;有的对学生感情冲动,有的工作方法简单粗暴。这些不当行为和心理的出现,容易造成师生关系紧张。

女教师的心理特征总体上属于情感型。女教师偏重于形象思维和机械记忆;善于运用直觉,知觉速度快;具有较强的观察能力、人际关系处理能力、语言表达能力和表演才能;在意志品质上,有韧性和持久力;工作细致,擅长说理;在情感方面,性情温和,感情细腻,态度和蔼,给人以亲切、温和之感,使小学生感到亲切、可信赖。但女教师的欠缺是事无巨细、包揽过度,溺爱小学生,有时候讲话婆婆妈妈,易使学生产生逆反心理,从而影响师生关系。

总之,无论是男教师还是女教师,都应当具有完美的心理品质,应当不断地修炼自己的心理品质。男女教师应当相互学习,相互借鉴,取长补短。女教师应多一点刚毅之气,而男教师应多一点柔和之美。

(六) 师生关系中性格差异带来的矛盾分析

师生关系在建立和发展的过程中,与其他人际关系一样,经常会受到师生性格特点的影响。教师的性格特征在很大程度上决定着学生对教师的评价和态度。

师生关系的建立和发展是在师生双方性格倾向和个性特征的基础上展开的。在交往的过程中,师生一般都会自觉地进入自己所扮演的社会角色,都能程度不同地按角色要求来表现自己,这就使师生在交往中的个性带有角色行为特征。这种角色特点有可能掩盖师生本来的面貌,使双方不时地自觉约束自己的言行与举止,不能真实地表现出自己的性格倾向和个性特征。因此,小学教师在与学生交往的过程中所扮演的角色不是单一的,往往是复杂、多面的。小学教师除了扮演"传道、授业、解惑"的角色外,还要扮演学生的家长、知心朋友以及班级的领导者、组织者、管理者等角色。由于小学教师在教育过程中扮演着多重角色,社会、家庭、学校、学生都会向教师提出更多、更高、更严格的要求。小学教师的职责要求他应用自己的言行去指导和点拨学生。因此,小学教师应当十分注意自己的小节,否则,就会因小失大,事与愿违。

师生双方的个性也会影响师生关系的建立和发展。如果师生双方都具有优良的个性品质,将会有助于良好师生关系的建立和发展。如果师生双方都存在某些不良的个性品质,师生之间便会产生相互排斥、疏远甚至冲突,这将无助于良好师生关系的建立和发展。

三、小学师生关系的时代特点

师生关系是教育教学中的动力系统,它制约着教育的进程,影响着教育的效果,关系着教育的成败。和谐、良好的师生关系有利于提高教育教学的质量,实现教育教学的目的。受一些历史或现实因素的影响,目前的师生关系在建立中还存在很多不和谐的地方,这极大地削弱了教育质量,妨碍了素质教育及新课程改革的全面推进和深化。因此,我们必须建立现代新型师生关系。"新型的师生关系是指教师和学生在日常的教学活动中的关系是民主的、平等的、和谐的;它的原则是师生之间能彼此相容,心灵上能互相接纳;它的宗旨是让学生在自主原则的前提下进行学习,使学生的人格得到充分发展。"[1]具体体现在:一方面,学生在与教师的互相理解、尊重与合作中能全面发展自己,获得成就感和人生价值的体验,获得人际关系的提升;另一方面,教师通过教学实践活动,能使每个学生都体会到尊严的存在,感受到健康成长的愉悦与学习的快乐。"教育工作虽然需要教师具备一定的知识、道德以及管理

---

① 施雯. 论如何建立现代新型的师生关系[J]. 学周刊,2014(17).

的权威性,但这种权威性必须服务于教育的平等性。"① 教育过程并不仅仅是单向的教的过程,而是一种互动、互进的过程。因此,"教师应构建民主、平等的师生关系,使师生同在一个教育共同体,相互依赖、美美与共,实现教学相长"②。具体来讲,在课堂教学活动中,师生的人格、地位是平等的,学生之间的人格也是平等的。和谐的师生关系离不开教师平等、民主地对待每一位学生。

四、小学师生关系的道德调适

师生关系的道德调适取决于教师和学生的共同努力,而教师的作用是关键的、带有指导意义的。在师生关系的道德调适中,小学教师应当做到以下几点。

(一)确立学生主体的观念

在教育活动中,教育主体是指教育活动中的教育者与受教育者,即教与学的双方自然人。教师是主体,学生也是主体。教师与学生是任何教育活动中不可或缺的两个主体。缺少了任何一方,教育过程就无法进行。小学教师是担任教育责任、具有主导作用的一方主体,而学生是小学教师教育活动的承受主体。学生的学习活动不仅仅限于课堂上、校园里,他同时主动地或被动地接受着来自社会各个方面的影响。在教育过程中,小学教师主导的教育活动起了重要的外因作用,但决定学生能否学好的是他自身的原因。没有内因的响应,就达不到教育活动的目的。为此,在教育过程中小学教师应注意以下几个方面:第一,要注重调动学生的主体性,寻找适当的"切入点"或兴奋点,以激发学生的学习主观能动性;第二,在确立学生主体观念的同时,更应加强教师的主导作用;第三,在教育管理过程中,既要行使教师的管教权,③ 又要注意维护学生的合法权益。

(二)尊重和培养学生的自尊心

渴望受到尊重是每个人的一种正常、普遍的心理需要。自尊心是学生的一种心理需求。随着年龄的增长、知识的积累、交往面的扩大,小学生的自尊心也在快速增强。他们希望家庭成员、周围的人们尊重他们、信任他们,尤其希望小学教师能尊重和理解他们。在教育教学过程中,学生的自尊心如果得不到教师的维护,就很容易丧失自信,自暴自弃,甚至悲观失望。学生如果能得到教师和同学们的尊重,尤其是教师的尊重,就能感受到这是对他能力、才华、品行的一种承认,是对其人生价值的一种肯定,就会增强信心,具有存在感,从而克服困难,走向成功。所以,尊重学生是学生成才的重要前提。

(三)热爱、关心和呵护学生

热爱学生是小学教师道德要求中的重要规范,是教育活动有效开展的前提。在整个教育过程中,要实现师生间的情感共鸣、建立良好的师生关系,小学教师就应当自觉树立高度的工作责任心和社会责任感,对小学生怀有高度的师爱,以平等、公正、真诚的态度对待小学生。实际上,热爱学生本身就是小学教师的一种教育手段。教师爱学生,学生体会到这种温暖之情,内心必然受到鼓舞,其上进心必然更强烈,就会自觉地按教师的要求去做,同时产生良好的心理效应。小学教师对学生的爱并非仅仅停留在单纯感情上,更不是一种偏私的溺

① 郭立强,梁莹. 关于当前教师课堂权力问题的探讨[J]. 教学与管理,2015(21).
② 王慧琳,甄慧娜. 构建良好师生关系助力教学相长[J]. 中国教育学刊,2019(1).
③ 张笑涛. 教师行使教育管教权的现实困境及突破路径[J]. 中国德育,2019(9).

爱,而是对学生的感情灌注和对学生提出严格、合理的要求相统一。爱学生不等于纵容放任学生,只"爱"不"严",不是真爱;相反,只"严"不"爱",也无法真严。要真正达到教育的目的,教师必须坚持"爱""严"结合。况且,小学生正处于成长中,还不能完全做到自立、自律,看问题往往肤浅或片面,在日常学习、生活中难免犯错误。小学教师如果对学生不管不顾,放任自流,绝对不利于学生的成长。

(四) 尊重学生与严格要求、教育学生

俗话说:"严是爱,松是害,不管不问要变坏。"严格教育的出发点是爱护学生。严慈相济、严格要求学生正是热爱学生的具体表现。真正热爱学生的教师,总是能把"爱"与"严"结合起来,做到从爱出发,从严要求。小学教师职业道德所提倡的爱护学生,并不是迁就和放任学生,而是小学教师对学生的一种全面负责的感情。他们渴望用自己的心去启迪学生、引导学生。小学教师对学生的要求越严格,反映了他对学生越爱护。一个不爱护学生的小学教师,是不会对学生提出严格要求的。小学教师只要从爱护学生的立场出发,提出合理的、学生又力所能及的严格要求,就一定会得到学生的认可、支持和拥护。"严师出高徒",从学生的角度看,严格教育是学生成长和成才的需要。如果教师不对学生严格要求与教育,一切顺其自然,从表面上看学生高兴轻松,教师省心省力,但这不是爱护学生而是贻害学生。严格教育的最终目的,是使学生能够得到全面的发展,能成长为对社会有用的人才。

┃第二节 ◆ 小学教师同事关系中的道德问题

和其他形式的劳动相比,教育劳动是建立在集体协作基础之上的教师个体的脑力劳动。由于教师集体是各个不同个体的组合,从哲学的意义上讲,差异就是矛盾,因此,教师集体中矛盾的客观存在乃是教育活动中的常态。为了构建和谐的小学教师集体,从而为教育劳动的有效进行提供必要的条件,就必须从道德的视角认识和调节好小学教师集体中的各类人际关系。

一、小学教师同事关系在教育中的意义归因

作为小学教师教育劳动的必要形式,小学教师集体尤其是同事关系对于教育活动具有极为重要的意义。这一重要意义主要是由以下原因决定的。

(一) 由小学教师劳动的形式决定

小学教师劳动是建立在集体协作基础之上的个体脑力劳动。教育劳动首先表现为各个小学教师个体的活动,各个小学教师是学校教育活动的承担者,但是这种劳动是以集体协作为基础的,这种教育劳动的集体性主要表现在以下两个方面:一是对学生进行教育的任务是由从事德、智、体、美、劳各门课程教学的教师承担的。现代教育以班级为基本教学单位,而承担某一个班级教学任务的是多名任课教师,在有些学校,一门课程还往往需要由几个教师来完成。二是无论在哪一所学校,其所有教师都是作为一个整体对学生发生各种影响的,这种影响同样也是一种教育。学校教师的教育伦理往往形成一种特有的校园师德文化氛围,对学生发生着潜移默化的影响,只不过是具体承担学生教育教学任务的教师的影响作用更为直接,而其他教师的影响较为间接罢了。上述两个方面所表现出来的教师劳动的集体

性,表明小学教师集体对教育劳动的重要意义。同样,这种教育劳动的集体性,决定了小学教师集体中各成员之间的相互依赖性。小学教师的劳动绩效要通过对学生的塑造得以体现。而学生能否形成理想的素质和各个教师之间的相互配合也不无关系。这种教师集体中各成员之间的相互依存性,决定了小学教师集体中确立和谐人际关系的重要性。

(二) 由小学教师劳动的复杂性决定

教师劳动具有复杂性的特点。这种复杂性主要表现为教育过程的复杂性和教育对象的复杂性。首先,小学教师劳动的过程是一个运用智力进行学习、消化、积累、传递和转换知识的过程,也是一个既运用知识智能又运用思想觉悟和道德品质的复杂过程。因此,小学教师要向学生传授知识,就需要不断积累和转换知识,这是一个极其复杂的脑力劳动过程。开发智力和培养能力就更是一项艰巨复杂的工程了。其次,从教师劳动的对象来看,在教育过程中,小学教师要使学生形成高尚的思想品德,需要对其进行诸如知识传授、情感激励、意志磨炼、信念确立以及行为习惯养成等方面的复杂工作。教育活动的劳动对象是价值观各异、个性有别、人生阅历和家庭背景不同的个体。由于每个小学生的具体情况不同,小学教师就更需要做到具体问题具体分析。同时,小学教师劳动是在开放的环境中进行的,小学生在接受教师教育的同时还要受环境因素的影响,家庭环境和社会环境都会对小学生的成长起重要作用。特别是在家庭环境、社会环境对学生的影响与学校教育不一致时,往往会抵消学校教育的影响,从而增加学校教育的难度,使小学教师的劳动更为复杂。最后,在小学教师劳动的过程中,学生不仅是劳动的对象、教育的客体,而且可以通过自我教育的形式转换为教育的主体。教师劳动对象的这种双重特性,也使得教师劳动的过程更加复杂。小学教师劳动过程的复杂性,固然要求教师个体必须潜心探究学生的心智特点及其接受规律和教学规律,以实现教师劳动的良好效益,但是小学教师劳动的复杂性特点更需要小学教师集体的共同努力,要求在小学教师集体中广开言路、集思广益,发挥教师集体的聪明才智。

当前,国际和国内的形势都处在快速的变动之中,这种变动不仅意味着教育环境的变化,而且也对教育提出新的课题,使教育面临着前所未有的挑战。面对这一境况,教育的改革不可能仅凭几句口号和某些"时髦"的做法来装点门面,也不能仅凭教育行政部门和少数人的决策,它必须最大限度地发挥全体教育工作者的积极性和聪明才智。现行教育中的问题的症结需要小学教师去把握,解决教育问题的出路需要小学教师去探寻,具体教育改革的措施需要小学教师去实施,教育改革的成效需要通过小学教师的实践去检验。所有这一切都表明,教育改革重任的完成仅仅依靠小学教师个体的力量是远远不够的,它必须依靠小学教师集体的协同努力。

(三) 由小学教师个体的局限性决定

小学教师集体是由各个教师组成的,小学教师劳动也是通过各个教师个人的具体活动进行的。因此,小学教师个体在教师劳动中具有逻辑起点的意义。要提高小学教师劳动的效益,必须首先致力于每位教师个体素质的提升。然而,就教育者个人而言,不管其具有多么渊博的专业知识和深刻的理性认识能力,也不管其教育实践经验如何丰富,由于其年龄、经历、专业知识背景、思维方式、心理因素等方面的局限,当他面对具有差异性和发展变化性的小学生时,即使他十分注重学习以提高自身的素质,也难免会有认识上的失误和实践能力的局限。这就需要借助小学教师集体中其他成员的优势以弥补其不足。例如,年轻教师思想敏锐,容易接受新的知识和教育理念,但由于受年龄和人生阅历的限制,其思考问题可能缺乏周密性,可能表现为过于情绪化而缺少理性。这一局限性恐怕更多地应该通过向中老年教师学习来加以克服。而中老年教师为了避免自身知识结构的老化和教育思想、教育理念的落伍,也应该更多地和年轻教师接触交往,从而使自身在思想、观念上跟上时代的步伐。

(四) 由小学教师集体的固有特点决定

小学广大教育工作者是教育事业的推动力量。众多教育者组成的集体中往往藏龙卧虎、人才辈出,他们各自的人生阅历、实践经验、认识问题的不同视角和处理问题的独特方式,将起到优势互补的作用。小学教师集体的这一特点,决定了它在教育工作中具有极为重要的意义。首先,小学教师集体是学校人才高密度积聚之地,这为小学教师的发展提供了良好的背景和高层次的平台。其次,小学教师集体对其个体而言是一种积极的支持力量。在小学教师的教育劳动过程中,每位教师经过努力都可能取得不俗的成绩,也可能会遇到挫折和困难,这些对小学教师来说都是极为正常的。不过,当小学教师面对这种境况时,他们需要获得一种支持性的力量。叶圣陶先生曾指出:"教育工作不是一个人所能搞好的,需要全体小学教师的共同努力,教育工作者一定要能够与志向相同的人合作。即使是一个伟大的天才,离开集体也是微不足道的、无所作为的。"[①]理论和实践都证明,小学教师只有把个人置于教师集体之中,与集体融为一体,聪明才智才能得到发挥。

这种团结和谐的小学教师集体对小学教师个人的意义,还表现在小学教师集体能够产生强大的内聚力和向心力,这是保证小学教师完成教育任务的必要条件,也是小学教师能够充分发挥聪明才智的保证。因此,在教育教学实践中需要建立一个良好的小学教师集体。有了良好的小学教师集体,小学教师之间互相帮助、团结协作,才有利于每个小学教师业务能力的增强;有了良好的小学教师集体,小学教师之间以诚相见、互相砥砺、共同前进,才有利于每个小学教师思想水平的提高;有了良好的小学教师集体,小学教师心情舒畅、工作愉快,才有益于身心健康。总之,良好的小学教师集体是每个小学教师智慧和力量的源泉,对小学教师教育劳动的成功和自身价值的实现具有不可替代的意义。

二、小学教师同事关系中矛盾的表现及归因

一般而言,小学教师集体中各成员之间具有价值目标和根本利益上的一致性。从价值目标来说,各个教师的教育活动所追求的都是将被教育者培养成德、智、体、美、劳全面发展的社会主义建设者和接班人。从根本利益来说,只有当小学教师集体成为一个团结和谐的整体时,广大小学教师才可能具有舒心宽松的工作环境;只有小学教师集体的劳动效益达到最大值时,广大小学教师才可能充分体现和实现自身的价值。然而,小学教师集体中各成员之间的矛盾是一种客观存在。这种矛盾主要表现为两大类:一类是小学教师与学校领导之间的矛盾,另一类是小学教师之间的矛盾。在后一类矛盾中,又具体表现为同一学科小学教师之间的矛盾、不同学科小学教师之间的矛盾、一般小学教师与优秀小学教师以及暂时处于后进状态小学教师之间的矛盾、不同教育思想小学教师之间的矛盾,以及不同年龄和人生阅历小学教师之间的矛盾等。所有这些矛盾将程度不同地影响到小学教师集体劳动的成效。例如,"小学教师和领导之间矛盾的存在,将不仅使得小学教师的真知灼见难以通过正常的

① 李文涛.试论高校教师集体中和谐人际关系的构建[J].科教文汇,2014(1).

途径转化为学校建设的有效举措,也使得领导的决策难以通行无阻地得到贯彻实施;小学教师之间矛盾的存在,不仅使得各个小学教师的工作难以顺利展开,而且还极有可能因内耗而使小学教师的劳动效益大打折扣"①。正是由于小学教师集体中这些矛盾及其负面效应的客观存在,在小学教师职业道德建设中,分析小学教师集体人际矛盾产生的原因,寻找化解矛盾的方法,就成为非常紧迫的重要课题。

(一) 小学教师的劳动分工导致的矛盾

教师劳动必须以教师之间必要的分工为前提,但如果有的小学教师没有按照职业德性参与分工,就可能导致小学教师集体中出现矛盾冲突。比如,有的小学教师过分强调自己所教授课程的重要性,并出现和其他教师争自习和辅导时间、争留作业等现象,很有可能与其他教师产生矛盾冲突。再比如,一些小学教师为了使学生能对自己所教的课程更感兴趣,片面夸大自己课程的作用,贬低其他课程尤其是"副课"的意义,这也会导致矛盾的产生。从小学教师劳动的分工和目的来看,学校所开设的各门课程都是培养全面合格人才所必不可少的,各门学科都有存在的依据和价值。如果一些小学教师不恰当地抬高自己所教学科而贬低其他学科,不仅说明自己的无知,而且还会对学生的全面发展带来不利影响,更会给不同学科教师之间的协作沟通制造障碍。在教学教育实践中,人们还会看到一些小学教师不负责任地在学生面前议论甚至贬损其他任课教师。这种做法常常会使后者在学生面前失去威信,从而教学工作难以有效开展,最终有可能导致小学教师之间在感情上的严重对立和工作中的相互拆台。这是因为,"某些小学教师仍存在'同行是冤家'、文人相轻的旧的职业心理,不能尊重和信任其他教师,看问题缺乏全面、辩证的观点"②。

(二) 小学教师的个体差异导致的矛盾

由于代际和意见的影响,小学教师之间存在年龄、个性、专业、阅历和工作经验以及思想觉悟等差异。这种个体差异,虽然并不必然导致相互之间的矛盾冲突,但却存在产生矛盾的可能性。例如,在不同年龄的小学教师中,中老年小学教师对新事物、新观念的接受程度和速度可能不如青年小学教师,但青年小学教师对问题的思考却往往不如中老年小学教师周全;不同个性和不同专业的小学教师,对问题的关注点也有差异;不同阅历和工作经验的小学教师,对于具体问题或现象的思考剖析的广度和深度未必相同;不同思想觉悟的小学教师,往往有不同的"三观"。小学教师的个体差异往往使他们在教育教学实践中产生教育思想、教学手段和教学方法方面的分歧。特别是在新时代教育改革的宏观背景下,小学教师对新旧观念和思想的认识程度往往不同,从而导致行动上的不一致乃至于分歧。这些都会使小学教师之间产生矛盾冲突。

(三) 小学教师作为不同利益主体导致的矛盾

从道德的起源和目的来看,作为一种意识形态的道德是经济基础的反映,是人类为满足自己生存、生活需要而创造的,无论从动机或效果来看,都同他们的利益有关。列宁曾言:"利益是人民生活中最敏感的神经。"③ 所以,道德不可能完全离开利益而存在,恰恰相反,它必须以利益为基础。

---

① 钱焕琦. 教师职业道德[M]. 上海:华东师范大学出版社,2008:123.
② 陈惠津,范士龙. 教师职业道德与教育法规[M]. 武汉:华中师范大学出版社,2018:137.
③ 转引自张笑涛. 论道德功利性的合理性及其超越[J]. 中国德育,2017(20).

在小学教师集体中,各个小学教师个体也都是具体的利益主体。虽然小学教师集体中的成员在根本利益上是一致的,但在实际生活中仍然会面临着各种具体利益上的矛盾。例如,学校制度性、经常性的总结考核、评先评优、职称评聘、晋升加薪、外出进修等工作,都把看得见的切身利益摆到小学教师的面前,能否获得这种利益直接决定了小学教师的生活水平和职业声望。而这种利益需求旺盛与供给相对不足的矛盾,使得广大小学教师面临着实实在在的考验。特别是在利益分配机制不完善、有待改革的情况下,小学教师的谦让精神和协作道德,就成为小学教师集体升华为奋发向上、和谐协调整体的重要因素。不过,在市场经济条件下,人们的自主意识、利益意识普遍受到激发和强化,使得有效解决小学教师间的利益冲突面临新的困难。在实际工作中,我们固然可以看到在利益面前推辞谦让的一些小学教师,但确实也不乏斤斤计较之人。这一现象的存在,不仅造成了小学教师集体中人际关系的紧张,而且会直接影响到教育工作的正常开展。

（四）传统自然经济影响导致的矛盾

中国现代社会是从延续两千多年的封建社会走过来的,中国封建社会的经济形态是自给自足的自然经济。这种自然经济决定了人们生活资料的获得,主要是依靠同自然进行交换,而不是靠与社会进行交换。这种和他人及社会的交换并不是人们生存、发展的必要条件的状况,往往使得人们缺少对于社会交往必要性的认识,缺乏对良好人际关系重要作用的感悟,从而也使得人们在交往技巧和交往道德方面存在缺憾。因此,受这种自然经济形态的影响,整个社会往往是一盘散沙,社会成员缺少一种对共同交往规则的认同,缺乏相互协作的传统。这种状况在不同的社会阶层或群体中都有相应的表征,在教育领域经常表现为所谓的"文人相轻"。尽管一直以来,我们非常重视在教育领域进行集体主义教育,并且在教师队伍中也有许许多多的具有集体主义思想觉悟的教师,但在小学教师集体的人际交往中,也确实存在不少为了个人的一己私利而发生矛盾冲突的事例。当然,出现这种现象的原因可能是多方面的,但由于传统的自然经济的影响所导致的部分小学教师交往规则意识和交往道德的缺失,"缺乏合作团结精神和正确的竞争意识"[①],也是不可忽视的深层次原因。

（五）中国社会转型发展带来的矛盾

当代中国正处在由传统社会向现代社会的转型之中。这一转型是由在经济形态方面从计划经济向市场经济转轨,政治形态方面由"人治"社会向"法治"社会转变,教育形态方面"由集权管理体制向分权管理体制转型、由学校的行政化运作向去行政化转型所导致和推动的"[②]所构成。社会转型必然反映到社会生活的方方面面中来,对人们价值观念和行为方式产生了极为重要的影响。例如,市场经济运行过程中经济行为主体自主决策、自主经营、自负盈亏的特点激发了人们的主体意识和自由意识,法治建设进程中法律价值取向以权利为本位的特点正在培育和不断强化人们的权利意识、利益意识。这些伴随着市场经济进程和法治进程的主体意识、自由意识、权利意识和利益意识,相对于计划经济和"人治"社会对人的主体性和应有权利的无视是一种极为重要的矫正,有着革命性的意义。但是,任何事物都有一个限度,过犹不及,如果超越了这一限度,就会走向极端,就有可能使事物走向反面。例如,如果过分强调人的主体性、自由和权利意识,而忽视或弱化了集体的意义、人的责任意识

① 陈惠津,范士龙.教师职业道德与教育法规[M].武汉：华中师范大学出版社,2018：137.
② 周光礼.完善中国现代大学制度[N].学习时报,2012-01-16(06).

和义务意识的养成,人际和谐的目标将难以实现,个人的主体性、自由和权利的实现将因为各个个体的自行其是而流于空想。具体到教育领域,广大小学教师伴随着社会转型而日益增长的自主、权利和利益意识,既具有法律上的合法性,在道德上也是无可厚非的。但是,如果这些意识过度强化,并相应地导致对小学教师集体必要性的忽视甚至否定,只主张自身的权利而不考虑如何履行应有的义务,只追求自由而回避责任,和谐的小学教师集体的确立就只能是一句空话,小学教师集体中的矛盾冲突也就在所难免。

三、小学教师同事关系的道德调适

小学教师集体和同事关系中客观存在的人际矛盾,需要通过各种有效的手段加以消解和调节。从道德的视角而言,由于和谐的小学教师集体的确立,必须以小学教师之间的相互尊重为前提,所以,必须对广大小学教师提出尊重同事这一道德要求;又由于小学教师集体应该是一个充满活力、积极向上的集体,而这种活力又源于小学教师之间的相互协作和友好竞争,所以,必须对广大小学教师提出团结协作、开展有益的工作竞争的道德要求。

(一) 尊重同事

尊重同事是调节小学教师集体中人际关系的重要道德规范。在处理小学教师集体中的人际关系的过程中,能否做到尊重同事,对形成团结和谐的小学教师集体至为重要。因此,充分认识尊重同事这一道德规范的意义,探讨尊重同事的具体内容,是小学教师职业道德建设所面临的重要课题。

1. 尊重同事的道德意义

一方面,尊重同事是尊重人的道德要求在小学教师劳动中的具体体现。在社会生活中,每一个个体作为生命有机体都有其生存的权利,都有其在不违背国家法律和社会伦理道德的前提下发展自身的权利。个人的这种权利,要求社会给予应有的保障,也要求其他社会成员给予应有的尊重。要求个人的这种应有权利得到他人的尊重,是每个人正常的心理需求。给予个人权利以应有的尊重,不仅是其所处的社会合法性和合道德性的重要标志,也是衡量一个人德性高下的不可缺少的指标。一个具有良好道德素质的小学教师,必然会给小学教师集体中的其他成员以应有的尊重。总之,"不超越个人的道德权利,而且尊重他人的道德权利,乃是根本的道德义务或起码的道德宽容"[①]。

另一方面,尊重同事有利于良好的小学教师集体的形成。单丝不成线,独木不成林。形成良好的小学教师集体是每一个教育者的真实愿望,而良好小学教师集体的形成,又受制于诸多因素。其中,小学教师个体之间能否互相尊重、理解和支持,是一个非常重要的因素。如果在小学教师集体中,同一学科的教师能多看到对方的优点和长处,不同学科的教师之间能多看到对方所教学科的重要价值,新老教师之间能相互尊重,教师之间发生矛盾时能多作换位思考,这些教师必然也会得到对方积极的回应,享受到对方的真情回报。这样,小学教师人际关系就将处在良性的互动过程中,形成良好的小学教师集体就不仅是一种良好的愿望,而且还是一种可喜的现实。

2. 尊重同事道德规范的具体要求

尊重同事作为一种道德规范,其目的在于调整小学教师劳动中教师和同事之间的多种

① 张笑涛. 论道德宽容及其底线坚守[J]. 中国德育,2018(11).

复杂关系。作为一名小学教师,要处理好和同事之间的关系,就体现为要处理好与各类同事的关系,包括尊重和宽容同一学科的教师、尊重和理解不同学科的教师、尊重和学习优秀的同事、尊重持不同学术观点和教育思想的同事,还包括不同年龄教师之间要相互尊重,领导与教师的相互尊重、相互支持配合等。尊重同事的道德规范,需要每位小学教师在提高自己业务能力的同时,还要注意提高自己的情商意识,努力培养自己在情绪、意志、耐受挫折等方面的品质。情商其实是一种可以测量的心智能力,共包括三个维度:感知、理解自己和他人的情绪与心境;以自身感受辅助思考与判断;管理情绪,从而帮助个人成长和经营健康的人际关系。

(二) 团结协作,开展良性竞争

尽管小学教师集体中各成员之间的价值目标一致,不存在根本利益冲突,但这并不等于各个小学教师在利益的获取上没有时间的先后之分,没有量的多寡之别。事实上,由于社会经济发展水平所限,也由于社会发展的大背景和教育事业发展的内在规律所决定,小学教师之间在利益的实现上存有差异,有时候利益的差别还很悬殊。这就自然导致了小学教师之间在利益实现方面的相互竞争。因此,广大小学教师一方面应关心集体,尊重同事,又应认识到相互之间竞争的意义和必要性,并以合乎社会伦理要求的手段积极参与竞争。

1. 在小学教师集体中开展竞争的必要性

必要性包括如下三个方面。

首先,在小学教师集体中开展有益竞争是我国社会经济发展的内在需要。随着我国社会主义市场经济的发展,社会生活的方方面面都将体现出竞争的态势。在教育领域,小学教师集体中的竞争以及必要性也正在为人们所接受,得到人们的接受和认同。我国现行的分配制度是以按劳分配为主体、多种分配方式并存的制度。在学校,利益分配的依据应该是教师劳动的绩效。教师的聘用、晋升是以其对国家贡献的大小为依据的。这种客观的利益关系反映到人们的道德认识中,就是以拼搏、进取、贡献为荣,以甘居落后、平庸无能为耻。这样势必在小学教师之间形成人人争先进、个个比贡献的有益竞争。这种竞争可以使先进更能发挥才能,使处于中间状态的争取先进,使后进的经过努力迎头赶上。

其次,在小学教师集体中开展有益竞争是我国教育事业发展的需要。改革开放以来,我国的教育事业得到了长足的发展。教育之所以能取得如此成就,重要原因之一就在于学校之间和学校内部教师之间的相互竞争。而我国的教育事业要进一步发展,要与国际接轨并赶上国际先进水平,依然要靠教师努力去竞争。随着国际、校际和人际竞争的加剧,各个教师集体对教师的要求也会越来越高。客观上将出现这种情况:能够出色地完成教学工作、科研成绩突出、受到学生好评的教师,将受到重用和奖励;不能适应教学工作、科研成绩不理想的教师,将被调到其他工作岗位或被淘汰,这是教育事业发展的趋势。这就从客观上要求小学教师努力进取,敢于攀登科学高峰,在教学中争取优秀,在科研上争取领先。小学教师之间、小学教师集体之间只有开展有益竞争,才能提高教育水平,从而才能使我国的教育事业赶上国际先进水平。

最后,在小学教师集体中开展有益竞争是促使教师个体奋发向上的内在动力。在小学教师集体中,人固有的进取心、好胜心以及对利益的追求,往往会促使人们相互之间开展积极的竞争。但是也不应否认,人往往又是有惰性或职业倦怠的,特别是当人们长期生活、工作在一个缺乏竞争机制的群体中,其进取心、竞争意识会受到可怕的削弱。社会要进步,教育事业要发展,就必须确立行之有效的竞争机制去激励人们奋发向上。近年来,各学校实行的旨在破除平均主义的各项改革措施,如职称实行评聘分开、分配不搞"大锅饭"、收入拉开档次等做法,极大地调动了广大小学教师的工作积极性,出现了小学教师努力完成教学工作定额、科研意识普遍增强的喜人景象。

2. 以道德的手段在小学教师集体中开展有益竞争

从道德价值评价的角度来看,在小学教师集体中开展有益竞争,有利于推进教育事业的发展和激励教师个体的奋发向上精神,这种竞争从其效果而言是符合道德的。但是,各个小学教师抱着何种动机、采取何种手段参与竞争,却有道德和不道德之分。因此,有必要提出以道德的手段参与小学教师集体中的竞争这一要求。

首先,小学教师同行的竞争手段必须符合道德。虽然从最终意义而言,小学教师集体中竞争的结果是各个成员的共同提高,但就个人而言,他所追求的目标是在最终结果上要强于他人,这一点在道德价值上是无可指责的。但是,为达到强于他人的这一结果,其所采用的手段必须是符合道德的。在现实中,我们经常可以发现这种现象:为了使得自己在教学上强于别人,不仅无原则地迁就学生,而且在学生中有意识地贬低其他任课教师;为了使自己在科研上强于别人,不惜违背最起码的科研道德,剽窃他人成果;为了使自己所申报的科研课题获准立项、所申报的奖项能够获奖,竟无中生有地中伤其他申报人等。这种通过不道德的手段来达到使自己最终强于他人的目的,是竞争中的一大祸害,应该受到唾弃和彻底否定。

其次,应妥善处理好小学教师集体中竞争和合作的关系。小学教师集体的活力、发展的动力以及总体价值的实现,固然在于竞争机制激励下各个小学教师主观能动性的发挥,但也离不开小学教师集体良好的协作氛围。甚至可以这样说,良好的协作氛围是开展良好竞争的必要条件。没有良好的协作氛围,小学教师之间的竞争就可能背离社会基本的伦理价值体系,最终会导致对小学教师个体和小学教师集体都极为不利的后果。因此,应该将能否和他人进行有效协作作为竞争道德的内在要求。这是因为在学校教育中,不仅对学生素质的培养必须依赖于小学教师集体,而且科学研究工作也需要一定数量的小学教师形成一个群体进行集体攻关,协同创新。而在这个集体中,就有如何和他人相处、如何进行协作的道德要求。不可否认,在小学教师集体中确实不乏具有良好协作精神的小学教师,但是违背协作精神的人和事也并非鲜见。例如,有的人以自我为核心,事事考虑个人得失,处处夸大个人作用;有的人一味追求个人荣誉,追求学生对个人的爱戴;有的人为了保持在竞争中的所谓"优势地位",对同事搞资料和信息封锁;有的人自己不努力,在竞争中处于不利地位,却对竞争中涌现的先进小学教师讽刺挖苦,任意夸大他们的缺点和弱点;有的人嫉妒同事的成绩,损害同事的荣誉。因此,对广大小学教师提出应该处理好竞争和协作关系的要求,不仅是形成一个充满活力和凝聚力的小学教师集体所必需的,也是由目前小学教师集体中的协作道德现状所决定的。

最后,小学教师要有一种开拓进取、敢于创新的精神。开拓进取、敢于创新是处于社会转型时期的所有职业劳动者应有的素质。对小学教师而言,则有着更为重要的三重意义。一是当前的学校教育和我们所处的社会一样,正处在改革的进程中。学校教育如何进行改革,没有现成的方案和模式可供借鉴,只能在充分论证的基础上大胆地进行探索。这就要求现代小学教师要有一种开拓进取、敢于创新的精神。二是学校是培养新型劳动者的场所,随着社会的发展变化,当今学生也具有和以往学生许多不同的特点。如何全面地认识当今学生,从而有针对性地采用行之有效的教育模式,这是摆在小学教师面前的紧迫任务。要有效地完成这一任务,没有开拓进取、敢于创新的精神显然是不行的。三是学校是教育科学研究的重要基地,而科学研究作为一种对未知世界的探索活动,所需要的正是这种开拓进取、敢于创新的精神。因此,小学教师要有开拓进取、不畏艰难的个人气质。如果在一个小学教师集体中,人人都不敢突破传统观念和思维方式的束缚,怕担风险,怕被人讽刺打击,这个集体只能是保持现状,停滞不前。相反,如果每个小学教师都能发挥自己的创造才能,集体便可以突飞猛进。作为小学教师,还应该敢于创新,敢于走前人没有走过的道路。如果只是一味地照着前人的经验去做,便没有突破,没有创新,教育事业和科学技术就无法发展,社会就难以大步前进。从这一意义上讲,开拓进取、敢于创新应是小学教师必须履行的道德使命。

第三节 ◈ 小学管理中的道德问题

小学管理工作与教职工个体、群体,以及学生个体和群体的利益息息相关,对师生的发展具有重要意义。现代学校管理主要从制度、技术和行为的视角进行,其所产生的伦理问题要求广大师生员工必须从道德的角度进行反思和调适。

一、小学管理工作对师生发展的意义

小学管理是管理者在学校范围内,设计和保持一种良好的环境,按照一定的原则,采用有效的管理手段,通过计划、组织、指挥和协调学校各方面人员的活动,充分利用校内外的办学资源和办学条件,从而有效地制定和实现学校工作目标的活动。小学管理伦理侧重于研究学校行政管理自身蕴涵的伦理精神和自我发展过程中存在的伦理问题,以及学校管理者如何加强自身道德修养、如何实现学校管理伦理化等问题。小学管理工作对师生发展具有如下三方面的重要意义。

(一) 有利于调动师生的积极性

管理的任务在于如何最大限度地调动人们的积极性,释放其潜藏的能量,让人们以极大的热情和创造力投身于事业和学习之中。实施人本管理,学校方针政策的制定、计划的实施都要以人为基点,一切管理活动都要围绕人展开。师生有机会参与学校的各项工作,参与政策的制定,自由民主地发表意见,体现其主人翁地位和主体意识。这样就可以充分调动他们的积极性和主动性,使他们以最佳的状态投入到教育教学和学习中。

(二) 有利于增强团体凝聚力

学校组织本身是一个生命体,组织中的每一个人都是这个生命体中的一分子。所以,管理不仅要研究每一个成员的积极性、创造力和素质,还要研究整个组织的凝聚力与向心力,形成整体的强大合力。以人为本的小学管理,重视协调个人与他人、个人与群体之间的关系。和谐的人际关系有利于提高管理效率,减少矛盾与冲突;有利于增强合力和向心力,减少离心力。强化以人为中心的管理思想,从内心激发每位教师、学生的归属感,创造一种有和谐的组织氛围的管理活动。这是人性化管理理论的核心思想。

(三) 有利于师生良好道德品质的形成

人本管理可以最大限度地发掘师生的情感和矫正其心理、行为。因为实施人本管理,是

以师生的人格得到充分尊重为前提的。人本管理强调的是在管理中以人为本,发扬人道主义和人文精神,充分尊重被管理者的人格。这就从根本上保证了被管理者的自尊心和人格尊严不受侵害。管理者针对被管理者的心理及行为问题,对他们动之以情、晓之以理、喻之以义,以帮助他们回到正确的感情和理性的轨道上来,使他们克服不健康的心理,改正不良的行为。无数教育教学管理的实践证明,教育过程中的管压和惩罚,不仅不是矫正师生心理和行为问题的最好方法,反而会导致部分师生产生逆反心理和偏激行为。教师和学生良好的道德品质和心理素质,只有在人性化的氛围中才能健康地发展起来。

二、小学管理中存在的问题

目前,在依法治校和实施学校章程的大背景下,我国小学管理正向着管理方法科学化、管理手段人性化的方向发展。然而,在加速学校管理现代化的进程中,如果我们全方位、多角度、多侧面地观察当前的小学管理,会发现不少学校在管理实践过程中存在忽视伦理道德的倾向,出现了不少道德问题,突出表现为以下六种。

(一) 管理范式过分理性化和物化

长期以来,我国教育管理学界对学校管理的理解,大多停留在法国管理学家法约尔提出的观点上,认为管理就是计划、组织、指挥、协调和控制,管理的对象是一个静态的、可以控制的封闭系统。在系统内部,管理者依靠自己的职务、权力和责任对管理对象进行标准化、规范化和制度化的管理。这种认识在小学管理的具体实践中表现为过分推崇以物为基础的理性管理范式,将理性管理形式化,而淡化了以人为基石的人文管理范式。

(二) 管理目标过分注重功利而忽视育人

目前,在管理目标上,许多学校以学校管理的工具性替代管理的目的性价值。例如一些小学以学校排名、重点初中升学率以及班级期中期末考试成绩排名等为学校管理的终极目标,把教师视为实现这一目标的工具。小学管理者对小学教师的要求就是高质量、高标准、高效率地完成分派的升学率目标,否则,要受到批评或处罚。在这种极端功利性目标的管理体制下,小学教师承担了沉重的工作负荷和巨大的心理压力。小学教师个体的追求被剥夺,个体的尊严和价值得不到体现,小学教师活不出生命的意义和价值来,活不出生命的灿烂和辉煌来。在这种管理目标的驱使下,教师和学生都成了应付考试的机器,教育的人文价值和管理育人的价值目标无从说起。

(三) 组织机构过分注重科层化而忽视民主化

我国大部分学校现在实行的是科层式的管理体制,其组织机构是金字塔式的分层等级结构,即按照管理权限和责任将每个组织机构排列在不同的层级上,由低到高权力逐渐集中。科层制作为工业社会以来相对有效的组织管理体制,对学校管理的有效性产生了一定的作用。但是由于科层式的管理体制强调等级层次、职能分工和对既定程序的恪守等,在一定程度上影响了教职工的民主参与和主动性、积极性的发挥。在科层制的管理体制下,小学就好像一台机器,小学教师就好比机器上的一个齿轮,整个机器的运转给小学教师规定了基本固定的运行路线。这就决定了这种管理体制的机械性和对人的主体性的漠视。所以,小学管理必须将程序化管理、规范化管理与民主管理、科学管理相结合,淡化金字塔式等级森严的官僚化教育管理模式。

（四）管理方法过分注重物质奖惩而忽视精神激励

当前，许多学校的管理方法受科学管理方式的影响，过分注重物质激励和绩效考核，而忽视精神激励。特别是在小学管理中，管理者依据教师所任教课目成绩，把教师分为三六九等，论功行赏，按学生考试成绩给学生排名，大张旗鼓地宣传、重奖成绩优异者，无视师生的心理感受和情感需要。更有甚者，师生迟到、早退甚至病假都要处以罚款。这显然与人性化管理方式格格不入，并且阻碍了小学教师创造性、积极性和主动性的发挥。而且，许多学校用管理经济的手段来管理教育，比如，将教师的各项工作完全量化，并与工资和奖金挂钩，甚至将学生的考试成绩作为考核教师业绩的唯一标准。结果是严重违背了教育规律，激化了学校中的各种矛盾，更为严重的是将教师和学生的价值观念导入一系列误区。

（五）管理制度过分注重严格管理而忽视人文关怀

传统的学校管理强调制度管理，对教师的一言一行都有明确的规范和规章加以约束。教师的课堂教学、学生的行为规范、早晚辅导、教师评语、听课笔记、迟到早退等，都有章可循。当活力四射的教师被封闭的规章制度紧紧束缚后，教师自身的怀疑、独立批判意识和自由精神渐趋消失。以考评制度为例，学校将教师工作设置为德、勤、绩、能等考核项目及其子项目，分别赋值，用分值高低来衡量被考评对象所在子项的达成度，最后将各子项分值相加，得出考评总得分，与浮动工资发放挂钩。这种唯数字的考评制度用简单化的指标和抽象的分数，衡量复杂且模糊的教育问题，把极富于创造性的教育教学工作变成以分数定量的机械划分，使教师工作被化为一堆可以被描述、计算并能互相比较的数据，受到无形的规训权力的监控和宰制。唯数字化考评弄得教师不是潜心研究教学，提高教育质量，而是诚惶诚恐地应对量化表，斤斤计较于所得的分数。这在一定程度上扭曲了教师的价值取向，使教学工作蒙上功利化的色彩，甚至会让利益驱动代替事业追求。

（六）管理者的道德失范

小学校长是国家教育方针的具体贯彻执行者，常常是学校独立自主办学的法定代表人，是学校一切教育活动的设计者和组织者，是学校教育教学活动的主宰和灵魂。小学校长良好的道德品质比言语教育和规章制度管理具有更强的心灵渗透力，它对学校师生的影响也更持久、更深远，即一个好校长就是一所好学校。遗憾的是，这一群体还存在不少道德失范现象，道德素质亟待提高。例如，有的小学校长独断专行，以权压人，工作方式采用行政命令或经济处罚那一套，企图个人解决一切问题，作决定前不同集体成员讨论；在奖惩下属时，凭主观印象办事而不管实际情况如何；与下属交谈时，官腔十足，容不得下属发表个人意见，特别是反对意见。还有的小学校长利用职权营私舞弊、贪污受贿。一些校长热衷于学校硬件建设，大兴土木，扩建校园，搞政绩工程或面子工程。更有甚者，个别小学校长借教师聘任制和末位淘汰制，暗箱操作，任人唯亲，拉帮结派，收受贿赂，导致校风败坏，人际关系紧张，优秀人才流失。因此，"校长作为学校发展和建设的总设计师，作为引领教师和学生成长的领路人，应不断加强自身道德修养，以身作则，清正廉明，民主用权，以德治校"[①]。

三、小学管理的伦理基础及其功能

从管理的角度看，管理在本质上是对人的管理，管理中包含对人的道德价值的追求，内

---

① 钱焕琦. 教师职业道德[M]. 上海：华东师范大学出版社，2008：168.

在地具有自己的道德性。由于伦理自身就是管理，是一种特殊的社会管理方式，因此，管理与伦理具有内在的一致性，它们相互包容、相互渗透、相辅相成。伦理道德是自人类社会出现后的社会管理方式，它的历史延伸和人类历史一样久远，并渗透在人类活动的各个领域中。这就使得管理活动自一开始就蕴涵着一般的伦理准则和要求。因此，小学管理必须以伦理性为基础，而伦理也具有特殊的学校管理功能。

(一) 小学管理的伦理基础

学校是由管理者、教育者、受教育者三类基本人员组成。小学管理本质上是对人的管理，小学管理不同于其他管理的最明显的特征在于，小学管理的最终目标是培养人。这从本质上讲又是一个伦理问题、善恶问题。所以，小学管理内在地蕴涵着丰富的伦理精神、伦理观念、伦理因素和伦理评判标准等。可以说伦理是小学管理的应有之义，小学管理在许多方面离不开伦理的基础地位和培育作用。

1. 学校共同体必须是伦理共同体

小学作为一种履行特殊社会功能和文化使命的组织，其人文本性应该是一个共同体，而不是一个社会。共同体的实质是结合，社会的实质是分离。在共同体里，尽管有种种分离，但仍然保持着结合；在社会里，尽管有种种的结合，但仍然保持着分离。小学作为一个共同体，它必须是一个伦理共同体，而伦理共同体是小学作为一个共同体的人文本性的实质。因此，以育人为目的的小学管理就不能离开伦理共同体。小学管理只有依赖伦理共同体，才不会偏离育人目标，才不会丧失自身的人文使命。管理者才能够在此基础上实行以德治校，创建学校共同体，形成师生共同的理想、信念和价值观，指引小学健康、和谐、持续地发展。

2. 小学管理以人性假设为价值前提

人性是人在现实生活中所特有的本质规定性，管理在本质上是人对人的管理。因此，对人性的认识就成为管理认识活动和管理实践活动的基本前提。所谓人性假设，是人们对于人的本质特征和共有的行为模式的设定。近代西方管理思想史上曾出现过四种主要的人性假设，即"经济人""社会人""自我实现型人"和"复杂人"。从这四种人性假设发展的历史过程可以看出，重视人的精神需求和自我价值实现，体现管理与伦理的相互融合，是管理发展的历史趋势。所以，以培育人为终极目的的小学管理，首先要对组织中的人作一个基本的价值倾向性判定，把人的因素当作管理中的首要因素和本质要素。小学管理要正确认识人，尽可能了解人的需要、情感和行为，实现人的全面发展和人的才能的全面发挥，这就是目前人们普遍呼吁、提倡的人本管理。所谓学校人本管理，就是以关心人、尊重人、激励人、解放人、发展人为根本指导思想来进行的小学管理，就是一种把"人"作为管理活动的核心和学校最主要的资源，把学校教职工作为学校的主体，充分利用和开发学校的人才资源，服务于学校组织内外的利益和关系，为实现组织目标和学校成员个人目标而进行的小学管理。

3. 小学管理依赖伦理规范和准则

小学管理是一个主要由管理者、被管理者、受教育者组成的"人-人-人"的系统，其管理的终极目标是育人。此外，小学管理与政府、社区、家长等相关利益集团有着不可忽视的联系。要想有效地实现小学管理的目标，就必须使学校目标与社会目标相协调、学校要求与利益相关者要求相协调。协调的实质是利益相关者的调整。要正确处理利益关系，离不开诸如小学管理者的以身作则、廉洁自律、知人善任、广开言路以及公正、平等、民主、人道等伦理规范和准则的指导。因为这些伦理规范和准则是千百年来的实践形成的，是得到人们的认可和赞许的社会规范和价值准则。与政治、法律相比，伦理的规范本质更明显、更突出。伦理道德具有规范制约人的行为的作用。符合这种规范的行为，会受到社会的赞扬和鼓励；违背这种规范的行为，会受到人们的指责和制止，从而约束、调节人们的活动。在小学管理活动中，它迫使管理者和被管理者必须遵循一些基本的伦理规范和准则，来调节人们之间的关系，从而高效地实现管理目标。另外，管理的核心是决策，小学管理者如果将社会提倡的价值观、伦理准则和伦理规范作为决策的依据和指导，决策就会更具有可行性和科学性，对管理者个人、学校和国家都将是有益的。

4. 小学管理离不开伦理评价标准

小学管理的最终目标是培养人、促进人的身心发展。这就涉及如何对待人的问题，其本质上又是一个伦理问题、善恶问题。小学管理过程是管理者为实现以育人为中心的预期目标，而开展的一系列管理职能在主客体的相互作用中发生、发展和演变的客观程序。小学管理过程和物质生产过程的区别在于，小学管理过程是对培养人的工作进行管理的过程。在这个培养人的过程中，教师和其他教育工作者起着举足轻重的作用。他们的工作是极其复杂的脑力劳动和体力劳动的结合，具有个体性、创造性、复杂性、长期性、潜在性、艰苦性、情感性等特点。这就要求小学管理者尊重、关心、平等、公正地对待他们，激发他们的工作积极性和创造性，引导他们遵循社会公德和职业道德，提高他们的道德素养。对受教育者而言，他们是一个个具有不同个性心理特征的活生生的人，小学管理者的任务在于尊重他们的身心发展规律，把他们培养成为德、智、体、美、劳全面发展的人。

(二) 伦理道德特有的小学管理功能

伦理道德作为一种人类基本的精神生活和精神实践活动样式，作为反映和调节人们之间利益关系的价值观念和行为规范，所指向的是人类自我的内部世界，其实质是人类对自我的一种内在管理。这种内在管理从个体必然会延展到集体和社会，从而使得伦理道德具有特殊的政治、经济、法律、宗教等社会调节功能和社会管理职能。当然，伦理道德也具有特殊的小学管理功能，主要包括"价值导向功能、情感凝聚功能、精神激励功能"三种。

伦理道德对小学管理的价值导向功能是指，伦理学本身就是通过指示"应有"和"现有"的对立统一，昭示人们"应当如何"的一门价值学科。它注重用"应当"这一理想标尺来衡量人们的思想与行为，通过对"应当"的指示，使人类趋于至善至美的最高道德境界。这种具有价值导向功能的伦理道德思想有利于小学管理理念的形成。

伦理道德对小学管理的情感凝聚功能，主要表现为伦理共同体在组织中的情感凝聚功能。根据马克思人的本质是社会关系总和的观点，伦理共同体是自始至终存在的，因为人不可能脱离社会而存在。具体到小学这个集体，依靠伦理共同体创建学校共同体至关重要。学校共同体是以学校为空间，以学生、教师为主要参与主体，通过师生互动而形成的，具有被大多数师生员工认同并遵守的共同文化观念、价值观念、道德准则和理想信念。它是一种内在的学校精神文化，与学校的制度文化、行为文化一起，共同为小学的"文化育人"服务。

伦理道德对小学管理的精神激励功能是指，尽管个体的自利是要考虑的，但个体的道德、情感以及社会契约对个体的自利行为更为重要。因为它能够更充分、在更深程度上开启人的能力和意愿;能够给予人们更为持久的激励和鼓舞,能够为小学师生提供更为广阔的活动舞台,能够形成一股强大的道德力量。这种道德力量能够使小学教师认识到自己肩负的社会责任和义务,强烈感受到小学教师职业对社会的意义,从而形成一种强大的道德责任感和克服困难的坚强意志,激发出极大的工作热情和开拓进取的精神。这种精神激励作用有利于小学师生的自我管理和自我发展。①

四、小学管理伦理化的实现路径

小学管理伦理化是现代社会对小学管理者的基本愿望和要求。它要求现代小学管理者在管理学校的过程中,应具备以人为本的管理理念,建立民主参与式的管理体制,以及注重提高自身道德素质和营造良好的育人环境。

(一) 树立"以人为本"的管理理念

在现代小学管理中,最重要的管理理念是"人本管理"。人本管理即以人为中心的管理,它突出人在管理中的地位,重视人的社会、心理因素在管理中的作用。具体说来,就是重视小学教师的参与意识和创造精神,注重满足小学教师的社会和情感方面的需要。人本管理的管理理念在于依靠个人,管理任务在于开发人的潜能,管理宗旨在于尊重每一个人,终极目的在于人的全面发展。

1. 人本教育观

在小学管理的所有要素中,对小学教师的管理是第一要素,这是小学管理的核心。对小学教师的管理应体现在关注教师的人性需要和发展上。教育的本质含义在于关注生命、撼动心灵,以教育的理想去实现理想的教育。未来的教育负载着人们殷切的期望。要实现理想的教育,教师是载体。一个不合格的小学教师,对小学教师队伍或小学教师群体可能是百分之一,但对一个班级的学生来讲却是百分之百。因此,点亮小学教师这个群体中的每位小学教师的光辉,是小学管理的首要使命。一方面,学校领导要激发小学教师对真、善、美的追求,强化其教育者的意识;另一方面,要关注小学教师的发展,使小学教师不断得到培训和提高,促进其专业发展。

对于学生而言,人本教育观主张应把学生的权利还给他们,呼吁保障学生自由选择课程的权利、质疑问疑的权利、自主发展的权利、获得高质量学校服务的权利等。学生是发展的人、完善的人,他们具有独特的思想感情,有着自己的个性品质和与他人平等的人格,有自己的需要、愿望、尊严以及人格受保护和获取尊严的权利。因此,小学管理应该让学生得到幸福、快乐和全面的发展,应该让学生热爱学校生活,并在他们所取得的成绩中获得愉悦感,应该鼓励他们按照自己的方式自由地发展。

2. 主体意识的唤醒

小学教师的主体意识是否强烈,依赖于校长是否具有强烈的民主意识。现在大多数小学实行校长负责制,校长掌握着人事权和财务权等诸多权力,涉及教职工的切身利益,因此,不少教职工往往对校长产生敬畏感。如果校长缺乏民主意识,搞"一言堂",教师就会认为学校的事是校长的事,与己无关,导致学校的发展离心离德。小学教师是知识分子,有强烈的自尊心和自信心,他们迫切希望能以主人翁的身份参与学校重大问题的研究,愿意执行民主

---

① 钱焕琦.教师职业道德[M].上海:华东师范大学出版社,2008:172-173.

协商和集体研究决定的决议。小学教师的这种情感是正当的,应该予以满足。只有小学教师真正感到自己是学校的主人,才会焕发出主人翁的责任感,为学校分忧解难。为此,校长必须把学校的各种问题交给教师集思广益,越是重大问题,越要保持尽量大的透明度,让教师人人参与民主管理和民主决策,形成人人既是决策者又是执行者的良好的民主管理局面。

3. 恰当的精神激励

按照马斯洛的需要层次论,人的最高阶需要是自我实现。小学师生群体是一个具有较高文化素质和道德素质的特殊社会群体,他们中的每一个人对事物的认识都有其独特的判断能力,难以接受命令式的管理。他们在需要物质刺激的同时,更需要精神激励,从而满足自己内心的情感和需求。因此,小学管理者要注重情感激励、目标激励、榜样激励等精神激励的管理方法。

(二) 建立民主参与式的管理体制

我国目前大多数小学实行的是校长负责制的管理体制,它是由校长、学校党组织和教职工代表大会共同组成的"三位一体"结构。受科层制管理体制的影响,校长负责制还存在许多问题,如校长权力过于集中,教职工代表大会未能明确授权参与何种决策,社会组织及学生家长更无权过问学校的内部管理事务等。为实现以人为本的小学管理,提高小学管理的运作效率,应提倡建立民主参与式的管理体制。具体包括"教代会自身的建设、校务委员会的组建、加强学校管理制度中的人文关怀、修炼学校领导者的素质、营造良好的育人环境等"[①]。小学的相关制度建设以及教职员工和学生的权利、责任等,在2015年教育部要求制定的小学章程中已经有所总结,在此不再赘述,这里强调小学领导者的素质修炼和校园文化育人两个方面。

1. 修炼学校领导者的综合素质

以校长为首的学校管理者,处于学校管理系统的核心领导地位和决策地位,不仅是学校办学方向的引导者、教育方针政策的贯彻者、学校运转的组织者,而且是人际关系的协调者、学校师生员工信念的影响者。鉴于校长承担的重要职能和责任,校长必须具备胜任此职务所需具备的专业素质。校长务必重视自身素质的修炼,要把修炼学问和修炼人品结合起来,既做学问,抓管理,更重人格修养,养成良好的德行素养和人文素养。这样的校长所管理的学校,才能真正成为激发人、培育人、发展人的师生乐园。

2. 营造良好的育人环境

美国管理学家哈罗德·孔茨认为:"管理就是设计和保持一种良好的环境,使人在群体里高效率地完成既定目标。"[②]这里的环境主要包括硬环境和软环境两类。具体到学校,硬环境指学校的建筑设施、设备、绿化、美化等外显的东西;软环境指学校的校风校训、校纪校规、人际关系、文化氛围、员工的价值取向、道德信念等内在的东西。校园环境作为一种无声的力量,潜移默化地影响着每位学校成员的思想和行为,并且这种影响力相当持久。营造一个充满关爱、尊重、信任、富有人情味的环境,有利于增强学校的凝聚力、向心力和战斗力,有利于调动师生的主动性、积极性和创造性,从而为实现学校的目标而共同奋斗。相反,如果

① 钱焕琦.教师职业道德[M].上海:华东师范大学出版社,2008:175-179.
② [美]哈罗德·孔茨,等.管理学——全球化视角[M].马春光,译.北京:经济科学出版社,1998:2.

缺乏良好的校园文化环境,不论学校管理者的管理才能有多高、管理体制有多健全、管理制度有多完善,学校管理的实现都将成为一纸空文。

‖第四节 ◆ 小学家校合作中的道德问题

学校和家庭、社会、网络等是当代青少年成长过程中最重要的环境。特别是小学教师和学生家长的关系,是小学教师在教育劳动中经常面临的一对重要关系,对小学教师教育的成败有着重要的影响。因此,家校关系一直被学校列入教育的重要方面。本节主要讨论家校沟通与合作的基础、现状和问题,以及学校与家庭伦理关系的道德调适。

一、小学家校合作在教育中的意义

小学教师和家长作为两种不同的社会角色,两者之间并不存在必然的联系,是学生作为沟通两者的桥梁,使两者之间产生了必然的联系。这种联系在学生接受小学教师直接的教育教学期间是始终存在的,不以小学教师和家长的意志为转移。一般来讲,两者之间在根本利益和教育目标上是一致的。小学教师和学生家长在根本利益上的一致性具体表现在以下方面:在政治上,小学教师与学生家长作为国家的公民,他们的政治和法律地位是平等的,只是由于社会分工不同才扮演了不同的社会角色,承担着不同的社会责任;在经济上,小学教师和学生家长都是社会生产资料的共同所有者,在社会大生产过程中是相互合作的伙伴,有着相互联系密切的利益关系;在文化教育上,小学教师和学生家长都是在同一种文化传统和教育制度下成长起来的,对学校教育的认识有着相似的现实基础。

小学教师和学生家长在教育目标上更具有内在的一致性或共同性,主要表现在以下四个方面。一是思想品德培养上的一致性。小学生的思想品德是在学校、家庭和社会各方面的综合影响下,通过他们个人的实践活动形成和发展起来的。小学教师和学生家长都殷切期望学生形成良好的思想品德,他们共同负有教育的责任,根据国家和社会的需要,向学生灌输正确的政治思想意识,用高尚的道德情操熏陶学生,防止和克服社会上不良的思想和行为对学生产生影响,帮助学生在思想上、政治上健康成长。二是知识才能培养上的一致性。社会需要造就一代掌握现代文化科学知识和技能,能够适应社会主义现代化建设需要的合格的劳动者和各类专门人才。学校教育和社会实践锻炼要让学生掌握系统的科学文化知识,掌握必要的基本技能,发展他们的智力和能力,这是小学教师和学生家长共同承担的社会责任。三是身体素质和良好的生活习惯培养上的一致性。小学生正处在生理发育逐步成熟的过程中,是否具有良好的生活习惯和健康的体质,既关系到他们能否健康成长和顺利完成学业,也关系到他们今后能否担负起国家建设的重任。因此,保证学生有足够的营养、卫生保健设施以及良好的学习条件和生活条件,引导学生养成良好的生活习惯,也是小学教师和学生家长的共同心愿。四是审美情趣培养上的一致性。培养小学生具有正确的审美观和鉴赏能力,是全面发展教育的必要组成部分。随着社会的发展,广大小学教师和学生家长日益认识到培养学生正确的审美情趣的重要性,并逐步加大了在小学生审美情趣培育上的物质投入和情感投入。

总之,在教育目标上,小学教师和学生家长存在高度的一致性。对小学教师而言,希望学生得到良好的发展而给予必要的投入;学生家长也会对孩子的成长给予高度的关注和积极的配合。这种小学教师和学生家长在根本利益和教育目标上的一致性,决定了两者之间存在建立良好关系的客观基础。一项大型调查表明,"教师、学生、家长三方都认为家校合作对学生发展具有重要影响,其中,教师为 66.7%,家长为 60%,学生为 56.3%"[①]。

二、小学家校合作中的问题及归因

尽管小学教师和学生家长具有一致的根本利益,有着相同的教育目标,但在现实生活中仍然大量地、经常地发生小学教师与学生家长之间的矛盾。有时,这种矛盾还酿成两者之间的严重冲突。

(一)小学家校合作中存在的主要问题[②]

首先,一些小学教师在家校合作中缺乏对自己的准确定位。教师要么"大包大揽",让家长产生惯性依赖思维,要么对学生在校外的情况置之不理,这两种倾向都是错误的。一些小学教师没有充分认识到自己的专业角色定位,缺乏主动沟通的意识和技巧,还有就是思想上没有足够的认识,教师本位思想严重,在交往态度上对家长缺乏尊重,认为家长应该无条件地接受小学教师的指导。当家长就孩子学习问题与教师交流的时候,有些教师没有耐心,甚至以命令、训斥的方式与家长沟通。以"家长作业"问题为例,有媒体调查显示,"79%的家长反对孩子作业由家长签字,其主要原因在于反对课业过量;反对强行增加难度、脱离实际的作业;反对老师教育职能的'缺位'"[③]。

其次,一些家长在家校合作中推卸责任。家长往往认为教育孩子都是学校的事情,自己只要管好孩子的衣食住行就可以了,没有主动去对孩子进行知识辅导和思想教育,更没有意识到在教育孩子问题上应该和教师多沟通,这往往为家庭教育失败埋下隐患。在家校合作备受重视的今天,还存在着"越位"和"缺位"问题,主要表现在小学教师教育的越位和家长教育的缺位。尤其是,"存在教师责任错位问题,主要包括教师责任缺位和权力越位。责任缺位表现为教师推卸教育责任,将学生学业成败归因于家长不负责(配合);权力越位则表现为家长'学生化',教师视家长为惩罚工具并将教育风险转至家长"[④]。事实上,"学校不能将原本应该由教师承担的任务转嫁给家长,家长也一定不能认为教育孩子只是教师的事。只有家校合作,才能教育好孩子。家校合作应本着各司其职的原则精诚合作,创造相互理解、相互合作、互相支持的良好气氛,例如双方确立共同目标,各尽职责、共守规范,相互尊重、责任共担等"[⑤]。

最后,社会舆论没有充分营造家校合作教育的氛围。现在是全媒体时代,孩子、家长可以很便捷地接收到各种信息。这是一把"双刃剑",在带来便利的同时也往往产生"异化现象",会对教育产生错误的导向或者是传输错误的信息。在这一过程中,家庭和教师也没有及时做好信息净化工作,这就使得家校合作方面存在较大的信息不对称现象,影响家校合作的作用发挥,导致出现小学德育"5+2=0"的教育内耗和抵消现象。

---

① 钱焕琦. 教师职业道德[M]. 上海:华东师范大学出版社,2008:105.
② 张晨英. 探究家校合作中存在的问题与举措[J]. 宁夏教育,2019(5).
③ 贾学蕊. 家庭作业何以成家长作业[N]. 安徽日报,2018-07-04(09).
④ 邬佳丽,程红艳. 家校合作中教师责任错位的问题研究[J]. 中国德育,2019(9).
⑤ 郭喜青. 透过"作业"审视家校合作中的分工问题[J]. 北京教育(普教版),2016(6).

(二)小学家校合作中存在问题的归因

一般认为,小学教师和学生家长间的矛盾冲突的主要原因,在于两者之间在教育观念、教育思想、教育方法以及所扮演的角色上存在差异。

首先,家校合作中暴露的问题是由合作过程中双方主体责任界限不清、职责不明等造成的。虽然家庭和学校都是孩子受教育的主要场所,但却是两个不同的教育层面,各自的侧重点不同,承担的责任不同,实效也不相同。因此,家庭和学校的管理教育权责应有明确清晰的分工。家校合作中的权责划分主要表现在学校、家庭主要承担学生教育的部分:"(1)学校方面,学校教育对学生的权责表现主要集中在智育方面。韩愈在《师说》中对师者的存在提出义项:'师者,所以传道授业解惑也。'明确指出,教师这一职业的存在意义是为了传授知识、教授学业并解答疑惑。从这个角度出发,学校是为了保障上述教育活动有序、规范进行的平台搭建者和管理者。(2)家庭和家长方面,父母是孩子的第一任老师,虽然由于长久以来,社会对教育的评价体系更多聚焦在学生的知识教育层面,导致无论是教师还是家长最受关注的部分是学生的学习成绩,甚至逐渐使得家庭教育成为学校教育的附庸,实则家庭教育和学校教育一样,对学生具备同等的育人作用。"[1]家庭教育对学生的权责主要集中在"德育"方面。家长作为与孩子共同生活的成员,其一言一行无疑对孩子起到潜移默化的作用,好的家庭教育和家风能够对孩子产生良性的教育引导。

其次,在家校合作中的家长与学生、家长与教师、家长与教育管理者的相互关系上,各自的价值取向存在差异化。一方面,一些教师没有掌握与家长沟通的技巧和艺术。如在谈到孩子缺点时,不能太直截了当,而应先说说优点,再说需要改进的地方,否则,家长会产生抵触心理,从而影响家校合作沟通渠道的畅通。同时,还有一些小学教师没有做好"角色换位"思考。在学校教育中,当教师遇到问题时,不能做到多站在家长的角度思考问题,多想想他们的难处和不易,积极疏导家长思想上的疙瘩,多倾听,少评论;多谈建设性方案,少抱怨。每位家长都希望自己的孩子有出息,都是奔着"教育好孩子"这个最终目的去的,这对小学教师是一个教育"同理心"的问题。虽然这对小学教师提出了更高的要求,但这决定了在家校合作过程中教师的角色定位,能更好地促进家校合作。另一方面,一些学生及家长没有正确对待小学教师的教书育人职业,把小学教师当作"保姆"或"孩子王",把学生的学习、安全、交友、成长等都"甩锅"给教师,让教师不堪重负;一些小学管理者没有贯彻以人为本的思想,只是把教师看作"打工者",只关注学生成绩和班级排名,以此来强制教师投入工作,缺乏对教师身心健康以及职业发展的关心。家长和管理者由于对教师缺乏同情和理解之心,家校合作中的矛盾就在所难免。

最后,一些小学教师没有真正放低身段,做到谦逊平和待人。小学教师不但要和学生平等相处,也要和家长平等相处,在遇到问题时要积极地调控情绪,心平气和地与家长交流。教师的本位意识是教师职业的通病,某种程度上这是一种"师尊"和"知识权威"的体现,但是过犹不及,往往也会使小学教师产生一些不切实际的虚假感觉,如傲慢和偏见。这种建立在被教育者及其家属身上的优越感,会带来很多负面影响,会给学生家长一种拒人之外的感觉。家长看到高高在上的小学教师就不太会真诚地沟通,此时,如果小学教师仍处在一种错误的感觉中而不自知,不反思,就会进一步切断家庭与学校之间在共同教育孩子上真诚交流

的渠道,导致家校合作发生冲突。

三、小学家校合作中矛盾的道德调适

(一) 明确家庭和学校各自不同的教育职能

家庭和学校分别作为一种社会组织,在培养青少年的过程中所承担的教育职能是有明显区别的。家庭教育主要是自我教育,以孩子的德育为主,以个别的方式进行;学校教育主要是以学生全面发展为主的教育,以整体的方式进行。家庭教育和学校教育只有各司其职,积极配合,才能为学生的健康成长提供一种和谐的合力。目前,我国大部分小学举办的家长学校,成立的家长委员会,仍然反映了"以学校为中心"的强烈倾向,基本上承担了父母家庭教育的任务。家长学校虽然在促进家校合作、协同育人方面发挥了积极的作用,但也暴露出了"家庭教育学校化"的不良倾向,很大程度上造成了家庭教育的异化。有识之士早就指出:"学校以教育权威自居,认定家长在教育方面是无知的,没有发言权,家长来校只是为了了解情况和学习家庭教育知识。所以,他们只能处于被动地接收信息的地位。家校活动处处以学校为中心,只考虑学校的需求而不照顾家长的需要,如活动的时间、地点等的安排只考虑教师的便利,家长只有被通知来参加的份,使家长处于不平等的地位。学校也根本不为合作去了解家长的不同特点、不同水平、不同心态和不同需求。这说明学校还远没有把家长看作儿童教育过程中平等的合作伙伴,为着共同的教育目标,互相沟通,彼此交流,互尊互助。由于缺乏双向交流,这种形式上的'家校合作'效果是可想而知的。"① 因此,学校开展父母教育和家校合作,需要建立科学的家庭教育观,充分尊重和实现学生家长的主体地位。

(二) 建立学校与家庭平等合作的伦理关系

在师生交往中,应该以教师为主导,以学生为主体。小学教师与学生家长有着相同的教育对象、共同的愿望、一致的社会责任,面对学生(孩子)的成长,小学教师和学生家长作为教育者所肩负的责任是同等重要的,不存在谁轻谁重、谁主谁次的区别,小学教师和学生家长的关系是一种相互合作关系。从现实来看,在不少小学教师和学生家长之间常常表现出一种"不合作"的状态:一是既不"合"也不"作",一些小学教师与学生家长之间既缺乏合作教育的意识,更缺乏合作教育的行动;二是"合"而不"作",小学教师与学生家长表面上和睦相处,实际上各行其是,有的只是等学生出了问题时才"合作";三是"作"而不"合",一些小学教师与学生家长由于在教育思想和目标上不一致,导致在教育内容和方式方法上出现差异,难免产生教育合力上的"内耗";四是"合"而欠当,虽然双方对学生(孩子)都有良好的愿望,但有少数小学教师在与学生家长的交往过程中,做出了有悖小学教师道德的事情,使得学生家长从内心瞧不起教师和"师道尊严"。例如,个别小学教师利用学生家长的地位、权力谋求私利,公开向学生家长索要好处。

现代教育学告诉我们,小学教师和学生家长必须建立起正常、和谐的合作关系、伙伴关系,协调一致地教育学生。如果双方配合不当,非但不能增添教育的力量,而且还会使双方的力量相互抵消,甚至起到相反的作用。正如苏霍姆林斯基所强调的:"我们和家庭作为并肩工作的两个雕塑家,有着相同的理想观念,并朝一个方向行动。要知道,在创造人的工作

---

① 马忠虎. 对家校合作中几个问题的认识[J]. 教育理论与实践,1999(3).

上,两个雕塑家没有相互对立的立场是极为重要的。"① 对此,小学教师应该有足够的认识,注意在和学生家长的交往中建立一种平等合作的教育伦理关系。

一方面,小学教师要树立正确的"家长观"。正确的"家长观"的核心,就是双方关系的平等性。在教育修养方面,小学教师有时确实比家长高一些,但这也不是绝对的。特别是随着我国人口中接受高等教育的比例快速上升和教育知识的普及,学生家长的知识层次和教育学修养也在不断提高。这种变化在我国的大中城市表现得尤为突出。

另一方面,小学教师和学生家长都是社会的职业劳动者,都具有一定的社会地位,人格上是平等的,不存在领导与被领导、支配与被支配的关系。因此,不管是主观还是客观,小学教师和家长在人格上是完全平等的。由此也决定了小学教师和家长的关系具有以下一些基本特点。一是小学教师除了道德上的威望,对学生家长无任何权力可言。二是由于教育学生是小学教师必负的社会责任,因此,小学教师要和所教学生的家长建立合理的伦理关系,不管学生家长的社会背景如何。三是在交往的过程中,小学教师要以主动协调的态度促进与家长平等合作伦理关系的形成,因为教育的主动权掌握在小学教师手中。这种平等合作的关系,表现为双方社会地位的平等性、双方联系交往的互尊性和双方在教育过程中的配合性上。

小学学校和小学教师在家校关系的指导观念上要实现三个转变:一是要从把家长放在从属地位,转变为以学校为指导、以家长为主体的双向合作关系,家长在家校关系中要由被动转变为主动;二是要从学校、教师单向的居高临下的指导,转变为教师、家长双向互动、相互学习,教师在家校关系中由绝对权威转变为相对权威;三是要从单纯地从学校和教师出发要求家长配合的社会性目的,转变为从孩子出发的个体性教育目的。

(三) 小学教师要尊重学生家长

与人交往时尊重对方,这是对一般社会成员普遍的、起码的要求,也是衡量一个人文明程度的标志之一。学生家长是小学教师在教育学生过程中不可缺少的合作者,在双方互相尊重和理解的前提下,小学教师"闻道在先,学有专攻",特别是"德高为范",更要求小学教师给予家长以应有的尊重。这既是社会对小学教师的一般要求,也是教育伦理基于教育劳动的特点对小学教师的特殊要求。具体包括:当教育过程中发生困难(如学生犯错或学业不良)时,小学教师要耐心和克制,加以理性和情感的沟通;小学教师要放下身段,虚心听取学生家长的意见;小学教师必须一视同仁地对待每一位家长,坚持教育公正,善待每一位学子,摒弃和杜绝教育歧视现象。

❋ 思考题

1. 当前师生关系中主要存在哪些矛盾?
2. 教师集体在教师个体发展中的意义何在?
3. 简述教师在处理与集体关系和他人关系中的道德要求。
4. 学校管理的特殊性有哪些方面? 如何实施"以人为本"的小学管理?
5. 目前家校合作方面存在的主要问题是什么? 如何解决这些问题?
6. 家庭教育学校化的危害有哪些?

---

① 转引自钱焕琦. 教师职业道德[M]. 上海:华东师范大学出版社,2008:112.

拓展阅读

1. 王守纪,杨兆山. 以尊重为核心的现代师生关系及其建构[J]. 教育理论与实践,2010(25).

2. 申素平. 教育惩戒立法研究[J]. 中国教育学刊,2020(3).

3. 喻晓. 关于团结协作是教师与同事关系中的道德要求的探讨[J]. 沈阳工程学院学报(社会科学版),2007(2).

4. 林炳坤,吕庆华,谢碧君. 创意人才、工作特性与工作繁荣——基于同事关系的调节效应[J]. 山西财经大学学报,2019(4).

5. 王良伟. 小学教育行政管理存在的问题及措施研究[J]. 课程教育研究,2018(11).

第 六 章

小学教师职业道德实践

知识结构

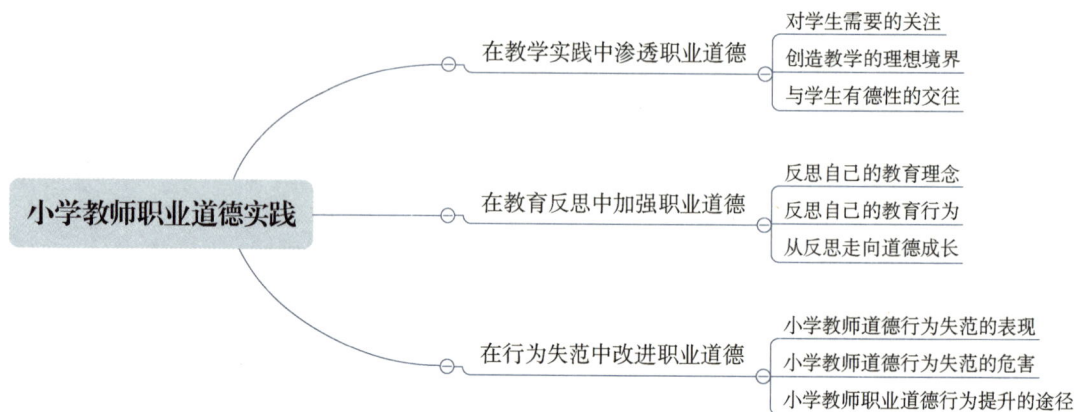

学习目标

知识与技能	理解小学教师职业道德结构、教育反思的内涵,了解小学教师职业道德在教学实践中的体现,认识小学教师道德行为失范的表现及对学生的影响。
过程与方法	通过典型案例对小学教师职业道德实践进行分析和思考。
情感态度与价值观	树立正确的职业道德理想信念,在教育教学实践中自觉提高职业道德的意愿和水平。

　　小学教师的职业普通而又神圣。小学教师要胜任新时代的教育教学工作,不仅要有渊博的知识和较强的教学能力,还要有良好的职业道德。教师职业道德是教师职业的灵魂,教师职业道德修炼重在实践。小学教师职业道德的养成离不开小学教师自身积极的教育实践。在教学实践中渗透师德,在教育反思中加强师德,在行为失范中改进师德,让高尚的师德融于心、践于行。

第一节 ◈ 在教学实践中渗透职业道德

　　小学教师承担着大量的日常教学工作,在教学实践中能否做到严谨治学、认真施教、教书育人、诲人不倦,直接关系到小学教师职业道德水平的体现。教学活动是求真、向善、趋美的活动,是师生间心灵交往和情感互动的活动,在教学理念、教学内容、教学方法上都应是合乎道德的。小学教师的职业道德可以通过教学实践体现出来,体现在对学生需要的关注、对教学理想境界的创造以及与学生有德性的交往等方面。

一、对学生需要的关注

　　课堂不仅是传递知识和培养技能的场所,更应该是引导学生心灵成长的沃土。富勒将教师的专业发展阶段分为关注生存、关注情境和关注学生三个阶段。[①] 能否自觉地关注学生是衡量一名教师是否成熟的标志之一。关注学生是指小学教师能够考虑学生的个别差异,认识到不同发展水平的学生有不同的需要,某些教学材料和方式不一定适合所有学生等。学生的需求并不是简单地意指学生的某种具体需要,也并不是说学生的一切需要都必须满足,而是指教师以更高的视角,探求符合教育规律和学生身心发展规律的需求。从社会地位的角度看,学生是与成人平等的完整的人,但纵向来看,学生又是发展中的人,是以学习为主要任务的人,"他们需要教师在其发展过程中给予有针对性的指导。满足学生需求与引导、规范、约束学生并不矛盾"[②]。不关注学生需求的小学教师,就难以做到遵循教育规律,就难以做到注重学思结合、知行合一、因材施教。教学是一种需要有高度的责任感、使命感的活动。教学道德的实现离不开责任这一前提条件。全面关心学生的成长,提高学生的素质,这是小学教师对自身责任认识的深化,也是社会对小学教师提出的明确要求。

案例 6-1

让午饭吃得更有滋味[③]

　　六年级开学不到两周,缪汇颖老师发现班级中的学生在用午餐过程中出现了诸多问题。例如,吃得少倒得多,造成严重浪费;吃饭没有固定地点,有的甚至捧着饭盒边吃边走;不吃饭,省下时间打乒乓球或者进行其他娱乐活动;不吃正餐,吃零食;不吃营养饭菜,吃方便面;吃完午饭,没有清理桌面和洗碗的习惯,严重影响班级卫生;吃饭方式不科学,要么狼吞虎咽,要么边吃边玩。

　　看到这些情况,缪老师并没有用传统的教育方式去教育学生,因为那样做收到的效果可能并不理想,甚至会因为同学们都司空见惯而升级为一个老大难问题。因此,在经过详细的调查了解后,缪老师决定从学生的学习和生活实际出发去逐步改善和规范学生们的用餐习惯。为此,她采取了以下措施。

　　1. 利用 10 分钟队会的时间,让学生以小组为单位开展以下几个主题的调查活动:"挑

---

① 张桂春. 国外教师职业道德建设的经验及启示[J]. 教育科学,2001(1).

② 柳海民. 教育学概论[M]. 北京: 北京师范大学出版社,2015:344.

③ 王莲华. 优秀班主任德育工作实践案例100例[M]. 上海: 华东师范大学出版社,2013:107.

食偏食的坏处""怎样的午餐是营养全面的""零食、方便面为何如此吸引人""零食和方便面的危害"。

2. 根据前期主题队会探究的结果和对班级午餐情况的观察,请同学们制定一份"文明健康用午餐"的倡议书,内容集中针对班级中原先出现的一些午餐问题,涵盖了用餐的地点要求、卫生要求、文明要求。

3. 创新合理地安排午休时间。

4. 通过播放流行音乐的方式为学生创造一个快乐、轻松的就餐环境与氛围。

5. 尝试小组竞赛,定期评选最佳用餐小组。

6. 经常进行家校联系,希望家长能够合理地控制学生零用钱的数额并经常询问零用钱的用途。

改善和规范学生用餐习惯虽说不是什么非常大的问题,但缪老师在解决问题的过程中关注到了学生的需求,对问题的原因进行了深入的调查。通过一系列有目的、有计划的主题活动,引导学生主动探究问题,明白什么是健康的饮食习惯,在探究中获取真知,将真知内化为自觉行为,充分调动了学生的主观能动性。只有遵循教育规律,站在学生的立场,才能有效地解决实际问题,真正地满足学生的需求。

二、创造教学的理想境界

教学是小学教师最重要的职责,在课堂上所教授的内容、教学过程中的思想政治教育、教学方式方法以及最终的教学效果都会直接影响到学生的发展水平乃至教育的整体水平。教学质量的提升在根本上是基于小学教师的职业道德水平。教学实践中,小学教师应该恪守职业道德规范,起到"学高为师、身正为范"的表率作用,从而创造教学的理想境界。教学的理想境界要以合理的知识结构为基础,以优秀的教学专业能力为表征。

(一) 形成合理的知识结构

合理的知识结构是小学教师教育工作成功的保证,是创造理想的教学境界的基础。小学教师知识的理想结构应包括三个层面:一般的、较宽广的科学素养和人文素养,以及当代重要的工具性学科的知识与技能(如外语、计算机知识与技能)是第一个层面;具备一到两门所任教学科的专业知识与技能是第二个层面;认识教育对象、开展教育活动的教育科学知识与技能是第三个层面。三个层面的知识相互支撑,有机结合,它们的整合力量作用于教学实践和小学教师的成长,体现为小学教师教育行为的科学性和艺术性,体现为小学教师精神生活的丰富性和发展性。

小学教师要有一定的科学人文素养。科学人文素养是一个人内在的科学文化涵养及人格修养水准的外在呈现,体现在一个人思维方式、行为习惯的方方面面。随着信息时代的到来,小学教师需要不断地增加科学人文素养的积淀,克服对科学与人文的狭隘理解,应对教学内容的多元化和教育对象的多样化需求,成为有独特个性和丰富情感的人,从而提升小学教师的教育境界、增长小学教师的教育智慧。

小学教师要有扎实、渊博的学科专业知识。小学教师在所教学科专业上的造诣,直接影响具体教学活动中对所教授的知识的组织处理水平,影响学生能力的发展和智慧的培养。小学教师只有精通所教学科专业的基础知识和基本理论,才能在更深广的背景下高屋建瓴、运筹帷幄地组织教学。

　　小学教师要掌握教育科学和心理科学知识。"学者未必是良师",某一学科领域内的专家未必就能够扮演好教师的角色,其中一个重要因素就是真正出色的教师对教学要有深刻的理解,应该善于运用教育、心理科学的知识和原理,以某种恰当的方式向学生传授科学知识、培养良好的思想品德、丰富学生的精神境界、提升学生的审美修养,有效地促进学生的身心全面发展。

(二)全面提高教学专业能力

　　小学教师能否把自己掌握的专业知识和技能有效地传授给学生,能否把自己的科学文化素养转化为对学生的教育力量,能否把教育理论学习的成果变成教育的科学实践,关键还在于小学教师是否具备较强的专业能力,即顺利地完成教育教学任务所必需的本领。教学专业能力是由教育教学工作的特殊要求所决定的。它是一个由若干层次的要素构成的复合体。其中,观察力、记忆力、想象力、思维力等一般能力是基础;从事教育教学工作必备的特殊能力是教学专业能力的主体,包括语言表达能力、组织能力、处理教学内容的能力、观察和研究学生的能力、教学设计的能力、课程实施的能力、处理偶发事件的能力等。教师的教学专业能力水平和教育教学成效有着显著的相关性,因而是小学教师业务素质优劣最为显著的表征。

　　课堂教学是小学教师职业道德实践的主要阵地。它不仅是每位小学教师职业道德养成的主要路径,而且是小学教师德性修养水平及其教育效能集中显现的主要平台。因此,无论是出于对小学教师职业道德发展的关注,还是出于对小学教师的教育效能实现(促进学生发展)的关注,都应聚焦于课堂教学中的教师职业道德问题。目前,课堂教学实践中的师德问题主要表现为:部分小学教师奉献意识较为淡薄,教学思想传统保守,课堂上缺乏创新,授课过程中的趣味性和实践性大打折扣;部分小学教师为人师表的意识不强,未意识到教师的言行在小学生成长成才中的关键作用。小学教师只有更好地提升自身的职业道德水平,才能真正有效地促进学生在思想政治、道德修养以及心理健康等方面得到提升,从而培养出德、智、体、美、劳全面发展的学生。

案例6-2

喜欢老师的八个理由[①]

　　1. 我们班设立了图书角,每个同学带两本课外书来分享,沈老师却带来了六本,大家都爱看。

　　2. 春游时,我把食品袋弄丢了,沈老师送给我一袋面包、两瓶酸奶,其实她自己带的并不多。

　　3. 上回语文考试,我只得了85分。我很伤心,沈老师借给我5分,让我下次考试还给地。

　　4. 沈老师买了一个漂亮的卷笔器,摆在教室的书橱里,我再也不用担心忘记削铅笔了。

　　5. 上星期,我不小心打碎了沈老师的红墨水,同学们都怪我,我哭了。沈老师知道后,非但没批评我,反而安慰我。

　　6. 沈老师每天和我们一起背古诗。古诗文擂台赛时,她得了第一名。

　　7. 生病了,我一个人在家,很孤单。沈老师带了水果来看我,还给我补课。

───────────

① 沈虹霞.喜欢老师的八个理由[J].班主任,2003(8).

8. 大扫除时,沈老师不让我们擦天窗,她怕我们摔着,她自己擦了所有的天窗,累得满头大汗。

怎样才能让学生真正地喜欢你,是一个值得小学教师认真思考的问题。和蔼可亲型的教师学生喜欢;青春靓丽型的教师学生也喜欢;知识渊博型的教师学生喜欢;教法灵活型的教师学生也喜欢……每个学生喜欢教师的风格不尽相同,但每一位对学生倾注爱心、真诚相待、耐心教育的教师又大抵相似,他们能走进学生的心灵,成为学生心目中的好老师。亲其师,信其道,创造教学的理想境界,要努力成为学生学习上的良师,生活中的益友。教育是爱的共鸣,是心与心的呼应,合理的知识结构、优秀的教学专业能力是好老师的必要条件,"爱生"则是理想境界的根本。

三、与学生有德性的交往

小学教师在履行教学职责的过程中,时刻都与学生联系在一起。没有学生的参与,没有教师与学生的交往,特别是师生之间的互动交流,就谈不到小学教师职业道德的体现。师生之间的交往是教师与学生的生命、心灵、精神的交融共织。小学教师在与学生交往的过程中,要平等地、一视同仁地对待每一位学生,公平合理地评价每一位学生,悦纳每一个不同的学生。小学教师与学生之间是一种平等的关系,雅斯贝尔斯在《什么是教育》中谈道:"教育者不能无视学生的现实处境和精神状况,对学生耳提面命,不与学生平等相待。"① 小学教师要尊重学生,以平等的心态对待学生,以自己真实的、完整的德性人格面对学生,真诚地与学生交往。

小学教师进入课堂后,必须意识到师生之间不仅仅是知识传授与接受的关系,更应该是道德关系。教学道德若处于"无知"状态,或者知之甚少,现实的教学就会出现一些问题:使用控制性的说服,视满堂灌为提高教学效率;用评价中的分等排序来激励学生;学生做事不能如教师所愿时,使用居高临下、盛气凌人的责备口吻。小学教师要善于理解、懂得和欣赏自己的学生,巧妙地拉近师生的距离。一要少讲、多倾听,如果能真正地去听学生的所思所想、所疑所惑、所得所悟,小学教师就不会成为唠叨者;二要少说教,多联系实际,要综合联系学生的生活处境、家庭背景、社会阶层,客观地了解学生,并在此基础上因材施教,才能走近学生心灵;三要少旁观,多共鸣。小学教师要将心比心,设身处地了解学生,有时也需要坦陈自己的经历,用自己的人生经验为学生答疑解惑。

在师生关系中,小学教师的一言一行都会被学生关注,进而上升为道德命题。在不良的师生关系中,学生所接受的道德示范是冷漠、仇视、势利、懒散、欺骗等;在良好的师生关系中,学生所接受的道德示范是尊重、平等、负责、诚信、友好等。不管教师和学生的主观意愿如何,这种道德示范总是客观存在的,而且这种道德示范对学生的影响往往大于教师的说教和社会的倡导。

第二节 ◈ 在教育反思中加强职业道德

"教育反思是教师对其教育实践中的教育行为和学生的发展可能进行审视、反省和批判

---

① [德]卡尔·雅斯贝尔斯. 什么是教育[M]. 邹进,译. 北京:生活·读书·新知三联书店,1991:156.

性分析的专业活动。"①教育反思是加强小学教师职业道德的有效路径。小学教师的教育反思是教师对自己的教育行为重新审视,结合教育教学实践进行自我检查、自我总结的过程。小学教师不能只顾前行,要适时地停下脚步反思自我。小学教师职业道德的提升遵循"实践—认识—再实践—再认识"的路径,小学教师要自觉地对教育实践进行理性思考,通过教育反思形成一股强大的师德力量,让"德师"不断涌现、示范引领,让"失德"原形毕露、无处可遁。

　　小学教师在长期的专业活动中会形成一定的关于教育教学、学生发展、师生关系等的认识和理解,但这种认识和理解必须要经过反思才具有保存的价值,否则,只是不深刻的经验性认识。教育反思可以帮助小学教师提炼出经验性认识和个人化理解中的精华并加以系统化,产生质的升华,从而有利于小学教师在面对具体的道德问题时能保持冷静,从容应对。反思的深刻性反映了小学教师专业成长的成熟度,在不断的教育反思中可以提升小学教师的职业道德水平。

　　加强小学教师的职业道德,要注重在具体的教育教学实践中的反思。通过剖析教育案例、接受学生的反馈意见、总结教育心得、与同事展开对话与交流等方式,对道德实践再认识、再思考,以此来提升自我,促进职业道德不断内化与生成。

一、反思自己的教育理念

　　反思自己的教育观、学习观、学生观等,超越教育的知识传授与再现,关怀学生在教育过程中的存在意义和成长意义。一位不善学习思考的教师,几十年如一日地固守自己原有的知识库,固守自己陈旧的教育教学方式方法,在面对新时代的孩子时很难得到学生的尊敬。小学教师要以自己的学识、经历、人格等引导学生获得知识、情感、态度、价值观等的全面发展,感悟和培养至真、至善、至美的人性。

案例 6-3

爱的教育里没有优差生②

　　记得我曾教过这样一个学生,他有厌学的情绪,上课常走神或做小动作,作业糊涂至极,甚至干脆不做。我屡次直接严厉地批评了他,没想到他不但不思悔改,情绪反而更加低落,一副无精打采、毫不在乎的样子,我差点被他气昏。过后,我头脑冷静下来,回想自己的言行,才吃惊地感觉到对他的态度过于偏激并且简单草率。后来,我从另一个角度去观察揣摩他,抓住他爱被表扬的特点,尽量找出他身上的闪光点。当他老毛病再犯时,不是再一味地批评,而是避开这事,表扬他爱动脑,声音响亮。这样一来,他可来神了,身子坐得挺直,聚精会神,那节课的提问,他回答得正确而且声音十分响亮,课后的作业也做得不错。从此,我们的师生关系发生了改变。

　　热爱学生是小学教师正确的教育观的体现,也是高尚的教师职业道德的体现,小学教师要不断地审视自己是不是真正地"爱生"。爱应该是公正的,小学教师不仅要爱学习成绩好

---

① 文雪,梁薇.教师教育反思的三个维度[J].当代教育科学,2015(22).
② 王芸.爱的教育里没有优差生[N].发展导报,2017-06-23(27).

的学生,也要爱学习成绩差的学生,多发现其优点,找出爱的理由,用真心去爱他们。小学教师爱学生并不是无要求的爱,不是爷爷奶奶式的爱。要爱中有要求,爱中有希望,爱中有原则。小学教师对学生爱的正确动机,是出自崇高的目的,是来源于小学教师对教育事业的深刻理解和高度责任感。只有这样,才能有效地促进学生的全面发展。

二、反思自己的教育行为

小学教师进行教育反思的动力来自对高效、优质教育的追求,来自自我成长的需要,其目的是改善自己的教育教学工作。进行教学反思时,小学教师不仅要反思自己的教,也要反思学生的学,更要反思自身对学生施加的影响如何。教学反思可以使小学教师找到自己的教学策略存在的问题,找到原因才能根据具体情况及时加以调整改进。小学教师在教育场域的一言一行都属教育行为,都对学生直接或间接地发生作用和影响,要关注问题学生,反思自己的教育行为,不断地提高教育的引导力。

案例 6-4

日常反思促发展①

班级中有一位男学生数学成绩是倒数的,平时又特别调皮,经常上课不认真听讲。一天下课他拿着作业本到我面前,小心翼翼地问:"江老师,这道题怎么做?"我接过本子,一看,是我早上课堂里刚刚讲完的习题,他还没订正好。我心头的怒火不打一处来:"你上课在做什么? 我不是刚刚才讲过这个题目? 去问学习小组长。"

我这么凶地对待他,我想这个学生也许现在还会记得我当时那副凶巴巴的面孔。如果是位好学生,我想我会心平气和地为他讲解一遍,即使他上课没有听。静下来想一想,我这样做是不是太偏心了? 事实上,我压根就没想过这样做有什么样的后果? 我想他是用了很大勇气才敢来问我的,被我这么一吼,怕是弄巧成拙,本想他能改正不认真听课的缺点,现在可能会使他更不喜欢上数学课了。同时,我也轻而易举地把他的上进心给扼杀了。

事实上,像我这样有意无意地伤害学生的教师可以说有很多。如果学生上课回答问题错了,立即批评,要他坐下。其实学生能够站起来回答教师提出的问题,本身就勇气可嘉。更何况他举手回答问题,说明他在认真听课,他在思考。久而久之,学生肯定不会在上课时回答问题了。有的教师经常会说我上数学就是没气氛,举手的学生就是这么几个。我想上面这点会占了很大一部分。对于差生,教师的态度可能会更差一些,考不及格不会给学生好脸色看,还不停地说他学习这么差,成绩是倒数的,拖班级的后腿……

虽然学生只是小孩子,但他们也有自尊。苏霍姆林斯基在《给教师的建议》里说过,"任何时候都不会给孩子不及格的分数",其用意是希望教师任何时候都要保护学生的自尊心。

小学教师要经常性地对自己的教育教学行为进行回顾、观察、诊断、思考、修正,反思自己的教育教学行为是否对学生有伤害,反思自己的教育教学是否让不同的学生得到不同的

---

① 金士蓉. 反思自己的教育教学行为［EB/OL］.（2018-06-30）［2020-07-26］https://wenku. baidu. com/view/46c6fd06b52acfc789ebc90d. html.

发展。在日常工作中,如果没有意识到某些教育行为带来的后果,可以在反思过程中得以激活,通过反思对存在的问题形成更明确的认识,从而积极寻找新思想与新策略来解决问题。反思是小学教师积极探究的表现,做一个反思型的小学教师,有助于提升小学教师的职业道德感和社会责任感。

三、从反思走向道德成长

小学教师的教育反思是一种为改进自己教育行为而进行的反省、思考和探索,进入教育反思后,小学教师要不断地积累经验,以科学理性的态度和方法认真地检讨自己的道德行为,对已有行为习惯进行重新审视和考察,改造并调整不良行为习惯,从而完善自己的道德认知和情感,提升自己的职业道德水平。

案例 6-5

陶行知先生进入反省室[①]

陶行知先生在创办南京晓庄学校的初期,曾做过一条规定,即全校师生员工一律不准喝酒,违者要进自省室里反省。

一次,晓庄学校的农友请陶校长吃饭。农友们敬他一杯酒,陶行知一再解释说不能喝,农友们却坚持道:"您不喝就是瞧不起我们农民,瞧不起我们就不算我们的朋友。"

陶行知没办法,只好把酒喝掉了。农民们非常高兴,把陶校长引为自己的朋友。他们哪里知道,陶行知一返回学校,便立即进自省室里了。

后来,陶行知先生在重庆创办育才学校的时候,要求全校的学生养成每天反省的习惯。用他的话说,就是要做到每天四问:第一问,我的身体有没有进步? 第二问,我的学问有没有进步? 第三问,我的工作有没有进步? 第四问,我的道德有没有进步?

陶行知先生的"每天四问"是很高的"内省"功夫,如果我们具备了这个内省功夫,就会更加接近"更好的自己"。反思是小学教师对教育教学实践的再认识、再思考,并以此来总结经验教训,"实践+反思"也是小学教师职业道德成长的范式。小学教师职业道德成长是在解决问题的过程中实现的,每天以内省的方式问一问自己,是否存在教育理念和教育行为的问题,是否能与学生共享成长的快乐,进行自主的道德反思,实现自我的道德发展。

第三节 ◈ 在行为失范中改进职业道德

当小学教师职业道德缺乏必要的约束力时,在现实的教育活动中就会出现教师道德行为失范的现象。严重时甚至出现教师道德危机,危害学生,危及教育自身,危及社会发展。小学教师职业群体道德水准的提高除了职业道德规范的约束之外,离不开教师个体的道德努力。同时,小学教师道德失范现象的背后也折射出教师个体的道德问题。我们要正确认识小学教师的道德失范行为,不断地提高小学教师的职业道德水平。

---

① 陶行知.自己进入反省室[J].师道,2004(11).

一、小学教师道德行为失范的表现

教师在教育活动中表现的职业道德,对学生的道德面貌具有重要影响,特别是面对各方面均不太成熟的儿童的小学教师。小学生具有强烈的好奇心和求知欲,其独立性差,模仿性强,可塑性大,对小学教师有一种特殊的依赖感和信任感。针对我国中小学教师的职业道德现状,有学者科学客观地进行了总结,得出十大发现。发现一:许多教师职业信念方面不够坚定,特别是男性教师与在相对落后地区任职的教师,他们对职业的认可度偏低。发现二:教师实际呈现的面貌与学生对教师期望的理想角色之间有较大差距。发现三:大多数教师重视自我修养的提高,约90%的教师表示在日常教育中能自觉地反思自身的道德行为。发现四:教师职业道德规范能起到一定的指导和督促作用,但效果并不显著。发现五:80%的教师赞同同行的教育教学改革措施,也就是说,教改过程中来自教师群体的阻力比较小。发现六:教师对学校的归属感与学校领导重视师德建设的程度成正比例关系。发现七:受市场经济快速发展的冲击,教师们对传统师德的认识日渐偏离,尤其是偏远地区的教师,抵御负面影响的能力偏弱。发现八:大部分教师并不支持为从事教育教学工作而牺牲自己利益的观点。发现九:教师急于提高其实际社会地位,认可自身道德修养水平是影响师德发展的关键要素。发现十:各地区在对教师进行师德培训时,选择的内容都存在差异,有的甚至没有抓住培训的核心重点,也就无法有效地达到培训的目的。①

小学教师职业道德失范是指小学教师在教育实践活动中,在教学、人际交往、科学研究等领域违背小学教师职业道德规范,从而破坏小学教师形象、损害小学生身心健康的行为。小学教师的道德失范行为主要有如下三种类型。第一类是态度失范,具体表现为:对道德规范的重要性与必要性认识不足,或产生误解、片面地对待;缺乏师爱,不尊重学生的人格,态度粗暴、不负责任;不能公平、公正地评价学生;厌岗怠业、松懈治学等。第二类是语言失范,具体表现为:对学生口不择言、随意辱骂;语言及语气中时常带有讽刺、挖苦、嘲笑之意,用否定学生人生价值的语言来批评学生等。第三类是行为举止失范,具体表现为:随心所欲、不顾及自己的教师形象,蛮横粗暴、不注重文明礼仪;对有过失的学生进行体罚、变相体罚、心罚等惩罚;以职谋私、为师不廉,有偿补课、滥用职权等。2020年5月,网络频频爆出有教师在小学教室里组织全班学生为某明星应援的视频,引发了极大争议。目前,学校对当事老师作出停职停课的处理,教育管理部门对该教师所在学校的校长进行了诫勉谈话。学校是知识殿堂,是传道、授业、解惑的地方,不是为明星应援的粉丝加工厂。青少年的教育关乎国家未来,青少年价值观的培养关乎民族希望,绝不能变成追星应援的工具。组织学生为自己的偶像应援,不仅突破了小学教师职业道德规范,也有损教师职业形象。职业底"线"不能破,理性之"圈"不能出,尤其是在孩子们的课堂中。

二、小学教师道德行为失范的危害

小学教师是学生学习成长道路上的引路人,是学生灵魂的工程师。小学教师的道德行为不仅影响小学生的认知发展,还对小学生的品德和人格形成产生深刻的影响。小学教师职业道德行为失范对小学生产生不良影响的表征有:心理层面的自卑、自尊心缺失、目标感差、盲从;行为层面的习惯差、自制力差、缺乏责任感;性格层面的敏感、冷漠、合作意识差等。

---

① 檀传宝,张宁娟,李敏,等.中学师德建设调查十大发现[J].中国德育,2010(4).

小学教师职业道德行为失范的产生,与小学教师和学生的关系朝着利益关系演化息息相关。谁能给自己带来利益,谁就会受到教师的"特别关心"。因而,班级当中学习成绩好的、品学兼优的学生,从不给教师"找麻烦"的学生更多地受到小学教师的青睐。而那些经常给教师"添乱",甚至影响到教师"前途"的学生,不仅人格尊严受到教师的蔑视和贬损,甚至身体也经受教师的暴力。小学教师体罚学生、侮辱学生,甚至对学生进行性侵害的事件在中国基础教育中频频出现,的确值得人们深思,它给儿童带来身心的严重影响。受这一层关系的影响,小学教师与学生家长的关系也趋于利益化,谁的家长"有用",谁的孩子就受"尊敬",谁就被"委以重任"。小学教师利用家长资源为自己谋取个人利益的情形并不鲜见,小学教师用以交换的筹码就是对微观领域学生成长资源的分配,其直接显见的后果就是破坏了最基本的教育公平。

案例 6-6

老师,别伤害我们的孩子①

2000年5月22日上午,陕西省澄城县庄头乡柳池小学某班级的第三节数学课上,班主任李某检查作业时发现,她上个星期五中午布置的56道数学应用题,班上有8名同学未完成。于是,这些同学被老师叫上讲台站成一排,让做完作业的18名同学上去,每人打这8名同学10个耳光,挨了180记耳光之后,这8名二年级的小学生都哭了,脸也被打得肿起来,8名被打同学中,有3名男生,5名女生,其中部分孩子因为疼痛和羞愧下午没有去上课。

《中华人民共和国义务教育法》中明文规定,严禁体罚或变相体罚学生。可时至今日,体罚甚至严重休罚学生的事件在一些小学仍时有发生。体罚和变相体罚学生极易造成师生的对立情绪,使学生产生自卑、怯懦心理。小学阶段是孩子较为敏感的时期,他们开始有自尊心的概念,开始重视自己的"面子",在乎自己在同学心目中的印象,因此,一旦小学教师忽略这个时期孩子的心理发展,对孩子进行直接或间接的体罚,就会对学生的身心健康发展造成十分恶劣的后果。

案例 6-7

不要做伤害学生的刽子手②

某学校学生张某曾两次偷同学的钢笔,受到班主任王老师的批评,并在班里做了公开检讨。事隔不久,班里的两支日光灯被盗,而当天正好是张某值日,于是,王老师认定是张某所为。第二天,王老师把张某家长找到学校,不听家长的解释,并要求家长赔偿损失,否则,就停止张某上课。家长只得赔钱。此后,王老师还在班里有意无意地流露出该生偷东西的意思,几天后,整个学校都议论纷纷。最后,张某承受不了这样的压力自杀身亡。王老师未作细致调查,盲目地认为该生有前科便予以歧视,甚至有污辱人格的言语行为,已严重违反了《中华人民共和国未成年人保护法》。由于造成了严重后果,已构成犯罪,最后,王老师被判

---

① 江城子. 老师,别伤害我们的孩子[EB/OL]. (2011-03-18)[2020-08-25]http://www. china. com. cn/firbry/11-3/11-3-18. htm.

② 冉隆锋,高俊霞. 教师职业道德与政策法规[M]. 重庆:西南师范大学出版社,2019:190.

有期徒刑1年,缓期1年执行。

《中华人民共和国教师法》第八条第四款规定,教师要"关心、爱护全体学生,尊重学生人格"。小学教师如果做出污辱学生人格的行为,会造成小学生精神上的痛苦和心理上的创伤,使他们的名誉受损,得不到他人的尊重和信赖。在小学生眼里,小学教师是他们所尊重和信赖的人,但是当教师带着负面情绪对待学生时,会使学生逐渐远离教师,不信任任何人,甚至会憎恶和仇恨教师,厌恶学习,更甚者轻视生命、践踏生命。小学教师道德失范现象是客观存在的,一个个血的教训警醒我们,一定要加强小学教师职业道德建设,规范小学教师的职业道德行为。

三、小学教师职业道德行为提升的途径

小学教师要正视自身的职业道德问题,认真学习职业道德规范,以先进的职业道德楷模为榜样,加强自我控制,积极提升自己的职业道德水平。

(一) 加强学习小学教师职业道德规范,增强行为自觉

小学教师职业道德规范是小学教师必须遵循的道德准则,属于小学教师社会道德规范的范畴。小学教师职业道德规范不会自动内化为小学教师的职业道德品质。因此,小学教师只有通过学习和感悟,才能使自己的道德品质养成与小学教师职业道德规范建立联系,才能把对职业道德规范的遵守从被动的依从水平提升到主动的认同水平,内化小学教师职业道德规范的各项要求,把外在的规范要求转变为自己心理和行为上的自觉,从而完善自身的职业品德。小学教师在教育教学实践中会不断地面临各种具体的职业道德问题,要有效地识别和处理这些职业道德问题,就需要加强学习小学教师职业道德规范的内容,正确地把握职业道德的尺度,增强工作责任感和使命感,自觉遵守小学教师的职业道德行为准则,从而提高处理道德问题的能力,提升自身的职业道德修养。

(二) 加强学习小学教师职业道德楷模,陶冶道德情操

榜样的力量是无穷的。在古今中外的教育发展史上,很多先贤和教育家在他们的教育和道德实践中,形成了许多优良的师德传统,成为人类宝贵的精神财富。当代社会,小学教师队伍中也涌现出大批师德高尚、热爱学生、淡泊名利、埋头苦干、无私奉献、忠诚于人民的教育事业、深受学生和社会欢迎的师德楷模。在学习的过程中,小学教师要以优秀教师为榜样,见贤思齐,用他们的高度责任感和思想境界来激励自己,敢于直面自己的缺点和不足,不断完善自我,超越自我,不断升华自己的职业道德情感和道德境界。高尚的职业道德修养要实现从他律到自律的转化,必须经由小学教师主动接纳和自主建构,这需要小学教师发自内心的认同,并自觉、主动地转化为自己内心的坚守。所以,改进师德的过程不只是小学教师的认知过程,更是小学教师的体验过程和情感转变过程。

(三) 加强小学教师自我控制能力锻炼,完善道德品格

小学教师要认识到自己所从事的职业的神圣,深知自己肩上所承担的责任,坚定自己的道德信念,不断自我反省、自我调控。中国传统的文化道德强调"正人"必先"正己",主张自我的内在超越和理性选择,提倡"内省",以加强自我调控。在具体的教育教学过程中,应自觉实践小学教师的职业道德,通过反省和检查自己履行义务与职责的情况,适时地调整自己的行为方向。与此同时,注意借鉴中国传统道德修养的精华,提倡"慎独",注重自我约束,在

任何情况下都自觉地按照小学教师的道德规范和要求行事,做到言行一致、表里如一,从而使自己真正成为一名道德之师。

　　小学教师改进自身行为,加强职业道德修养,还需要树德心、炼德能、践德行。树德心是指小学教师要忠诚于人民的教育事业,坚持正确的政治方向,具有与时俱进的教育理念和爱岗敬业的崇高精神。炼德能是指锻炼小学教师职业道德本领。小学教师要掌握现代化的教育手段,完善各方面的教育教学技能,不断更新知识,调整专业知识结构,探索教育新规律,具有过硬的教学本领和不断创新的能力。践德行是指小学教师注重职业道德的实践。小学教师要甘为人梯、淡泊名利、言行一致、表里如一、以身作则。

思考题

　　1. 在教学实践中,小学教师的职业道德体现在哪些方面?

　　2. 什么是教育反思? 小学教师如何通过教育反思加强职业道德?

　　3. 举例说明小学教师道德行为失范表现在哪些方面? 对学生有什么影响?

　　4. 提升小学教师职业道德行为的途径有哪些?

拓展阅读

　　1. [德]卡尔·雅斯贝尔斯. 什么是教育[M]. 邹进,译. 北京:生活·读书·新知三联书店,1991.

　　2. 王莲华. 优秀班主任德育工作实践案例 100 例[M]. 上海:华东师范大学出版社,2013.

　　3. 张桂春. 国外教师职业道德建设的经验及启示[J]. 教育科学,2001(1).

　　4. 于川. 教师职业道德的实践路径探析[J]. 中国德育,2019(23).

第七章

小学教师职业道德智慧

✿ 知识结构

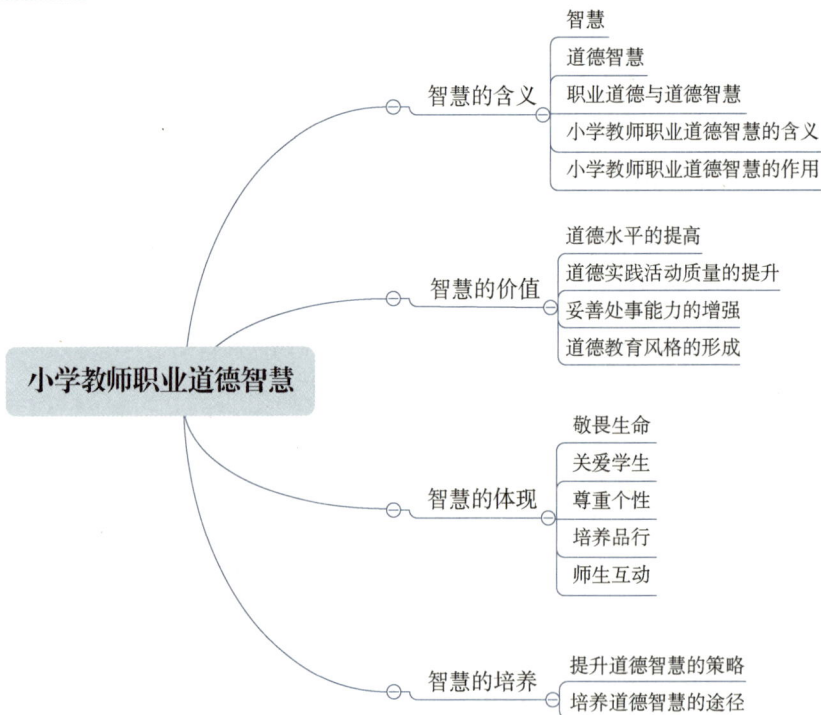

```
小学教师职业道德智慧
├─ 智慧的含义
│   ├─ 智慧
│   ├─ 道德智慧
│   ├─ 职业道德与道德智慧
│   ├─ 小学教师职业道德智慧的含义
│   └─ 小学教师职业道德智慧的作用
├─ 智慧的价值
│   ├─ 道德水平的提高
│   ├─ 道德实践活动质量的提升
│   ├─ 妥善处事能力的增强
│   └─ 道德教育风格的形成
├─ 智慧的体现
│   ├─ 敬畏生命
│   ├─ 关爱学生
│   ├─ 尊重个性
│   ├─ 培养品行
│   └─ 师生互动
└─ 智慧的培养
    ├─ 提升道德智慧的策略
    └─ 培养道德智慧的途径
```

✿ 学习目标

知识与技能	理解道德与智慧的关系,掌握教师职业道德智慧的含义、特征及其价值;了解小学教师职业道德智慧的意义、体现方式及其过程。
过程与方法	通过阅读教材,结合案例,学习和掌握培育小学教师职业道德智慧的基本思路与途径。
情感态度与价值观	增强小学教师在师生互动中敬畏生命,关爱学生的道德情感,运用教师职业道德智慧培育学生树立正确的价值观并提升道德修养。

第一节 ◇ 小学教师职业道德智慧概述

一、道德与智慧

(一) 智慧

"智慧"是人们一直追求的精神境界。早在古希腊时期,西方思想家就已经从不同的角度对"智慧"展开思索,这是一次人们对"智慧"深入探索的过程。思想家通常从哲学的角度来理解"智慧"的含义,将其与智力、智能、道德、理性等词汇的意义视为同一层次,提出了诸如"智慧即美德""美德即知识"等著名观点,对后来有关"智慧"的研究产生了较大影响。事实上,古希腊时期的思想家对"智慧"的神往已经达到无以复加的地步,他们通常以"哲学"来代表至高的"智慧",认为哲学家是集"智慧"与"爱"为一身的精英人物。马克思称苏格拉底为"哲学的创造者"与"智慧"的化身,正是因为苏格拉底是第一个将哲学真正变成有关"人"的学问,同时又十分重视道德和知识重要作用的伟大哲学家、思想家。"苏格拉底把劝人为善作为一生教育活动的目的……这样,教育过程就成了引导人对人生的审视与探究的过程,智慧之爱转换成人生的美德,人在教育中获得的并不仅是知识,而是生活智慧,是人之为人的德性。这就从根本上把知与行结合起来,把教育与人生实践结合起来。"① 除苏格拉底外,将"智慧"与"知识"等同起来的还有柏拉图,他认为"智慧"是善知的统一体,善知也就是触及心灵的"爱"的情感,这里的"爱"是爱"人"与爱"智慧"的结合,只有当人的心中充满"爱",才能通往"智慧",而真正的"智慧"只有"神"才能具备,人们只能努力接近至高的"智慧"。"智慧只在于一件事,就是认识那善于驾驭一切的思想。"② 因此,拥有哲学思想和认知的人才是真正有智慧的人,哲学成为人们不断追求的目标,它"不仅是结构性的东西(知识结构、认知结构),而且是动力性的东西(热情、渴望、追求以及与之相应的批判与超越,理解与同情)"③。

人们早期对"智慧"的思考,源自对宇宙的探索。对神秘宇宙的探索使人们在思想、自然科学、社会科学等领域形成了崇尚"智慧"的热潮,赋予了"智慧"一词丰富多彩的内涵与外延。随着知识的积累与不断深化,"智慧"的含义也在发生着变化,从"最高的、最完整的智慧"逐渐走向偏向理性与逻辑性的智慧形态,于是,"智慧"的含义更接近于我们当前通过获取知识、反思与思考,实现认识世界、探索世界与改造世界的最终目的。在探求"智慧"本质的过程中,"智慧"已成为认知领域的核心概念,它涵盖了人类文化的所有内容,包括知识、理解、记忆、联想、计算、分析、判断、逻辑、情感、决定等,而有智慧的人,则被称为智者,如李世民在《赠萧瑀》中提到的"疾风知劲草,板荡识诚臣。勇夫安识义,智者必怀仁"。智者一定是集广博知识与高尚道德品质于一身的人,是心中怀有仁爱之情的人。

我国对"智慧"的理解主要体现在对世界与人生之间关系的认知中。在我国早期的哲学中,"智慧"的意义多来自对宇宙与人生的思考。古代哲学中针对人的本质、人生价值、人生意义、人生学问、人生目标等内容均进行了深入探讨。孔子将"智慧"视为先人宝贵的遗产,

---

① 刘铁芳. 古典人文教育[J]. 教育理论与实践,1998(4).
② [美]威尔·杜兰特. 哲学的故事[M]. 金发燊,等,译. 北京:生活·读书·新知三联书店,1997:26.
③ 朱小蔓. 情感教育论纲[M]. 南京:南京出版社,1994:40.

所有人需要通过努力地学习与实践,才能传承这种"智慧"。孔子曾说:"知者不惑,仁者不忧,勇者不惧。"[①]他把"智""仁""勇"这三种品质合称为"君子道者三",也就是一个品行高尚的君子必须具备的三种美德。《中庸》中也有"知、仁、勇,三者天下之达德也"的论述。孟子认为,学习是成为智者的重要途径,聪明与愚笨只有一步之遥。从本质上看,"智慧"是人的内在本质能力与素养,是人们把握世界的方式,它的形成依赖于"转识成智",即认知水平和发挥智慧是人们在实际生活中知识获取的转化结果,离开这种转化,人们就无法继续推进认识和实践活动。"识"是指自然科学、社会科学和思维科学的知识,这些知识是形成"智慧"的基础条件,个人通过学习广博的知识并实现知识的内化,便存在将"识"转化为"智"的机制与可能,因此,当人们真正掌握丰富的知识后,就易于生成一定的"智慧","识"之多,则"智"之厚。

"智慧"无处不在,表现形式多样。"智慧"作为知、情、意、行的统一体,它对人们的生存与生活具有恒久的价值。"智慧"源于实践,也来自知识。王蒙先生认为:"'智'强调的是知识与胆识,是能够作出正确的判断、估量、选择与决策。'慧'主要是悟性,是对于是非、正误、成败、得失等的迅速感受与理解掌控。"[②]如果从心理学和教育学的角度看,"智慧"强调的是一种悟性,是一种心理认知、获取知识、运用知识和升华知识的能力。美国心理学家和教育学家霍华德·加德纳用多元智能的概念来阐释"智慧"的复杂性和多样性,他提出的多元智能包括语言智慧、逻辑——数学智慧、空间智慧、肢体——动觉智慧、音乐智慧、人际智慧、内省智慧、自然观察者智慧及存在智慧。因此,可以说"智慧"是人们无限追求的目标,它存在于每个人的头脑中,称为理性智慧;也存在于人们的生活实践中,称为实践智慧,理性智慧与实践智慧都将通过道德智慧表现出来。

本章中的"智慧"是指蕴含在小学教师道德思想中的积极有效的道德思维方式和教育理念,是小学教师培育和发展主体道德素养的能力和技巧,也是关怀学生生命、调节获取知识与追求人生真善美的一种悟性和主体性能力。

(二) 道德与智慧的联系

自古以来,东西方的思想家都将道德与智慧视为紧密关联的两个概念,通常将两者放在一起进行探究。西方的哲学家认为道德与智慧是融会贯通的,道德的中心部分是以智慧的形态存在的,而智慧的本质中闪耀着道德的光辉。他们还认为,人们秉持的良好道德品行是开明智慧的集中体现,因为在实际的生活中,一个人的"善知"与"善行"依赖于智慧的统领,充满智慧的价值导向。当代西方伦理学家多认为,行为者唯有在实践智慧的活动中,才可能在适当时间,依据理性作出符合"中庸"的道德判断和道德行为。也就是说,道德行为的发生是以道德智慧为基础的,无论我们的道德教化功能与道德指导功能有多么具体和完善,如果人们不具备相应的"智慧"和由智慧引出的思想道德意识,道德行为还是无法真正实现。正因为此,当代西方伦理学家认为应该使现代社会回归到亚里士多德所提出的道德智慧社会。

我国的圣贤也看到了道德与智慧之间的统一性,他们认为两者互为依托,互为支撑。中国传统道德是千百年来人们普遍奉行的价值观,它包括"四维"(礼、义、廉、耻)、"八德"(孝、悌、忠、信、礼、义、廉、耻)、"五伦"(父子有亲、君臣有义、夫妇有别、长幼有序、朋友有

---

① 〔宋〕朱熹. 四书章句集注(上册)[M]. 杭州:浙江大学出版社,2012:272.
② 王蒙. 说知论智[N]. 光明日报,2011-01-07(03).

信)、"五常"(仁、义、礼、智、信)。这些道德规范是中华民族在道德实践中形成的道德认知与情感体验,是道德智慧的内在遵循。"以德行为本,以智慧为道",认识到道德是立人之本,智慧是成人之美,就能更好地理解"道德"与"智慧"的关系。正如张载提到的:"'大德敦化',仁智合一,厚且化也;'小德川流',渊泉时出之也。"① 可见,中国传统道德文化和价值观念的核心是不断传承道德中蕴含的"智慧"。这种观点将道德与智慧的丰富内涵统一起来,形成"德智一体"的道德论与认识论,打破了人们长期所认为的真善二元论,也澄清了将"道德"与"智慧"混为一谈的观点,为我们清晰地认识"道德"与"智慧"间的关系提供重要的思想依据。

事实上,我们探讨的道德与智慧的关系蕴含在人们对精神世界的思索以及实践当中。"自在的善就是真理,是一种不依靠人的主观意志的东西,然而真理只有人才能把握,它只有通过人的主观才能得到现实化和主体化,真理才能被人纳入其主观之良知中。道德是纯粹主观的东西,道德自己建立起一种善,然后又把这种道德之善客观化,因而每个道德学说都自认为其道德理论就是真理,就是善自身。"② 道德与智慧建立在人们对生活实践与生活意义的思考上,两者都来自对精神世界的探知,而这种思考需以客观实践为根源,所以,道德与智慧也可理解为:"智慧和德性都是实践的功夫,智慧是一种理性实践,德性是一种道德实践。"③ 可见,道德智慧是"德"与"智"融会贯通后的结晶。

(三) 道德智慧的含义

从上文中我们可以看到,道德智慧是集"德"与"智"为一体的智慧表现形态,是人们在道德实践中巧妙地运用道德思维、道德情感与道德技巧的总称。我国众多学者从不同的角度对道德智慧进行了阐述。例如,卞敏认为:"道德智慧是对'善'进行的哲学追问,是对人生之道、人际之和、人格理想与人生境界等人生哲学问题的思索。中国传统文化中的道德智慧是人赖以安身立命的精神家园。"④ 胡晓花等人认为:"道德智慧是一种对人类社会基本价值把握、理解、践行的能力。"⑤ 刘惊铎认为:"道德智慧是一种恰当地处理人与自然、人与社会、人与自己之间关系的意识和能力,它是个体对周围关系世界的融通领悟能力,它是一种具有统摄性、圆融性的领悟力,而不是分析性知解能力。"⑥ 概括地说,道德智慧是一种知物、知人、知己的综合意识和能力。吴安春认为:"道德智慧就是'善于善'。'善于善'中后一个'善'字属于道德的范畴、伦理的范畴,前一个'善'字属于智力的范畴、智慧的范畴。"⑦ 张楚廷认为:"道德智慧就是人们运用道德知识、道德经验和能力对自己和他人、社会、自然关系的积极的道德审视、道德觉解、道德洞见,并对他人、社会、自然给予历史的、未来的多种可能性关系的明智、果敢的判断和选择。"⑧ 美国著名教育心理学家加德纳从心理学的视角对道德智慧的含义分别从广义与狭义两个层面进行分析。他认为,从广义上理解的道德智慧,是把智慧的标准推广至包括对全人类的知识范围,道德智慧将成为人们普遍的智慧类型;如果从狭义上

① 〔宋〕张载.张子正蒙[M].汤勤福,导读.上海:上海古籍出版社,2020:179.
② 张君平.黑格尔人学思想研究[M].北京:知识产权出版社,2015:25.
③ 卞敏.哲学与道德智慧[M].南京:江苏古籍出版社,2002:18.
④ 卞敏.哲学与道德智慧[M].南京:江苏古籍出版社,2002:25.
⑤ 胡晓花,丁锦宏.道德教育永远不嫌早[J].道德教育研究,2001(3).
⑥ 刘惊铎.道德体验论[M].北京:人民教育出版社,2003:101.
⑦ 吴安春.论道德智慧的四重形态[J].教育科学,2005(2).
⑧ 张楚廷.论道德智慧[J].当代教育论坛,2004(11).

理解道德智慧,则"除非我们可以在知识、行动和价值观之间建立某种程度的正确关系,否则,要真正认可道德智慧得承担相当的风险"①。加德纳的观点明确了道德智慧是需要通过道德教育传递给受教育者,并经过受教育者一定程度上的个人加工,使道德、知识、反思、价值取向等因素达成一致,成形于人们的头脑中,从而指导个人的道德行为。因此,我们认为,道德智慧是人的德性与智慧有机融合的一种评判是非、善恶、美丑的标准,是人们探知人生、思考生活、认识社会、合理处理各种关系的意识与能力,属于道德与智慧的最高境界。

二、职业道德与道德智慧

(一) 职业道德中的道德智慧

职业道德是指从事某种职业的工作者在特定的工作和劳动中应遵循的特定行为规范,是一般社会道德原则和道德规范的特殊形式和重要内容。我国的职业道德既有中华民族传统文化积淀下来的核心道德认知与道德素养,也有符合当前时代特征和职业要求的现代道德规范与道德取向,因此,职业道德是一个复杂且富有时代特性的道德知识结构,是充满道德智慧的完整的道德体系。从职业道德的表现特征上看,它是通过家庭教育、学校教育、社会教育使从业者在道德思想观念上获得的发展;它是从业者在具备稳定的职业心理和职业习惯的基础上获得持续而稳定的思想观念;它是从业者在日常行为中对社会生活表现出的具体的、多元化的适应行动。在这些表现形式中,处处彰显道德智慧重要的功用与无穷的力量。

在职业道德规范的规约下,现实的职业生活中未必能够真正地发生符合道德要求的德行,在较多情况下,出现的是难以清晰分辨或流于形式的道德反应,使得道德规范难以转化为从业者固化的、真实的、可靠的道德生活。"道德素养的培养需要一个漫长的建构过程,原有的认知基础越差,对道德底线的认识与判断离职业道德规范的标准就越远,预示着在未来的职业活动中发生风险事故的概率就越高。"②在从事职业的过程中,一方面,由于从业者缺乏指引道德实践的智慧性与敏感性,持有较低的道德目标与信念,道德规范不能真正应用于现实情境中,使道德智慧无法充分地发挥效果。另一方面,从业者虽保持较高的道德智慧,却不愿意或不自觉地遵守道德规范,偏离职业道德要求,甚至一再突破道德底线,这是更为严重的职业道德下滑和失衡的情形。因此,为切实地推进与改善职业道德生活的质量,需要借助每个人的道德智慧力量,实现职业道德的不断传承与提升。

由于实际的教育生活具有时代性、人为性、开放性、情境性、复杂性等重要特征,常常会出现两种现象:一是教育工作者不遵守教育规范伦理,甚至违背教育规范伦理,导致教育规范伦理价值偏移、底线下滑、功能减弱;二是教师的职业道德建设缺乏更高层次的要求,尤其是立足于教师职业道德主体自觉的信念、方向和目标。由于教师职业道德实践的主体性、规约性等方面的缺失,致使教育规范伦理在具体的教育情境中并不能很好地实现其价值,发挥其功能,产生其实效。"教师把对学生的教育过程等同为知识的传授,完全忽略了对学生的情感、态度、价值观的教育,也忽视了对学习策略及能力的培养,即不以学生的发展为本,培养的学生缺乏自主意识、批判意识、创新思维和创新精神。"③这就需要一种更具现实性、动

---

① 转引自唐能赋. 道德范畴论[M]. 重庆:重庆出版社,1994:25.
② 杨照华. 职业道德教育:中职思想教育的核心及其开展[J]. 职教通讯,2015(5).
③ 王趁平. 论教师的人生境界[D]. 开封:河南大学,2008.

态化的伦理力量——教育智慧伦理,去推动与完善教师的道德伦理生活。

道德智慧是职业道德生活的基础保障,它有利于职业道德规范的形成、职业道德伦理秩序的构建、职业道德评价体系的确立。具有较高道德智慧的从业者,通过道德知识的内化和道德反思的过程,能够自觉地以职业道德规范为纲目,在实际的工作和生活中积极运用道德智慧和有效的实践方式,忠于职守,尽职尽责,使自身在工作中汲取更多的道德认知,在思想、情感和人格等方面得到一定的发展。而教师职业道德的影响会通过教师培养一代又一代学生,促进道德整体水平的提高、优秀文化的传承和民族、社会的进步。"教学活动的本质是生活经验积累和教育智慧融会贯通的艺术创造。道德境界高的教师会循序渐进地开启学生的思维和智慧,把爱和责任渗透在教学中的每个细节,关心学生的身心健康,遵循学生身心发展规律和特点,以指引学生养成积极向上的品质,引导被教育者的生命进入实践、创造的新空间。"[①]

综上所述,职业道德的道德智慧源自职业道德规范基础上的主体性、创造性与发展性的道德认知与道德实践,道德智慧是每个从业者展现生命价值与职业理想的必要因素,是有效践行道德行为的法宝,是体现个人道德取向与形成个人道德风格的重要条件。职业道德中的道德智慧将在人们职业生涯成长以及从事的职业发展中发挥着重要作用。

(二) 教师职业道德智慧的特征

教师职业道德是指教师在教育教学工作中应该遵循的行为准则和必备的道德品质,是教育生活领域中的重要内容,也是社会道德领域中的重要组成部分。教育工作以教师的职业道德为依托,教师职业道德中的道德智慧在教师处理与学生、家长、同行、社会等各类关系中得到充分发展与体现,并表现出以下几种特征。

1. 人文性

道德智慧在具有高尚职业道德禀赋的教师身上首先表现出强烈的人文关怀精神。教师的人文关怀体现在对待学生与对待自我专业发展两个层面上。一方面,教师的人文关怀表现为"以生为本"的教育理念,对学生的关怀表现在一切为了学生,为了一切学生,为了学生的一切。"以生为本"的道德智慧不仅出自教师的理性认识,更是教师在繁重的教育教学实践中不断打磨与建立起来的稳定与和谐的师生情感,即良好的师生关系。美国著名的道德哲学家和教育家内尔·诺丁斯倡导的关怀理论认为,教师对学生的关怀主要由四个重要部分组成:一是以身作则,即以自身的行为让学生了解什么是关怀;二是对话,即经由对话更深入地了解对方,并借助这种了解进一步学做一个更好的关怀者;三是实践,经验会改变人们对事物的看法,因此,应该多由学生参与学习,并反省如何更好地关怀他人;四是肯定,即一种对他人的确认和鼓励,意指确认别人一份好的本质,并鼓励以这一本质去维续发展。[②]可见,教师的道德智慧相应地体现在以身作则、对话、实践与肯定四个重要的教育环节当中,教师对学生的关怀是一种无差异的、公正无私的、不求回报的关爱,这种道德智慧更多体现在教师对学生的尊重与宽容上。另一方面,教师的人文关怀也体现在自己的成长中,即教师关注自身的专业发展。只有能够自觉主动地探求个人发展,实现人生价值的教师,才能真正尊重与关心他人,体现人文关怀的教育理念。

① 褚佳佳.职业视角下教师教育境界提升路径探究[J].兰州教育学院学报,2017(11).
② 王东莉.德育人文关怀论[M].北京:中国社会科学出版社,2005:311-312.

2. 反思性

反思是指个体主动对问题进行持久、反复思考的过程。教师职业离不开反思行为,它是确保教育教学质量、教师工作正常开展的有力保障。一般而言,教师的反思包括教学反思和道德反思两种。教学反思也叫反思性教学,是指教师对自己实施的各个教学环节进行长期的、反复的思考,发现并改正教学中出现的问题,总结经验,不断提高自身教学水平的过程,它是教师专业发展的必不可少的环节。具有较强教学反思能力的教师善于从教学实践和身边发生的教育现象中捕捉各种教育问题,从这些问题中找到应对策略,从而实现教学能力的提升。教师的道德反思也就是人们常说的自我反省或自省,多指教师在开展教学实践时进行的自我观察、自我审视与自我反省,它是增强教师道德认识、增进教师道德感情、坚定教师道德意志的有效方式,是构建教师职业道德品质与道德素养的依据与基础。道德智慧在教师道德反思的过程中,是助推道德自省的巨大动力。"一个人越富有道德智慧,他便越勤于进行道德自省;一个人越缺乏道德智慧,他便越懒于进行自省;如果一个人的道德智慧极端贫乏而接近于零,他就失去了进行道德自省的动力,他就可能不知道道德自省究为何物了。"[1] 教师的道德智慧为教师践行职业道德持续补充活力,为教师勤于教学反思与道德反思增添力量。

3. 合作性

教师的道德智慧表现出强烈的合作特征,这源自人的社会属性要求。从根本上看,人的社会属性要求人以交流、互动、合作为基本生活状态,因此,作为个体存在的教师离不开与学生、家长、同事、社会大众的沟通与合作。诺丁斯曾谈道:"道德生活更重要的内容是如何与别人和睦相处,互相支持,特别是在意见分歧的时候。"[2] 联合国教科文组织在《教育——财富蕴藏其中》一书中也指出,21世纪教育的四大支柱包括学会认知、学会做事、学会共同生活、学会生存,其中,学会共同生活就是为了能够"与他人一道参加人的所有活动并在这些活动中进行合作"[3]。由此我们看到,作为新时代的教师,不但要自觉提高自身的共享与合作意识,提高合作能力,开展实际的合作活动,还要将合作的观念传递给所教的学生,让他们在信息化的时代中建立起学习与生活的合作共同体,充分发挥交流与合作在学习中的功用,尤其要使他们明白,在未来的个人成长过程中,合作是最基本的个人发展条件,合作的思维与技能从现在开始就要养成。因而,在教师职业道德中,道德智慧在很大程度上是以教师与他人之间不断共享、合作、欣赏、尊重、宽容等形式展现出来的,这必将成为新时代教师必备的基本工作与发展能力,也必将成为教师共同的道德品质特征。

4. 幸福感

幸福是人们追求的目标,也是人们的基本权利和生活理想,幸福感是人们体验幸福的一种存在状态。西方的价值观念一直强调幸福与美德之间的关系,西方的学者们认为,如果只把快乐和感官刺激当作一种幸福,是没有理解幸福真正意义的一种表现。事实上,幸福的真正意义与道德的含义是一致的。苏格拉底认为,拥有美德的人才是幸福的。亚里士多德认为,幸福就是合乎德性的实现活动。"一个幸福的人几乎不可能是个缺德的人,幸福意味着

---

① 王海明.论自省[J].伦理学研究,2008(1).
② [美]内尔·诺丁斯.学会关心——教育的另一种模式[M].于天龙,译.北京:教育科学出版社,2003:130.
③ 国际21世纪教育委员会.教育——财富蕴藏其中[M].联合国教科文组织总部中文科,译.北京:教育科学出版社,1996:75.

他活得很愉快,而生活总是与他人共有的生活,因此他必定对人不坏;从反过来的道理去看,一个缺德的人几乎不可能是个幸福的人";"获得幸福的生活方式是得道而不是得利,或者说,幸福不是由利而是由道而德(得)"。[①] 卢梭也曾说过:"没有美德就没有真正的幸福可言。"[②] 我国思想家也有类似的观点。儒家思想最为崇尚的是"立德",认为德性的养成是人生最大的幸福体现。追求个人的幸福当属人生的目标,而追求幸福的过程中需要个人形成良好的见识,并遵守最基本的道德规范。当我们将"立德"放置于精神的较高位置时,我们便可以为实现自己的幸福付出任何努力。由此可以看出,道德智慧与追求幸福是交织在一起的。教师的道德智慧是教师追求幸福的精神本能,是获得职业幸福感的动力。为此,教师在从业的过程中,舒适的工作环境将成为激励教师专业发展的重要外在因素,在舒适的工作环境中,教师可以提高职业的幸福感,从而激发教师内心潜在的道德智慧。

三、小学教师职业道德智慧

(一) 小学教师职业道德智慧的含义

小学教师遵循教师职业道德体现为树立正确的道德认知,自觉遵守道德行为规范,做到教书育人、关爱学生、言行雅正、规范从教行为等符合教师职业道德要求的具体行为。小学教师职业道德意识是从教师内在的道德需要出发,逐步渗透到教学实践活动当中的动态过程,小学教师职业道德智慧也正是在此过程中展现其丰富意义的。

小学教师职业道德智慧是教师在教育教学过程中形成的一种实践理性智慧,这种理性智慧能够将"善"的理念和"智慧"有机结合起来。当小学教师秉承职业道德智慧时,就会自觉地"善待"他人、"善待"自己、"善待"他物,合理地处理人与自然、人与社会、人与自己之间的复杂关系。因此,我们可以将小学教师职业道德智慧理解为小学教师个体依据已有的善恶评价标准、社会舆论和传统习俗,形成具有自身独特性的、坚定不移的道德理想信念和智慧,并自发地依据潜在的精神力量及时调整自身与环境之间相互关系的德行的总称。它主要包括小学教师在日常工作中表现出来的举心动念、言谈举止中蕴含的善恶和行动,也包含小学教师日常行动中的各种智慧和技能技巧。

小学教师的职业道德智慧蕴含两个核心范畴,即道德与智慧,两者均来源于小学教师的道德生活实践,通过对道德与智慧的理解可以使小学教师把握道德生活的实质,也可以使其形成一种日趋稳定和完善的道德智慧结构。当小学教师具备较高水平的道德智慧时,就会勇敢地面对道德两难问题的艰难抉择,也能够穿越道德迷雾,表现出一种平淡恬静、从容自如的睿智。小学教师正是通过这种睿智去关注和体验学生的道德情感,感受生命的意义与价值。小学教师职业道德智慧要以培育与维系学生生命的和谐、圆融、自主、可持续发展作为基础,积极创设各种道德情境或道德生活,激发学生道德情感,运用道德智慧实现教育目标。

(二) 小学教师职业道德智慧的作用

1. 促进小学教师的专业发展

教师的职业特征要求小学教师在实际工作中充分利用各类资源,实现自己的专业发展。

---

① 赵汀阳.论可能生活——一种关于幸福和公正的理论[M].北京:中国人民大学出版社,2004:149-150.

② 肖峰.卢梭传[M].石家庄:河北人民出版社,1997:133.

小学教师专业发展的内容一般可以分为专业知识、专业能力和专业情意等三个方面,教师职业道德饱含教师的专业情意,是专业信念、专业自我、专业情感等内容的集中体现。小学教师的专业发展要求根据教育对象的实际情况,明确专业发展的内容,确定可操作的步骤,"孜孜不倦地学习发展中的教育理念,并择机合理地将之运用到自己的教育教学实践中;不断探索、创新教学方法,使自己与学生都受益;满腔热情地帮助学生,培育健康的人格;持续不断地学习、钻研专业知识,提高专业技能,适应学科教学与自身发展的需要;以探究、创新的精神,审视、总结教育教学工作,积极研究提高教育教学质量的方法;以专业精神规划、规范职业生涯发展,努力成为具有专业思想、专业理想、专业素养、专业学养、专业操守、专业风格的专业教师的过程"[①]。小学教师职业道德在此过程中影响着教师专业知识与专业能力的提升,可以说,小学教师职业道德的塑造是教师专业成长道路上的指路明灯。

道德智慧在教师职业道德规范中所起的重要作用,使其成为教师职业生涯中指引教师正确处理各种关系的意识和能力,事实上,道德智慧本身也包含专业知识、专业能力和专业情意等专业发展的中心内容,因此,道德智慧既是促进小学教师专业发展的动力,也是小学教师专业发展追求的最高目标。

小学教师的道德智慧不仅是外部因素影响的结果,更依赖于教师自身内部因素的自塑和自律,道德智慧将直接影响小学教师专业发展的有效性。从发挥的作用上看,道德智慧助力小学教师专业发展主要体现在如下两个方面。一方面,有助于小学教师更为合理地树立专业发展的主观愿望。主观愿望是小学教师实施专业发展的主导力量,道德智慧可以利用主观愿望的导向,升华小学教师专业成长的理想,拓展思路,明确发展目标,并在专业成长的道路上形成坚定的专业信念,从而达到成熟的专业情感,实现专业自我发展与完善。另一方面,有助于小学教师利用外在影响因素的作用,促进自身专业发展,如增进小学教师共同发展的理念,积极开展与同事、同行之间的专业合作,使小学教师在合作中善于运用道德智慧,更好地调节合作关系,增进友情,谋求共同成长。

2. 改善小学教师的主体状态

教师队伍的素质与工作状态直接影响着学校教育教学的质量与学生的发展,也影响着教育的未来。当前,小学教师正处在社会快速发展的时代中,知识更新便捷且迅速,生活节奏步伐越来越快,学生的价值观念呈现多元化的特征,一些重大的突发事件要求教师尽快掌握新的观念和技能,这些都对小学教师的综合素质和教育教学实践活动提出严峻的挑战。"教育工作应被视为一种专门的职业,这种职业要求教师经过严格地、持续不断地研究,获得并保持专门的知识与专门的技能……它要求对所辖学生的教育具有个人的及共同的责任感。"[②]同时,面对学生学业成绩、升学压力、职称晋升、竞争压力等问题,小学教师感受到前所未有的新挑战。面对各类挑战,小学教师容易出现诸多身心方面的问题,伴随而来的是工作积极性的下降,职业倦怠情绪的产生,工作满意程度的降低,抑郁、焦虑等心理症状开始出现,这些都会使小学教师群体的整体质量下降,从而对学生的发展甚至对整个社会的发展产生一定的负面影响。与此同时,"教育是一项具有道德性的实践活动,它需要关心人、帮助人、促进人的身心健康发展"[③]。这要求小学教师在职业道德理想下付出更多的

---

① 宓莹.有一种成长在"汇师":上海市徐汇区汇师小学教师专业发展实践新探[M].上海:上海教育出版社,2018:33-34.
② [日]筑波大学教育学研究会.现代教育学基础[M].钟启泉,译.上海:上海教育出版社,1986:442.
③ 朱小蔓,等.教育职场:教师的道德成长[M].北京:教育科学出版社,2004:1.

精力去关爱学生,因此,改善小学教师的境遇,提高生活幸福指数,已成为亟待需要解决的问题。

产生这些问题的原因既有来自社会和学校的外部因素,也有来自教师自身的内部因素,应对与改善小学教师这种生活状态,需要外部环境因素与教师个人内部因素的合力,而外部因素的发力取决于教师个人的努力与思想上的转变等内在动力,除了树立教育理想与信念、进行自我调节外,生成和运用道德智慧也是一种重要的手段。

道德智慧是小学教师职业道德中的最高境界,也是小学教师职业道德中的最高层次,包含丰富的人文关怀精神、合作意识以及职业幸福感,小学教师可以运用道德智慧中这些丰富的内容,升华自己教育工作的崇高理想与愿景,排除主体生活状态中不如意的各种不幸,排解思想上的困扰和惶恐,摆脱利益上的各种诱惑,平复动荡的情绪,在工作中获得一定程度上的释然,缓解或改善不良的主体生活状态。

3. 升华小学教师的精神境界

小学教师的职业道德水平是一个不断提高的过程,通过对教师职业道德的培育,正确认识教师劳动的意义和价值,可以更好地塑造教师人格,培养职业道德素养,提升职业道德信念,升华职业道德精神境界及职业道德水平,这符合人作为"未完成的动物"的特征。"教师的专业道德的高度发展可能对于教师个体专业成长的其他方面以及教师群体的专业水平的提升有一定的促进作用。"[1] 相应地,小学教师需要不断地获取新知,提高知识能力水平,增强智慧力量,从生命的物质状态走向生命的精神状态。

小学教师的道德智慧基于小学教师自身发展的要求,需要在教学工作和专业发展中实现自觉性与创造性的学习。小学教师不但要学会关心、学会包容、学会尊重,还要学会放弃、学会释怀、学会敬畏,在学习中体验职业的幸福,体验教育教学工作的快乐,感受教育职业的喜怒哀乐,通过不断学习与合作,使自身变得强大起来,获取宏大的精神力量,体会属于一名小学教师的真正的生命价值,这是小学教师提升精神境界、增强道德智慧的必经之路。习近平总书记于第30个教师节到来之际,在北京师范大学与师生代表座谈时发表了《做党和人民满意的好老师》的讲话,明确提出了"好老师"的四大特质,即要有理想信念,要有道德情操,要有扎实学识,要有仁爱之心。[2] 这四种特质是小学教师培育和增强自身道德智慧的共同目标,道德智慧在小学教师专业发展的过程中,也必将起到积极的推动作用。我国哲学家冯友兰先生从低到高将人生分为四种境界:"自然境界、功利境界、道德境界、天地境界。自然境界、功利境界的人,是生物意义上的人,是世俗社会中的人,占大多数;道德境界、天地境界的人,是道德完善的人、具有宇宙情怀的人,是人应该成为的人。前两者是自然的产物,后两者是精神的产物。"[3] 可见,人的精神世界是道德追求的高级境界。为逐步达到道德境界,培育宇宙情怀,小学教师需要通过不断反思,采取合适的方法,正确地把握职业与人生的价值和意义,合理与妥善地处理各种关系,方能宏观地审视人生,使道德智慧在恰当的人生态度中得以生成与发展。

---

① Elizabeth Campbell. Professional Ethics in Teaching:Towards the Development of a Code of Practice [J]. Cambridge Journal of Education,2000,30(2):203-221.

② 新浪新闻. 好老师要有理想信念、有道德情操、有扎实学识、有仁爱之心[EB/OL]. (2014-09-10)[2020-09-01]https://news. sina. cn/2014-09-10/detail-ianfzhne6140890. d. html.

③ 李丽. 冯友兰"人生四境界"在语文教材选文中的体现[J]. 语文教学与研究,2018(4).

4. 实现小学教师的自我超越

小学教师的职业生涯过程是实现自我超越的过程,美国学者彼得·圣吉在《第五项修炼——学习型组织的艺术与实务》中指出:"'自我超越'是个人不断学习、明确个人愿望、客观观察现实的过程。它是学习型组织的精神基础。精熟'自我超越'的人,能够不断实现他们内心深处最想实现的愿望,他们对生命的态度就如同艺术家对艺术作品一般,全心投入、不断创造和超越,是一种真正的终身'学习'。"① 小学教师的专业成长也正是在终身学习、终身创造的理念下不断实现的自我超越。

自我超越分不同的层次,教师的自我超越应属于较高层次的超越。我国古代对道德的认识中就有"三不朽"的重要命题,《左传·襄公二十四年》中最早出现此种观点:"太上有立德,其次有立功,其次有立言,虽久不废,此之谓三不朽。"品味三种不同层次的概念,我们认为,立德即树立道德;立功即为国家和人民建立功绩;立言即提出真知灼见的建议和言论。古人通常将道德思想置于其他思想之上,也就是将立德视为"三不朽"中的核心与灵魂,立功与立言则是立德的基础与条件。从"三不朽"的思想出发观察当代小学教师职业道德建设的中心环节和内容,我们更能体会得到立德在其中所能发挥的关键性作用,更能准确地把握立德的含义。立功、立言是立德的实践,立德是实践的灵魂,因此,从本质上看,立德也就是我们说的自我超越的目标。小学教师培育道德智慧的意义,更接近于古人所说的知行合一的处世原则,道德智慧是小学教师提升自我超越意识、信守个人道德素养、践行道德实践的关键因素。因此,小学教师的道德智慧与自我超越是处于同一过程当中的。

第二节 ◈ 小学教师职业道德智慧的价值

一、提高小学教师的职业道德水平

(一) 小学教师职业道德水平的表现形态

小学阶段是孩子走入文化殿堂,形成道德素养的初始阶段,小学教师在此阶段中所起的作用越来越受到教育界与社会公众的重视,小学教师的职业道德也随之展现在公众的视野当中。从上文中我们看到,"教师专业道德是教师在从事教育教学这一专业工作时所遵循的能体现教师专业特性、教师道德价值以及教师人格品质的道德规范和行为准则"②。小学教师的职业道德水平与教师专业发展相砥相长,受到教师职业特殊性的影响,小学教师职业道德素养与职业道德水平具有如下一些明显的特征及表现形态。

首先,小学教师的工作目的是立德树人,即培养学生成为社会主义建设者和接班人,成为具有丰富的知识、高尚的品德、健康的体魄、高超的生活能力的对社会有用的人才。教师职业道德水平的高低呈现在小学教师树立的教育理想和秉持的教育目的当中。其次,小学教师工作的主要对象是学生个体和家长,而非无生命体征的事物。学生与家长都是具有活跃思维和思想感情的生命个体,小学教师的职业道德水平体现在处理与他们的关系当中。

---

① 转引自陈时见. 京族近现代教育及其特点[J]. 民族教育研究,1996(4).
② 张凌洋,易连云. 专业化视域下的教师专业道德建设[J]. 教育研究,2014(4).

再次,小学教师工作方法与方式,不仅仅局限在教学媒体与设备,如教材、教具等方面,更主要的是将教师的知识、思想、能力、感情和意志等作用于施教对象及他人身上,因此,小学教师的职业道德水平体现在教师如何运用积累的知识和技能,以及处理好与他人的关系上。最后,小学教师工作的评价方式是通过受教育者的学业成绩及其日常表现等方面,即考察他们是否掌握了一定的知识和技能,形成了一定思想品德,因而小学教师的职业道德水平体现在学生的道德品行与道德行为中。综上所述,小学教师的职业道德水平依据教师职业的特殊性而彰显不同的表现形态,但归根结底离不开教育教学活动中人的要素,即教师如何处理与他人之间的关系。因此,小学教师的道德智慧水平的高低可以通过小学教师的职业道德水平体现出来。

(二) 道德智慧为提升小学教师的职业道德水平提供条件

1. 道德智慧为实现教育目标提供保障

小学教师的职业道德可以按照实际的教育教学工作及时调整教育活动的规则与行为规范,使教育活动的规则与规范指向教育目标,也就是说,小学教师职业道德的价值取向从根本上是指向教育目标的。相应地,在小学教育活动中,教师的职业道德规范体系也被纳入小学的教育目标之中。有学者分别从个体存在、群体存在、生存发展三个维度出发,将教师职业道德结构划分为情感层面、理性层面和意志层面三个层面,包含教师的"专业性情感——爱、专业性理性——智、专业性意志——自律"①。小学教师的"爱""智""自律"中饱含丰富的道德智慧,在实际的教育活动中,小学教师以各种形态的道德行为履行职业道德规范,并与小学教育的目标保持一致。道德智慧在小学教师践行道德行为中,能够有效地促进教师个人厘清教育目标,提高教育教学效率,共同完成教育任务,从而为逐步实现教育目标提供有力保障。

2. 道德智慧为学生全面发展提供保障

小学教师职业围绕培养全面发展的小学生展开,因此,小学教师职业道德规范应把教师的实际表现置于促进人的全面发展上。立德树人的教育理想要求小学教师的职业道德行为指向学生的全面发展,尤其以小学生的思想道德修养的提升为首要目标和重要内容。小学教师的职业道德品质直接影响小学生的学习内容,是塑造学生品德最直接的教育资源和影响因素。小学教师的道德智慧通过教师的职业道德素养,直接作用于小学生全面发展的教育活动全程,因此,小学教师为学生全面发展提供示范性保障。

3. 道德智慧为职业道德实践服务提供保障

小学教师的职业道德素养是教师专业素质结构中的重要组成部分。小学教师职业道德存在形式包含于教师职业的实践过程中,也称为服务过程,即教师服务社会、服务他人、服务教育事业的过程,在服务社会、服务他人、服务教育事业的过程中,小学教师会不断地获取外界对其服务工作的认可度及相应的回馈。此时,小学教师职业道德智慧的作用就体现在改善小学教师各类服务的效果上,小学教师的职业道德智慧能够不断地满足与促进教师个人的发展要求,使小学教师依照道德行为的规范要求,提高职业道德实践与服务质量,为促进学生发展提供保障。

---

① 韩峰. 论教师专业道德的结构[J]. 教育理论与实践,2011(7).

二、提升小学教师职业道德实践活动的质量

小学教师的道德智慧能够极大地提升职业道德实践活动的质量，主要体现在以下几个方面。

(一) 道德实践中对学生需求的关注

小学教师在开展道德实践中，需要付出足够的精力去关注学生的需求，才能准确地把握教育教学工作的中心与重点，这是小学教师道德智慧发挥作用的基础条件。小学教师的道德智慧在专业发展的不同阶段发挥着不一样的作用。从小学教师专业发展中自我关注的内容来看，在不同的专业发展阶段，教师会采取不同的策略。富勒和布朗将教师的专业发展阶段分为"关注生存、关注情境和关注学生三个阶段"[①]。关注生存阶段中的教师一般为刚刚入职的新教师，他们往往更加关注自己是否能够胜任教师这份职业，自然会更加重视自己基本的职业胜任能力，此时在道德实践中，教师会将道德智慧更多地用于教好开设的课程，提高自己的教学基本功，以及对待与他人之间的关系方面，教师考虑的内容多是围绕别人对自己的认可度与相关评价。在关注情境阶段中，教师的道德智慧主要用于上好一门课上，教师考虑的问题更多来自教学的具体内容和道德实践过程中的具体环节。在关注学生阶段中，小学教师的道德智慧主要作用于思考学生的个性化需求上，例如因个体差异，一些教学方法和模式已不适用于某些学生，此时的小学教师就要有意识地思考如何改进教学方法，尽可能地关照更多的学生。

小学教师对学生需求的理解以及在教学活动中对学生需求的关注程度是不一样的。那些对学生感兴趣的教师会时刻关注学生的需求、学生的感受，并给予积极的回应。而那些对学生不感兴趣的教师则相对迟钝，甚至对学生的召唤充耳不闻。学生也能体会到教师之间因兴趣不同而产生的这种差别。"从教师打量自己的眼神中，从教师回应自己的提问中，从教师跟自己说话的语气中……学生们往往能感觉出教师对自己的关注程度如何。"[②]

学生的需求并非学生某种具体的需要，也不是学生一切需要都必须满足，而是指教师要很好地利用道德智慧，探知学生身上那些符合教育规律和身心发展的规律，再深入剖析学生的哪些需求应得以满足。小学生的身心发展规律要求小学教师在其发展过程中给予一定有益的指导，小学教师要扮演学生引导者的角色，精炼学科业务，不断学习新知识与掌握教育教学规律，根据学生群体和学生个体的特点和需求，引导学生良好行为习惯的养成，矫正不良的认知与行为，注重学生的学思结合、知行合一，因材施教，这样才能不断地提高教育质量。因此，能否自觉关注学生的需求，是衡量一名小学教师道德智慧是否成熟的重要标志之一。

(二) 道德实践中教学技能的提升

新时期随着小学教师职业道德修养的高要求和高标准化进程，小学教师的教学实践技能成为教学改革广泛研究的重要内容。道德智慧在小学教师的教学实践活动中，主要体现在以下几个方面。

① 转引自闫宏迪，赵庆华.中外教师发展阶段比较研究及我国教师专业发展培养策略[J].现代中小学教育，2011(8).
② 何旭明.学习兴趣的唤起[M].北京：教育科学出版社，2011：116.

一是加强小学教师教学技能的自觉性与主动性。小学教师的道德智慧使教师意识到提升职业道德修养的重要性,也意识到在教学工作中教学技能所发挥的重要作用。教学技能的提升是小学教师的工作职能和专业发展的核心部分,促进教学技能的提升关键在于教师的自觉与主动。在日常的教育实践过程中,小学教师在许多情况下应该以职业道德标准要求自己在专业发展中实现成长,这是严于律己和主观能动性的体现,是自我提升和修养的体现。

二是加强小学教师教学技能提升的持久性。教学技能的提高非一日之功,重在不断学习,持续进步,小学教师的道德智慧对于增强教师教学技能自信心和恒心能够发挥一定的激励作用和保持作用。尤其在当今这样一个充满诱惑的时代中,小学教师需要坚守教师职责,秉持教育理想,牢记教师教学本职,朝向教师专业发展目标,以小学教师职业道德规范严格要求自己,才能保持提升教学技能的持久力。

三是加快小学教师教学技能的获取过程。小学教师提升教学技能的方式有很多,如通过阅读大量的专业书籍获取教学知识,通过同行的交流获取教学技巧,通过反思与总结实际教学经验和教训获取对职业道德修养的认识。小学教师的道德智慧能够激励教师自觉提升教学技能的热情,以及寻求获取教学技能的方式与途径,当教师面对自己在教学技能上获得的成绩时,道德智慧会再次点亮教师心中的激情与喜悦,从而使教师更为积极主动地争取在教学上取得新的成绩。

(三) 道德实践课程设计能力的增强

小学道德实践课程的设计是关系小学道德教育质量的重要环节。从教育实践中我们意识到,小学中追求时效性、功利性的教育导向不利于道德实践课程的开展。"技术嵌入的教学漠视了学生内在品格和德性的养成,求知成为学生的唯一旨趣,'唯知识'的教学内容所造就的只能是缺乏公民意识和社会责任感的知识人。"[①]一方面,由于小学道德实践活动课程要将学生的道德素质发展设定为教育目标,还要将学生安全等问题都要考虑进课程中,不能有任何的疏忽和大意,这就要求小学教师在道德实践课程设计中,按照课程的重要性、严密性、安全性等特征,秉持高度的事业心和强烈的责任感,以科学严谨的态度对待教学过程。小学教师是道德实践课程的组织者、实施者和指导者,缺乏高度的敬业精神、道德认知与道德智慧的小学教师,无法将视野聚焦在未来教育发展的总目标与总要求上,也不可能有效地实施和参与小学道德实践活动课程。另一方面,小学教师在实施道德实践课程设计时,不但要确立全新的教育理念,认识到每位学生均能实现个人发展,应平等地对待所有学生,而且要因材施教,关注教育对象的差异性,尊重学生,保卫他们的尊严,真正做到"以生为本"的教学原则,实现道德实践课程的目标。此时,小学教师需要利用自身道德智慧督促本人不断学习,提高小学道德实践活动课程定位的高度,开发新模式、新方法、新途径,从实践中总结经验和教训,更新现有知识结构,保持一种对新知的好奇心与敏感度,拓宽小学教师的知识面和综合运用教学技巧的水平,使小学教师真正地提高道德实践课程的设计水平和课程的实施效果。

三、增强小学教师妥善处事的能力

道德智慧是促进小学教师提升处事能力的关键力量,是教师在日常工作中维系良好的

---

① 金祝慧. 教学技术化的理性反思与价值重建[J]. 课程教学研究,2016(3).

人与自然、人与社会、人与人之间关系的智谋。从传统文化视角来看,中华民族道德智慧的精华可以归纳为"中庸"二字,"天命之谓性,率性之谓道,修道之谓教"①,按照中庸之道的思想和方法进行自我修养,实际上就是一种道德智慧。新儒家学派大师徐复观对"中庸"解释为:"中"是恪守中正之道、不偏不倚之意,"庸"与"用"联系,是"平常"之意,其首要的含义是每一个人随时随地所能实践、所能实现的平常行为。

人们的日常行为很容易造成一种过犹或不及的行为结果,正如在小学教育教学过程中,尽管教师在课前通过教学设计和精心备课,设定了教学目标和课堂目标,但在实际的教学过程中,仍可能出现一些突发事件一样。因此,教师为达到教学目标有意设立一些障碍,使教学实践活动成为有所导向的过程。在中庸之道中,需要我们恪守"中道"的做事原则,即做事要达到平衡状态,适度与为善。中庸之道的"为善"思想,符合我国传统文化中的伦理与道德规范要求,它的独到之处在于使人们认为,如果"善念"通过不偏不倚的行为表现出来,这才是真正的善缘。生活中人们的行为表现形态各异,而能够切实体现"善念"的行为却不多,中庸之道要求人人通过实践行为表达出孔子所认为的人道精神。

有意思的是,西方国家也曾出现并极力宣扬类似我国的中庸之道,亚里士多德是其中一位具有代表性的思想家。他强调道德本身就是一种中庸之道。根据他的目的论观点,人们追求幸福的过程就是人生价值实现、人性潜能得以全面发挥的过程。在此过程中,人生的幸福意义、善的本质、善行的意义均将得到合理的阐释,追求幸福与道德本身是并行不悖的。中庸之道就是为人处世的基本原则,道德智慧的核心也是中庸之道,因此,生活中的德行就是"中庸"思想下的道德行为。

道德智慧中的中庸之道需要通过"仁"表达出来。"仁"是一种内在的道德情感。它表现的是"个体的内在道德秩序,爱人则是这种道德秩序的外显"②。"仁"是儒家思想的核心,是我国传统思想中的精髓,孔子说:"中庸之为德也,其至矣乎!"③孔子将"中庸"视为"对人的基本道德要求和最高的道德境界"④。儒家认为的"修道以仁"突显了"仁道"在激活中庸之道当中起到的关键作用。"仁"既是至高的德性,也是高明的中庸,中庸之道是日常生活行为中展现仁爱之心的做事原则,也是道德品行实践中的道德智慧,"中庸之道,乃是'仁'在日常生活行为中的流行、实现。儒家道德,必以仁为总出发点,以仁为总归结点"⑤。人生境界的提升是儒家仁爱与德行的要求,是人们现实德性生命不断走向成熟的修炼过程,是与人的日常生活融为一体的,它不再是普通人高不可攀的道德境界。人的道德智慧有多有少,人们心中形成的道德体验发生在实实在在的日常生活中,也就是说,一条通往仁爱的道德境界之路实际上存在于每个人的生活当中,这就为每个人可以拥有"仁德"之心打下基础,这是我国传统文化思想中道德智慧的真正含义。

在中庸之道的影响下,人们的处世原则会发生一定的变化。为达到"仁德"的道德境界,人们既可以独善其身,也可以兼济天下,但是最基础的做法还是坚守本分,做好本职工作,想自己该想之事,做自己该做之事,处事不惊,顺其自然。充满道德智慧的人,能够面对一切具

---

① 王国轩,译注. 大学·中庸[M].北京:中华书局,2016:55.
② 赵康太,李英华. 中国传统思想政治教育理论史[M].武汉:华中师范大学出版社,2006:72.
③ 张葆全,郭玉贤,才艳娟. 先秦诸子菁华[M].桂林:广西师范大学出版社,2017:17.
④ 赵康太,李英华. 中国传统思想政治教育理论史[M].武汉:华中师范大学出版社,2006:73.
⑤ 徐复观. 中国人性论史[M].上海:上海三联书店,2001:106.

有诱惑力的外在事物而坦然处之;当处在顺境和发展过程中,能够保持清醒的头脑,合理利用各种资源,谋求发展;当处在逆境和挫折过程中,能够勇于突破,超越自我。中庸之道始终使自己处于处事规则中的中心地带,正如道家提倡的"无为而无不为"的观点,教人顺其自然,不妄为,不乱为,不做不必要的事情。

当小学教师群体拥有一定的道德智慧,以中庸之道处事时,便能够遵循"和谐""适度""圆融"的原则处理与自然、社会、他人、自我之间的关系,从而达到"仁德"的要求。"君子和而不同,小人同而不和""礼之用,和为贵""知人者智,自知者明"等儒道之法、中庸之论皆成为小学教师道德智慧中的"适度"处事法则,即行为举止恰到好处,善于把控为人处世的尺度与时机,达到和谐共处,彼此融洽,在待人接物中展现道德智慧的力量。

四、促进小学教师形成道德教育的风格

艺术与风格常常是统一的,法国艺术大师罗丹就一直强调作品要具有独特的风格,这在艺术中是十分重要的。事实上,在教学中也是同样的道理,当教师形成了自己的教学风格,当学生形成了自己的学习风格时,这样的课堂教学才是高效的,才是美的。因而,存在着道德教育风格,正如存在着知识教学风格,而这两种风格很有可能是相互补充的。[1]人们通常把教学风格视为一名教师教学水平达到成熟的重要标志,因为教学风格的形成需要教师付出较大的努力,需要教师深入地反思,需要教师有坚持不懈的毅力。

从我国思想道德教育的发展历程来看,由于不同的思想学派、不同的政治背景、不同的价值追求,使思想道德教育形成不同的风格,呈现出不同的个性,这种风格和个性成为我国政治思想教育史上一道靓丽的风景。儒、道、释、法四大学派向社会展现的是和、柔、静、刚四种思想道德教育的风格特征。儒家倡导的是"以诚化众""以和为贵"的思想教育品性,其思想教育理念是以"诚"相待,诚能化物,诚能化众。道家倡导的是"以柔胜刚"的思想教育品性。释家主张以静制动,坚持"圣心虚静",面对思想道德矛盾,静观察,冷处置,放弃成见,切忌躁动,以自身的成熟与冷静取得思想影响的主导地位。法家倡导的是"以术势制人"的思想教育品性。[2]因此,从思想道德教育中传承下来的阴、阳、刚、柔之美,造就了现代教育中道德教育价值取向的多样性与教育风格多元化的特征。

从教学风格的本质来看,它是教师在长期教学艺术实践中逐步形成的、富有成效的教学观点、教学技巧和教学作风,也是教学艺术的个性化与风格化的状态。并非所有教师都能形成教学风格,只有那些在教学实践活动中善于摸索和反思,善于总结经验的教师,才会形成真正的教学风格或教学艺术。在道德教育中,同样需要具备一定的教学风格,以更好地完成道德教育目标,道德教育中的风格是教师思想道德的直接体现,并非仅是教师新颖的教学方法与手段。

道德教育与知识类教育一样,是具有教学风格的,而道德教育的教学风格由教师自身的道德认知、道德情感、道德体验等因素构成,以每位小学教师独特的道德行为为基础,依靠道德智慧贯穿而成。小学教师的道德教育风格是教学工作成熟的重要标志,也是教师追求的道德教育目标。当小学教师将教学的艺术注入道德教育过程时,道德思想中的"善"与艺术思想中的"美"便会有机地结合在一起,形成独具特色的教学风格。可以说,道德教育风格是

---

① [法]路易·勒格朗.今日道德教育[M].王晓辉,译.北京:教育科学出版社,2009:38.
② 张世欣,周凌.思想教育活力论——思想道德教育理念的若干甄辨[M].杭州:浙江大学出版社,2009:161.

教师本人个人品质在教育活动中的一种呈现方式,也是教学技巧和教师的个性特征在道德教育过程中的表现风格。

小学教师的道德智慧是驱动小学教师道德认知的动力之源,它在道德演进的进程中保持着活跃而积极的形态,在道德智慧的影响下,能够将道德教育的内容与形式完美地结合起来。徒有形式和方法上的教育是不具生命力的,终将成为浅薄的教育表象;而充满思想内涵的教育,加之独有的风格特质,将会成为形神兼备的教育活动。因此,小学教师在道德教育中形成的教育风格,是在达到道德教育目标的基础上,充分发挥道德智慧的作用,反映小学教师道德思想,展现教师德行的个性化教学特征。这些特征主要体现在以下几个方面。

一是具有丰富的教学内涵。独具道德教育风格的教学行为一定富有深刻的内涵,成熟稳定的道德教育风格可以在教学中凸显特色,与众不同。但是从教学整体上看,教学环节不能相互脱节,也不能呈现为单一和刻板的教学状态,应在每个教学环节中彰显教师的态度、理解和个性特征。

二是具有创新的教学思路。教学的设计与实施依赖于教学思路,教学思路中蕴含了教师的个性特征。对于道德教育而言,千篇一律的教学思路只能带来低效低能的道德教育效果,而教师独辟蹊径的教学思路,则可以唤醒丰富多彩的教育风格。小学教师道德教育的风格是不断创新的结果,当教师灵活机智地运用各类教学技巧,使独特的教学手段和方法助力教学过程时,才能突破思想和教学上的禁锢,创新地实现教学目标。

三是具有稳定的教学过程。小学教师的道德教育风格一定是通过教师对德性个性化理解与吸收而形成的。在此过程中,小学教师要历经多重成功的喜悦以及失败的痛苦,在探索的过程中逐步定位自己的教学风格,这种教学风格会长期地处于相对稳定的状态,小学教师既要有执着的追求和永不言弃的意志,又要有独立的思考能力和创造性的思维,两者的完美结合就是小学教师道德智慧主导下的教学品质。

四是具有发展的教学技能。教学风格既能够反映出教学技能的成熟程度,也是一个动态的过程。受外部环境因素的影响,小学教师在教学工作中经常要适应外界各种变化,有来自学校管理层面的变化,有来自教育管理体制和政策要求的变化,还有来自自身心理结构的变化,这些适应性内容必然会表现在道德教育风格化的特征中,因而,道德教育风格也将随之作出反应,否则,教学风格将沦为固化的教学常态,无法激起教师与学生的共鸣。

综上所述,道德智慧对道德教育风格所起的作用有如下两个方面。一方面,道德智慧为教师教学风格体现鲜明的个人特色提供条件,"教学风格即教师所偏爱的教学方法,它很少因教学内容、教学对象的变化而变化,表现出持续一贯的稳定性和鲜明的个性特点"[①]。创造性的教学组织、教学思路、教学方法和教学机制,无一不需要道德智慧的支持。另一方面,小学教师的道德智慧为小学教师通过教学风格促进学生形成道德个性及其相应的学习风格提供可能。苏霍姆林斯基曾说:"假如孩子离开你时是灰色的、无个性的,那就意味着你没有在他身上留下任何东西,对于一个教师来说恐怕没有比这种结局更令人痛心了。因为,我们称之为'教育'的一切,正是在人身上再现自己的一种伟大的创造。"[②] 所以,道德智慧下的小学教师道德教育的教学风格将以润物无声的方式感化与影响着每一位学生。

---

① 滕衍平. 最是朴实能致远[N]. 中国教育报,2010-12-03(03).
② [苏]瓦·阿·苏霍姆林斯基. 教育的艺术[M]. 肖勇,译. 长沙:湖南教育出版社,1983:9.

第三节 ◈ 小学教师职业道德智慧的体现

一、敬畏生命中的职业道德智慧体现

关爱学生、敬畏生命是教育的灵魂,也是小学教师职业生涯中一个弥久常新的话题。关爱学生是教师所特有的一种职业情感,是和谐的师生关系得以存在和发展的基础,更是教师应具备的重要的道德品性。[①] 小学教师职业道德终将以敬畏生命为基础,探究如何升华学生个体生命,是提升教师道德智慧的重要途径。

人的生命以身体的存在为先决条件,一个刚出生的婴儿缺乏思维和理性,但他依然是一个值得敬畏的生命体,每一个生命体都需要得到法律的保护,也需要来自社会各个方面的呵护和关爱。小学教师作为教育从业者,更需要将仁爱之心浇灌在每个学生的个体生命上,使其生根发芽,茁壮成长。"以生为本"是教育的真谛,离开对学生生命个体的眷顾,一切教育终将成为空谈。教育正是在这样的理念与前提下,善待和促进着学生个体生命的成长。早期提出敬畏生命的法国思想家阿尔贝特·施韦泽认为:"有思想的人体验到其他生命。对他来说,善是保存生命,促进生命,使可发展的生命实现其最高的价值。恶是毁灭生命,伤害生命,压制生命的发展。"他还指出:"如果我们摆脱自己的偏见,抛弃我们对其他生命的疏远性,与我们周围的生命休戚与共,那么我们就是道德的,我们才是真正的人,我们才会有一种特殊的、不会丢失的、不断发展的和方向明确的德性。"[②] 在我国,儒家思想的论述中虽然没有直接提到敬畏生命的话语,但"仁者爱人"的核心思想　直关照着每个个体生命的价值,尊重着他人生命的存在。儒家思想中敬畏生命的一个重要方面是要呵护、尊重和珍惜身体,要包容与尊重所有生命个体,这种敬畏和尊重是全面的、丰富的、复杂的。因此,小学教师对学生生命个体的敬畏之心也是整体的、全面的、相互的,而且是富有内涵的。

道德智慧是教师对生命的感悟与眷顾,小学教师职业道德智慧闪现在敬畏生命的思想与态度中,体现在知识传授与教育生活的点点滴滴中。每一个小学生独立的个体生命都充满灵气,每一个小学生都应该纳入小学教师道德智慧的关注范围。

案例 7-1

关怀每位学生,敬畏生命个体[③]

我从事教师工作已经十年有余,担任班主任工作也已有七八年的时光,对自己的教育工作颇有感悟。让我感受最深的,还是面对形形色色的学生,我有时感到十分沮丧,有时感到十分无助,多次想过不再担任班主任,甚至不再从事教育职业。在我的职业生涯中,和其他同事交流,发现大家都遇到了同样的问题,例如,现在的学生思想活跃,骨子里带有个性,有时可谓是一种另类,在学习中越来越难以管教,教学工作越来越难有起色。在遇到一些棘手的问题时,我时常在想自己是否已经老了,无法适应"90后"的学生,难以逾越的代沟使我真

---

① 路丙辉. 教师职业道德修养[M]. 芜湖: 安徽师范大学出版社,2015: 52.
② [法]阿尔贝特·施韦泽. 敬畏生命: 五十年来的基本论述[M]. 陈泽环,译. 上海: 上海社会科学院出版社,2003: 9.
③ 作者: 郑州市陇西小学、杨善勇。

正地感受到前所未有的压力。

自从担任班主任以来,我就更加重视自身综合素质的提升,首先从对学生的认识开始。多次培训使我懂得,教师素质最基本的一个要求就是对学生一视同仁,以生为本,敬畏每位学生的生命个体,这是教育的真谛,也是职业道德的智慧。从此,在工作中,我一边提高驾驭教学的能力,一边努力提升自己的思想境界和对自己的要求,首先从营造一个平等民主的大环境开始,让学生不再认为我是高高在上的存在,而是具有较强的亲和力的班主任。但同时,我也把握好尺度,树立起班主任的权威,让自己既能更好地管理班级日常秩序,又能从学生那里获得应有的尊重。这是我追求完美的开始,也是实现教育理想的第一步。

然而,在实际的教育工作中,理想往往和现实是充满冲突的。一名学生的出现打破了我美好的设想和平静的教学生活。这位学生来自一个单亲家庭,受到家庭影响,他性格孤僻,不善言语,自己为自己设定了一个活动范围,平时很少见到他和同学们的欢声笑语,于是,我私下与他进行了一番推心置腹的交流,谈及他的家庭和生活现状,希望他能够保持积极向上的生活热情,好好学习,建立起自信心。但是,我的好意并未得到他的领情。他特别在意别人提及家庭生活的内容,也很在意身边的人对他的家庭产生的好奇与评论,尤其在遇到这些字眼时,显得异常排斥。在课上和课下以及其他一些场合,他会利用一些机会发表一些不利于我的言论,在我的课程上也常常制造一些麻烦。这样的学生让我再度陷入困境,产生强烈的挫败感,以至于一见到他就产生厌恶的感觉。

可是,敬畏每位学生的生命是教师的职业操守和道德要求,教师要有改变学生的信心与勇气,要学会运用道德的智慧解决实际的师生隔阂。于是,我认为,这种事情不必过于烦恼,首先要改变自己的心态。单亲家庭的孩子对什么事都很敏感,正面的引导不是一蹴而就的,需要我继续以真心换取孩子的真心,以敬畏生命的道德智慧对他进行适度的引导,充满技巧地应对叛逆期孩子表现出的焦躁。在接下来的日子里,我又多次与该生对话、交心、沟通,在我的努力下,逐渐地感化了他,使他接受了身边的同学、身边的环境,同时也接受了我。在一次班会上,这位学生主动要求发言,虽然话不多,声音也不大,但他表达了对同学们帮助的感谢和对我的教导的感谢。这使我深刻地感受到,教师在应对任何问题和困难时要保持自信,以积极的心态面对每位学生,同时也要全面地考虑,不能盲目地乐观,但最重要的是善待学生,敬畏每位学生的生命。

从此案例来看,这位小学教师面对特殊家庭背景下的这位学生,从开始的美好设想到后来的强烈挫败,从开始的无奈到后来的谅解和关爱,实际上是一种道德智慧在唤醒小学教师内心深处对学生个体生命的敬畏之情。对生命的敬畏使这位小学教师将排斥的心理顺利地转化为运用道德智慧积极地教导学生,巧妙地应对学生的叛逆心理和行为,这是小学教师成功地运用道德智慧,合理地处理师生关系并践行职业道德的典型案例。

二、关爱学生中的职业道德智慧体现

关爱学生是小学教师的天职,只有建立在"爱"之上的师生关系才是最和谐、最融洽和最稳定的。在中国传统文化中,孔子将"仁者,爱人"的思想奉为圭臬,成为后世教育乃至做人的准则。仁爱之心是亘古不变的教育情怀,是好教师的基本素质之一,也是人类最高的美德。仁爱的含义广泛而又丰富,包含爱人、爱己、爱物,从教育的角度来看,它突出了小学教师工作中的尊重、关怀、宽容、理解、信任、谦虚等美好品质。仁爱是人类美好心灵的言说,是社会道德的总形式,是教师德性的根本要求。秉持仁爱之心的教师才能更明确自己的发展方向,在实际教学中运用教师职业道德智慧的要求,滋润学生的心田,打开学生的心扉,将知识的美好与世界的美好展现给学生,让学生感受到来自教师宽广的胸怀和无言的关爱。

2019 年上映的电影《老师·好》,让我们感受到什么是具有高尚师德和道德智慧的教师对学生倾注的爱。影片片头的一首诗这样写道:"我不是在最好的时光中遇见了你们,而是遇见了你们,才给了我这段最好的时光。"这正是影片主角苗宛秋老师心灵的写照。影片以艺术的手法,讲述了发生在 20 世纪七八十年代的师生之情,苗宛秋在教师的点拨下走上了教书育人的道路,并从此用自己的一言一行感化了身边许多调皮捣蛋的学生。苗宛秋老师是整部影片的核心人物,他因为出身原因未能如愿地上某著名大学,而是上了一所普通师范类学校,毕业后当了一名普通的中学教师,并将上名牌大学的梦想寄托在自己的学生身上。整部影片诙谐有趣,同时富有教师与学生之间的真情流露,让观众深刻体会到一名教师对学生的仁爱之情以及他们之间的纯真情感。

自古以来,师生关系在中国传统文化中占据重要的位置,儒家文化中"天地君亲师"的位序排列强调了教师在传承文化中所起到的重要作用以及尊师重教的价值观。数千年来,这种价值观对中国人产生了十分深远的影响,甚至还有"一日为师,终身为父"的说法。随着时代的发展,当代社会语境下的师生关系似乎变得有些淡薄,重申尊师重教的意义就变得很有必要。

尊师重教体现在两个方面:一个方面是教师以道德智慧为引领,对学生的关爱;另一个方面是学生"回馈"给老师的尊重与敬爱。在《老师·好》这部影片中,苗宛秋老师对学生要求很严格,一切以学习为重,注重集体荣誉,对"不听话的学生"毫不留情,对学习成绩好的学生极尽偏爱,哪怕有学生表现出对自己的好(如找回自行车),也会严厉地要求其将精力放在学习上,这样的教师形象一定会在我们的校园记忆里存在与之对应的某位教师。也许,这样的老师会遭受那些比较叛逆的学生的厌烦,甚至是记恨,可当学生们离开学校,尤其是多年以后追忆往事时,大多数学生会从内心对其敬重而又感激,因为恰恰是这样的"令人生厌"的老师,背后往往倾注了大量的关怀和关爱,而那些学生们曾听不进去的教诲和对人生的指导,将被慢慢证明是受益匪浅的道理。

小学教师的职业道德智慧在于巧妙地处理立德与树人之间的关系,既要做到提高学生的道德水平,又要做好提高教学质量。"学无止境,教无深浅。"教师教学是良心活。"教学的深浅取决于教师道德和教育智慧。"[①]正如苗宛秋老师在影片中所表现出来的那样,课堂上非常严厉,似乎不近人情,但一旦学生出了什么事,他会在第一时间施以关怀。比如,当得知学生刘昊被抓到了派出所后,他第一时间跑去"营救";又如,当得知刘昊身患重病后,就捐了一个月的工资;当听到学生洛小乙的爷爷住院后,他骑着自行车载着洛小乙奔向医院;当看到班长利用晚上时间给几名矿区的同学补习功课后,他免费为这些学生补习功课。苗老师这些严厉背后的关爱,实则体现了教师传递给学生的责任与爱。许多观影者评论《老师·好》这部电影,都认为苗老师这个教师形象塑造得很好,性格特点鲜明,尤其是教师对学生表达出来的关爱,让所有人为之动容。因此,教师职业道德智慧赋予了当代教师职业道德品质以生命力,使教师养成关爱学生的情怀,成为引导学生发展的重要力量。

---

① 孙西义.行走在教育路上[M].徐州:中国矿业大学出版社,2013:89.

三、尊重个性中的职业道德智慧体现

培养具有社会主义核心价值观和全面发展的人的教育目标,要求为学生提供个性化发展的空间以及相应的教育环境,这对小学教师的教学水平和能力提出了更高的要求,更需要小学教师职业道德智慧的指导。教师是"伯乐",善于相马。可是,教师又不能仅仅只是伯乐,"伯乐相马的目的是将千里马挑出来之后将其他的马淘汰,而教师却一定要对每一个学生都负责"①。小学教师需要在所有的教育时空中尊重每一位学生的个性发展,针对每个学生不同的性格、智力、能力、特性等的差异,采用不同的教育方式、途径和措施。同时,学生个性的培养是素质教育的重要内容,它并非孤立地进行,而是与德、智、体、美、劳五育互相交织,互相渗透,互相促进。小学教师的职业道德以教师专业知识的不断积累和道德素质的不断提升为基本条件,关注学生的发展自然而然应专注于文化知识的教授与素质能力的提高。当前,学生的个性化教育相对集中在一些竞赛活动的实施过程中,而在现实生活中,每一个学生都是一个独立的生命个体,教师在遵循教育规律,按照教育经验对学生进行教育时,需要为满足不同学生的需求突破传统统一的教育模式,发现与挖掘学生的内在潜能。因此,尊重学生差异的教育,巧妙地利用学生的差异性,使每个学生从统一的教育过程中获取不同的益处,是小学教师职业道德智慧的重要表现。

为尊重学生个性的发展,教师职业道德智慧首先要求小学教师意识到、观察到学生个体间存在的差异。我国漫画大师丰子恺曾画过一幅名为《某种教育》的漫画(见图7-1),画面上是一名工匠,在用一个模子印制出许多相同模样的"孩子",这些"孩子"就是一个个接受教

图7-1 《某种教育》(丰子恺)

① 彭泽云.教师如何教出好成绩[M].长春:吉林出版集团有限责任公司,2012:180.

育的学生,面貌相同而死气沉沉的学生模样,讽刺性地刻画了当时教育的状态,这些没有灵魂、没有生机、没有生命色彩的学生,就是失败教育下的"产品"。这幅漫画凸显了教育中尊重学生个性发展的重要性,讽刺了摒弃与抹杀学生差异性的错误做法。又如北京大学原校长蒋梦麟先生所说的:"在一所学校中,一个课堂中,学生此个人与彼个人相差甚远;有上智,有下愚;有大勇,有小勇,有无勇;有善弈,有善射,有善御。皆因秉性与环境的不同,而各为其才。"① 因而,小学教师的职业道德智慧体现在承认学生个性差异,尊重学生天然禀赋与个性特长之上。

案例 7-2

小鹏同学,好样的!②

小鹏同学是我们班里机智聪慧、积极参与班级活动的一名学生,令人惋惜的是,在一场车祸中,他的父亲离开了他,而他的母亲也因这场变故离家出走,继而他由年迈的奶奶抚养,从此他像变了一个人似的,欢声笑语再也没有出现在他的身上。尽管我和其他同学都尽力在学习和生活中帮助他,使他尽快走出阴霾,但是他仍表现出十分消极的学习和生活态度。一连几天没有交作业,交的作业中错误率很高。于是,我与他谈心,试图从心理上安慰他,并与他商量,如果家长没有及时来接送,就到我的办公室中写作业。

就这样,在不断的交心谈话中,我看到了他的一丝变化,他从几乎排斥的心理慢慢转向了正常的学习状态。由于我是教语文的,从课堂上的表现和作业中的问题,我找到了他的弱项,利用他在我办公室学习的时候,我对他进行单独的辅导,还为他制定了一套学习计划,让他定期向我报告学习进展情况,自我剖析学习中的薄弱环节。这样,两个月后,小鹏克服了心理上的痛苦,正视了自己当前的学习任务,与其他同学之间的活动逐渐恢复到以前的状态。最让我欣慰的是,小鹏体会到了我的用心良苦,也认识到了自己的缺点和优点,对学习和生活重新点燃了信心。

当我了解到他有体育方面的特长时,我鼓励他发挥体育方面的优势,参加各类运动项目和比赛,积极为他争取展现自己的机会,在之后的一次重要比赛中,他在短跑和立定跳远等项目上表现突出,获得市里的重要奖项,为班级和学校争了光。临近毕业,他在给我写的信中提道:"感谢老师一直以来对我的鼓励和付出,让我在生活和学习上重新树立了信心,重新走上正途,也正是在您的支持和关心下,使我能够在体育这条道路上获得成绩,开辟出一片新的天地!"

从案例 7-2 来看,小学教师的道德智慧要通过教师的人格魅力,在学生中树立起道德榜样的形象,成为吸引学生目光的焦点,对学生产生积极的影响,尊重学生个性差异,鼓励每位学生能够发展特长,塑造个性,使其成长为全面发展的人。

四、培养品行中的职业道德智慧体现

培养学生的品行是教育的重要任务之一,也是道德教育中的核心内容。道德中的"德"

① 转引自肖存菊. 如何培养学生的个性——班主任工作的三点体会[J]. 江西教育,2008(9).
② 作者:郑州市五龙口小学,王新妍。

的意义与人的品行紧密相关。许慎在《说文解字》中,将"德"解释为"外得于人,内德于己也"。一个人的道德素养只有通过礼节或者符合道德标准的行为方式,作用于他人身上,才是道德素养的真正意义,而养成这样的道德素养最重要的、最根本的是要将其内化于自己的头脑中。许慎的解释从两个层面对"德"字的含义进行阐释,指明道德的灵魂,也就是既看到道德素养形成的内在条件,又看到道德行为施加于他人的外在要求,一个人的品行便是道德素养外在要求的具体表现形式。

小学教师的职业道德智慧应在培养学生美好品行中发挥重要作用。一方面,小学教师要依托职业道德智慧,充分发挥榜样的作用,使学生领悟道德品行的内涵并内化于心。优良的教师职业道德品质对学生的品行起到重要的影响作用。教师自身的人格魅力、语言特征、行为习惯、情感态度、道德品质等都具有无限的感染力,因此,高尚的教师职业道德与榜样力量是健全学生品性的重要途径。苏联教育家乌申斯基认为:"在教育工作中,一切应以教师的人格为依据,因为,教育力量只能从人格的活的源泉中产生出来,任何规章制度、任何人为的机关,无论设计得如何巧妙,都不能代替教育事业中教师人格的作用。教育的一切都应以人格为基础,因为只有人格才能影响人格,只有性格才能形成性格。"[①] 小学教师的一言一行都是学生观察的对象,都会对学生起到示范性作用,小学教师在教育生活中的点点滴滴都可以成为学生模仿的榜样。"故安其学而亲其师,乐其友而信其道"[②] 的道理在教师的言行中和学生品行的形成中均能得到印证。另一方面,小学教师要善于利用各种途径和方式,培养与塑造学生的道德品行。培养品行一直是小学教育中的重要组成部分,许多课程的设置与设计,都需要以培育学生高尚的道德品行作为目标。"教师应根据学生的年龄特点制定基本的情感态度与价值观目标,并根据学科特点挖掘教材中蕴含的情感态度与价值观目标。"[③] 以德为先,立德树人,是当前小学教育的首要任务,小学中的道德教育将育人与治学融于一体,强调以修身的方式涵养德性。

从实际的教学过程可以看到,小学阶段培育学生的道德品行主要依赖课程的设置与实施。因此,小学教师的职业道德智慧在于如何更好地利用教材、教法和教学中蕴含的道德品行的资源,用合理的、科学的及适用于学生个体差异的方法,因材施教,针对学生的道德品行开展有针对性的教育活动。

案例 7-3

培养学生品行需要勇气与智慧[④]

新学期一开学,我又开始了小学高年级班主任的工作。今年学校提前了军训的时间,我陪着学生们一起参加军训,共同在烈日下接受艰苦的训练,风吹日晒,摸爬滚打。通过整个军训,我和学生们之间建立起了友谊,也树立起了教师的威信。在学生们的努力下,我们班被评为军训期间的优秀班集体,这使我感到十分欣慰。然而,她的出现让我感受到在教育工作中并非一路平坦。

她的名字叫小彤,是这个班级中个子不高、性格外向的一个女生。在军训期间,她就表

① [俄]康斯坦丁·德米特里耶维奇·乌申斯基. 人是教育的对象[M]. 李子卓,等,译. 北京:科学出版社,1959:340.
② 高时良,译注. 学记[M]. 北京:人民教育出版社,2016:107.
③ 李俊. 如何形成教学风格[M]. 广州:广东高等教育出版社,2016:162.
④ 作者:郑州市陈砦小学,曹媛。

现出不同寻常的行为特征。小彤同学在训练中,不认真练习军姿和正步走,其他同学都练习得非常好了,她却走起来不规范,当我提醒她时,她说自己在家的时候都是这样走路的。她在宿舍里,与其他同学关系紧张,经常因为小事吵嘴,闹矛盾,比如不注意个人卫生,引起同寝室的同学十分不满,当我找到她了解情况时,她还十分傲慢地说在家里从来没人因为个人卫生的事情说过她。正式开学后,她上课睡觉,和同学交头接耳,不务正业,平时,在其他同学面前说老师的坏话,丑化老师形象,学习成绩很差,根本没有把心思放在学习上。当我找她谈话时,她脾气很暴躁,和我争吵,无法将谈话进行下去。还有几次,她与同寝室的同学打了起来,因为寝室的同学丢了一百元钱,怀疑是她偷的,她拒不承认,当我把她叫到办公室再问时,她承认偷钱是为了上网。

　　她在学校里的所作所为简直把我气坏了,她的个人品行是我教过的学生中最差的,而且我认为是根本无法改变的。我曾经和其他同事针对她的问题专门讨论了一个下午,得到了很多的启发。同样做过 7 年班主任工作的陈老师提出,这位学生的品行从表面上看起来十分棘手,或者说看起来根本无法转变,但事实上这更需要我们给予关注。虽然小彤上课不好好学习,而且影响他人、丑化老师形象、偷窃同学钱物等,但是这些行为不足以证明这个学生已经无药可救,作为老师,我们需要动用我们的道德智慧,运用好道德教育的技巧,同时还要坚持不懈,从理解学生开始,深入学生的内心,了解她这些品行背后的根源,再到慢慢开导,利用敏锐的洞察力和善解人意的情感,让学生懂得"人非圣贤,孰能无过"的道理。通过陈老师给出的建议,我深刻认识到,优秀的教师需要随时保持冷静的头脑,做到遇事不乱,全面思考问题的根源,找出应对的策略,既要使学生意识到自己的错误,又要使学生逐渐接受老师的建议,从思想深处愿意和主动改正错误,最终使道德品行得以提高。

　　小学教师可能常常遇到一些品行低下的学生而束手无策,导致在学习上和生活中消极地对待这些学生,引发恶性循环。从案例 7-3 可以看出,陈老师给出的建议是从理解学生入手,逐步走入学生的内心,将道德情感注入对学生的关爱之中。一句"人非圣贤,孰能无过"体现了小学教师在培养学生美好品行中的道德智慧以及相应的教育方法。

五、师生互动中的职业道德智慧体现

　　师生间的互动是进行教育教学活动的基础条件,活跃的、有效的和平等的师生互动过程是保持与维系融洽师生关系的关键因素,也是教师实施思想品德教育和塑造学生品行的直接途径。有学者认为,教师在师生互动中可以扮演五种角色:(1)他们可以是模范,起着鼓励和启发的作用;(2)他们可以是领路人,对新教师讲解基本教学规范;(3)他们可以是保证人,对被指导者介绍"合适的人员";(4)他们可以是支持者,在被指导者气馁时给予鼓励和支持;(5)他们可以是教育家,能帮助新教师明确思想,达到职业学习的目标。[①] 由此,我们得知师生互动的含义并非特指师生之间零距离的接触,也非特指师生之间要产生一问一答。有人认为师生之间就应该产生有答必应的密切接触,事实上,这样的认识是肤浅的,也是流于形式的。真实有效的师生互动强调教师与学生在思维与思想上的碰撞,是一种基于社会存在形态的特殊人群的人际关系。

　　从教学上看,师生互动体现了教师对教学原则和教学思想的理解,是一种重要的教学形

① 何沂,刘亚明."新教师培养方案"的研究[J].中国外语,2008(2).

式,基于师生互动的教学,能够调动起学生学习的积极性,体会自己在教学过程中的存在感,增强对任课教师的信任度和依赖感。对于小学教师而言,适当的师生互动可以活跃课堂氛围,强化学生积极主动接受文化知识与道德教育的内容,化"被动"为"主动",从而提高教学质量和教学效果。

小学教师的职业道德智慧强调师生间的互动性以及师生交流中的技巧性,因而道德智慧在师生互动中可以得到充分地施展与发挥。师生互动是一个动态的、双向影响和作用的过程,在该过程中,首先要做到师生的相互尊重。尊重代表着一种信任和理解,学生尊重教师是尊师重教的道德要求,符合我国优良的传统美德;教师对学生的尊重是出于仁爱的道德思想,符合当前立德树人的教育理念,只有师生相互尊重彼此的人格与自由,才能产生共鸣,教师的言行才能被学生所接受。其次,师生互动以民主的师生关系为基础,强化情感的交融。小学教师的情感应与学生的情感交织在一起,包括对学生的关爱、宽容和理解,一个眼神、一句赞美、一丝微笑都会成为学生学习的动力、鼓励和激励。小学教师要善于运用情感交融来表达师爱,奏响师生互动的和谐之曲。再次,把握平等原则,一视同仁,确保学生得到公正的待遇。只有当学生感受到来自教师的公平、公正的处事原则时,学生才更愿意和教师进行深入的交流、沟通和互动,教师通过师生互动打下了良好的基础后,可以有效地促进教育教学质量的提高。最后,增加师生间的课下交流。学生的上课时间是有限的,小学教师合理地利用课下时间进行互动,可以了解到学生的一些真实想法,有益地辅助教学活动中出现的问题。课下的师生互动更需要教师的主动性,打破学生不愿意或不敢与教师交流的瓶颈。因此,小学教师要充分利用课下时间,认真细心地观察学生的日常行为,用道德的标准判断学生的表现,及时对其进行心理干预,使之做出符合道德要求的行为,这样的师生互动才是有效的。

小学教师必须做一个善于互动和具有一定互动技巧的人,要能在师生互动中给予学生鼓励和支持,促进学生心理、生理和情感的健康发展,让学生在学校这个大家庭中健康和谐地成长。

案例 7-4

师生互动中的智慧[1]

刚刚开学,许多学生还沉浸在假期中,班里经常出现迟到的现象,按时上学对一名学生而言是最基本的要求,所以,我在班里要求,给大家一周的时间去适应紧张的学习生活,如果还有人迟到,就要严厉惩罚。在我提出的要求下,大多数的学生只用了两三天就已经适应了学习生活,不再迟到,但有个叫小齐的学生却无视我的要求,一而再、再而三地迟到。我在课下的时候找到小齐,问他是什么情况,他也没有说出特别令人信服的理由,只是答应以后再也不迟到了。可是,到了第二天,他还是迟到了5分钟,于是,我再也按压不住心中的怒火,当着所有学生的面,严厉地批评了他,意图使其深刻认识到事情的严重性。我并没有使用侮辱性的语言,只是想告诉他做人要言而有信。果不其然,小齐同学在之后的一段时间里再也没有迟到,我颇感欣慰。

然而,之后的某天在校园里的一条小路上,我和小齐迎面相遇,我本想他会主动与我打

---

[1] 作者:郑州市陇西小学、李锦蓉。

招呼,但是,他却对我视而不见,面部表情十分傲慢,似乎还带有一些藐视的表情,大摇大摆地和我擦肩而过。我顿时情绪激动,心里充满了愤怒和怨言,心想:这样不尊重老师的学生以后也一定不会有什么出息,当时真想把他叫回来,使劲批评他一顿! 但我还是压制住了自己的怒火。晚上,我又想起了这件事,于是决定私下找小齐好好谈一谈。

第二天下午,趁大课间的时间我找到小齐,把他叫到一处人少的地方,对他说:"小齐,自从上次我公开批评你迟到之后,你就再也没有迟到了,我很高兴,再加上最近各门功课的考试中也取得了很好的成绩,看到你的进步,我为你感到骄傲,我还会在合适的场合下对你提出表扬。当然,如果你还像以前那样经常迟到,我也会毫不犹豫地批评你。正因为我们是师生关系,所以我才会这样做的,你应该理解老师的想法和做法。表扬你是对你负责,批评你也是对你负责。这是作为老师的责任和职业的要求。没有哪位老师喜欢经常批评自己的学生,都是期盼自己的学生能够遵守规则,能够不断进步。我不知道你对我上次公开批评你的事情是否还有看法,如果有看法,你可以现在对我提出来,我一定会听取你的意见。"小齐听到我对他说的这番话,严肃的表情马上出现了笑容,对我说:"老师,我知道您是对我好,按时上学是学生最基本的要求,我知道以前做得不对,以后再也不迟到了,请您放心!"

心结往往是一番简单的对话和互动就可以解开的,我深刻感觉到,作为一名小学教师要开动脑筋,运用好自己的智慧,全面而客观地考虑问题,在与学生的互动时一定要做到因人而异、因地制宜,把握好处理问题的分寸,但最重要的还是真诚以待。

师生之间情感的培养主要依赖于如何处理师生关系,而师生互动是维系良好师生关系的主要途径。从上述案例中可以看出,一味地批评学生并非有效的教育方法,有时适得其反,使学生产生抵触心理,不利于以后教育工作的开展。从李老师的教育方式可以看出,师生间的对话和互动往往是解开心结的灵丹妙药,道德智慧要求小学教师在正确处理师生关系和实施师生互动的过程中,善于动脑,勤于思考,主动探索合适的互动方法。

第四节 ◈ 小学教师职业道德智慧的培养

一、提升小学教师职业道德智慧的策略

加强小学教师职业道德智慧的培养,是有效地促进教师树立远大教育理想和教育理念,提升服务能力和水平的重要手段,为此,可以从以下几个方面提升小学教师的职业道德智慧。

(一)通过典型形象和先进榜样的学习,提升小学教师的职业道德智慧

树立典型形象和榜样式的人物,利用示范的力量,影响小学教师职业道德观念的建立,使道德智慧渗入师德建设整个过程中。我们知道,制约、规范人们言行的准则无非两种:道德和法律。法的力量只能是防止过多的恶,而德的作用在于推行积极的善。① 小学教师需要充分地利用资源,挖掘故事、塑造形象与提炼精神,从身边的真人真事开始,通过各类媒体的大力宣传,以周围风清气正的好思想、好氛围、好经验、好方式构建和营造浓厚的师德建设环

① 檀传宝.走向新师德——师德现状与教师专业道德建设研究[M].北京:北京师范大学出版社,2009:63.

境,激发小学教师道德智慧的影响力,从而使小学教师队伍形成积极向上的良好风貌。

(二) 通过学校职业道德教育和培训,提升小学教师的职业道德智慧

着力打造学校师德教育和培训的组织体系,拓展与加强教师个人参与教师职业道德相关的教育培训活动,通过教师之间思想与心灵的交流,使道德智慧流向每位教师的头脑中。为实现这个目标,完整的师德教育组织体系是必不可少的,否则,小学教师职业道德的培养工作容易偏离整个教育目标,成为务虚的工作形态。建立完整的小学教师职业道德培训体系,可以有效地引领教师职业道德建设方向,从而提升小学教师道德智慧的有效传递。

(三) 通过加强自身内在的道德修养,提升小学教师的职业道德智慧

转变小学教师的教育思想和方式,强调小学教师的自身内部修养,提高小学教师职业道德智慧的广度与深度。首先,加大针对新入职教师的职前培训工作,依照国家相关文件规定,职前培训中须包含教师职业道德教育的相关内容。无论是小学教师的入门培训还是在职培训,其主要使命之一是在小学教师身上发展社会所需的伦理的、智力的和情感的品质,以使他们日后能在学生身上培养同样的品质。[①] 其次,广泛宣传小学教师职业道德规范和典型人物,加强教师道德认知,清除对道德一无所知者。最后,强化小学教师道德奖惩制度,在各个环节中合理评定教师的工作行为,有奖有罚,激励与严惩并举,从而增强小学教师道德智慧中的辨识度与道德分辨能力。

小学教师职业道德智慧的培养伴随小学教师的整个职业过程,道德智慧不仅要在职业理性实践中汲取,更要通过小学教师根据已有的情感体验进行加工和提炼,因此,可以分别从职业道德认知过程、职业道德情感体验、职业道德榜样示范、职业道德实践反思等途径培养小学教师的职业道德智慧。

二、培养小学教师职业道德智慧的途径

(一) 在小学教师职业道德认知过程中培养职业道德智慧

道德认知过程是教师通过学习使职业道德素养得以提升,获得自我成长的动态过程,道德智慧在道德认知过程中不断地实现积累与增强。道德认知的功能在于:"以道德理想、道德信念、道德修养和道德行为方式为中介,将社会道德应然性及时、恰当、有效地转化为认知——行为主体的道德行为,实现德心与德行的结合,塑造和养成人类的德性,从而能够以'实践—精神'的方式来把握世界。"[②] 小学教师的职业道德认知过程主要立足于教育职场中的学习与提高,尤其是利用教育教学实践活动,而非完全依赖于职前的教师教育阶段。小学教师的道德智慧主要蕴含在道德实践过程中,道德实践过程与教育教学过程相契合,因此,小学教师要运用道德智慧,以求更恰当地处理教育教学过程中的各类关系。同时,在处理各种复杂关系的过程中,小学教师也产生了教师职业道德的需求,开创了培育教师道德智慧的一片土壤。

道德需求是每个人日常生活中的需要。一方面,人作为整个社会的单个成员,在社会交往中离不开道德的约束,尤其需要运用道德他律发挥道德规范的约束功能,使道德主体的行

---

① 联合国教科文组织. 教育——财富蕴藏其中[M]. 联合国教科文组织总部中文科,译. 北京:教育科学出版社, 2014:110.
② 窦炎国. 论道德认知[J]. 西北师大学报(社会科学版),2004(6).

为特征符合道德标准;另一方面,人的知识、技能等储备性能力的提升是一个从不完善到成熟、由低到高的变化过程,道德要素的影响力是在道德力量引领的作用下实现的。从道德需要理论出发,道德认知过程主要从三个方面提升小学教师的道德修养和道德智慧。一是教师个人精神层面,道德认知能够促进个人道德品行的养成和道德精神境界的提升,如对道德意识强化、形成道德动机和践行道德行为等。二是在社会生活层面,道德认知能够激发小学教师个人内心的"善知",使其在日常教学中的行为秉承"向善""为善"的价值导向,勇于担责,履行个人义务,做一个符合小学教师职业道德和具备道德良知的人。三是在社会实践层面,道德认知有助于培养小学教师的工作积极性和主动性,使其保持一种对待善行的热情以及正确评价道德行为的态度,并不断地传递正能量,也有助于在教育工作中形成良好的校风、班风、教风和学风,使道德教育和道德活动有序开展,稳步前行。

　　小学教师的职业道德智慧源于个人的道德需求,形成于道德认知过程中的不断发问与探索。在处理日常教育教学事务中,道德智慧促使小学教师时常通过反省与思索,对自己提出诸多问题,例如,教师如何在自己的教育活动中捕捉身边发生的各类教育问题? 遇到这些问题时应该怎么处理? 有没有更好的处理方式与解决办法? 在解决这些问题的过程中,教师能够吸取哪些教训,积累哪些经验? 只有在这些提问与回答的过程中,才能真正领会教师道德需求的存在,才能深刻体会到道德行为的真实表现形式,发现自己存在的差距。

　　小学教师道德认知过程是一个连续发展的过程,是履行终身教育理念的客观要求。美国儿童发展心理学家劳伦斯·科尔伯格认为,道德认知发展是培养递进的过程,是道德判断与认知结构发生变化的过程。个体的品德培养是分阶段的、循序渐进的过程,换言之,循序渐进是个人品德发展的又一规律,切不可"揠苗助长"。[①] 科尔伯格将个人道德认知的发展过程分为"三水平六阶段":第一个是前习俗水平(0—9 岁),包含惩罚与服从定向阶段、相对功利取向阶段;第二个是习俗水平(9—15 岁),包含寻求认可定向阶段、遵守法规和秩序定向阶段;第三个是后习俗水平(15 岁以后),包含社会契约定向阶段、原则或良心定向阶段。在每个水平与阶段中,人们的道德思想观念需要在时代发展与社会进步中不断更新,不断完善,因此,小学教师在道德认知过程中需要获取与社会发展相适应的道德观,与时俱进,从而实现道德素质的培育与提升。

　　小学教师在道德认知过程中,扬弃传统的道德观念,将新时代要求的价值观与道德观运用在实际的教育教学工作中。道德智慧的运用在于帮助小学教师解决传统师德观与现代师德观之间的矛盾,塑造符合新时代需求的新型师德观。在当今社会中,丰富的知识体系要求小学教师通过不断的学习和提高道德认知来发展自己的道德品行,提升自己的道德人格,获取道德素养可持续发展的动力,在这些动力的驱使下,小学教师才能真正成为道德认知的主体,成为道德智慧的主人。

案例 7-5

用心学习,用爱教育[②]

　　在我从事教学工作的十年中,我深刻认识到教师自身的进步是学生成长的基础,我们很

---

① 转引自张春兴. 教育心理学[M]. 杭州:浙江教育出版社,1998:149.
② 作者:郑州市汝河路小学,王芳。

难想象，只用半桶水怎样去浇灌出满园的花朵。教师的首要任务就是追求自己的教育梦想，树立学习观念，开展学习活动，提升自己的人格魅力，用热情点燃和影响学生。

教育是终生事业，是教师和学生都在不断发展、相互影响和促进的过程。一名优秀的小学教师，要有丰富的学识和高尚的道德水平，才能树立良好的榜样，不断引领自己的学生实现一次又一次的进步。"问渠那得清如许，为有源头活水来"，教师在繁重的工作中，要保持积极的学习心态，只有将工作中的压力转化为动力，并能够将心思完全投入到学习当中，方能感知自己知识的匮乏，方能感悟读书学习的美妙之处。现代教育中的小学教师，要善于敏锐观察，充满信心，永葆教育智慧，实现道德品行与文化学识内外兼修，实现人格与专业的共同提升。

小学教师道德认知有利于小学教师的专业发展与德性成长，德性与知性是统一的过程，在小学教师的教育教学过程中，保持积极向上的学习心态，既是专业成长的要求，也是道德智慧的体现。

(二) 在小学教师职业道德情感体验中培养职业道德智慧

小学教师的教学智慧源于勤奋的教学工作，而道德智慧源于道德体验中情感的触动与思想的升华。小学教师在繁杂的日常工作中努力开展教育教学工作，与不同的人开展社交活动，对学生进行思想上与心灵上的交流，教师的情感态度、行为举止、仪表修养对学生将产生直观的、有力的影响作用。同时，学生的学习热情、尊重师长的态度、良好的班风等影响教师工作的外在因素也直接作用于教师的情感体验和道德认知。师生之间的互动过程，不断地感染和激励着彼此双方，使彼此的道德情感持续发生着潜移默化的变化，这是孕育道德智慧的必要途径，也是发挥道德智慧作用的重要方式。

小学教师首先是一个鲜活的道德主体，具有明显的道德情感特征与情感需求。道德情感是"基于一定的道德认知（包括感性认识），从道德理想出发，在现实生活中对道德关系及道德行为所产生的倾慕、鄙弃、爱好、憎恶等情绪"[1]。在实际的教师职业生涯中，教师要根据教师职业道德观念和要求，在处理各类关系和评价客观行为时萌发内心体验，这是一种复杂的情感体验，它包含关爱、同情、热爱、忠诚、宽容等情感，是教师无私奉献精神的象征，是一种超越教师道德义务的积极的情感体现。

小学教师的道德情感表现为对学生的关爱和对教育事业的热爱。小学教师的这种关爱与热情有助于对学生和教育事业发展状态的观察、研究、分析、理解和体验。从教育的本质来看，如果离开教师的关爱与责任感，就不会有教师职业道德意义上的教育行为。来自教师的关爱一定是道德情感的核心，道德情感是教师职业道德的必要条件，体现在对教育事业的忠诚与认可，重在无私的奉献精神和不求回报的职业道德追求，对待学生充满真挚的热爱之情，对待教育事业充满无限的热忱和历史使命感，对待自我成长与发展中充满的自豪感和荣誉感。由此出发的道德情感体验必定成为由内及外的升华过程，教师本人将在此道德情感体验中收获成就感与幸福感，这样的道德情感体验会随着时间的推移得以增强，会随着小学教师的体悟得以深化，这是道德智慧逐渐走入教师心灵的过程，也是道德智慧融入教师实践活动的必备条件。

---

[1] 罗国杰，马博宣，余进.伦理学教程[M].北京：中国人民大学出版社，1985：357.

　　情感是人与人交流思想的最重要的工具,情感中凝聚着个人对职业的好恶和价值取向。小学教师的职业道德情感通常与个人的感受和爱好构成完整的结构,外在条件的激励和他人的认可能够增强小学教师积极的职业道德情感,促使他们更好地、自觉地履行职业道德行为,形成稳定且持久的职业动力,产生强烈的探索知识的欲望和业务创新的动力。如果小学教师没有形成良好的道德情感,或只是秉承单薄的道德情感,他们在日常工作中就会轻视甚至漠视维护和处理各种人际关系,在教书育人中缺少对学生的关爱,缺乏教育教学工作的热情,被动地接受外界的感受,视教育工作为单纯的教书职业,将立德树人的高尚理想沦落为让学生服从管理的简单重复劳动。处于这种道德情感体验的小学教师,则无法感受得到来自教师职业的自豪感、幸福感、荣誉感和教学工作中应有的乐趣,道德智慧生成也就无从谈起。

案例 7-6

道德情感让我转变育人观念①

　　在小学工作了三年的青年教师小贾有一天对我说:"只有你在教学工作中真正发生了情感变化,才能说你得到了真正的收获。"她之所以这么说,源于前一段时间发生的一件事。

　　在小贾的班上有个留了两个年级的学生,学习成绩不好,年龄比较大。有一次,这个学生在上课时注意力不集中,小贾当堂批评了他,那个学生立马站起来进行反驳说他没有开小差,表现得十分生气。小贾当时刚刚参加工作,没有丰富的应对经验,顿时感到十分没有面子,但是为了不耽误上课,她说:"我们回头再说!"到了课下,小贾仔细反思了一下,她认为这个学生并非那种蛮不讲理的孩子,他不应该无缘无故地顶撞自己。于是,小贾请教了具有丰富教学和学生管理经验的班主任李老师。李老师告诉她,那个学生学习成绩是差一些,但是为人正直,和同学们能够和谐相处,善于助人,那天的课堂顶撞,可能事出有因,需要调查过后再下结论。之后,小贾将那位学生叫了过来,对他说:"上课的时候批评你,是因为怕你开小差影响关键知识点的学习,我很为你担心,怕你的学习成绩提高不上去,如果你对我的批评不能接受,或是有什么委屈,你能不能跟我说,如果是我批评错了,我可以给你道歉。"他也将当时的情况向小贾解释了一下,小贾还真的给那位学生道了歉。

　　小贾后来对我讲,自从她和那位学生沟通后,发现学生在小贾的课堂上表现特别好,成绩也提上去了,她和那位学生的关系也变得十分融洽。尤其让小贾感受特别深的是,通过那次心与心的碰撞,道德情感的释怀,她改变了以往的一些学生管理办法,在与学生的接触过程中,不管是学习好的学生还是后进生,她都要站在理上,不会以自己是大人或老师自居,强制学生服从自己。她认为,教学工作中影响师生关系最重要的因素是教师与学生之间的相互尊重,在处理任何一件事情上都应该三思而后行,运用智慧,巧妙地解决问题。因此,这件事在很大程度上转变了她的学生观。

　　在案例 7-6 中,贾老师经历了道德情感上的体验,使她的学生观发生了改变,从而在学生管理和教育过程中采取不同以往的策略。当师生之间发生矛盾或冲突时,也许最好的解决方法就是善于运用道德智慧,以尊重对方为前提,在道德情感上理解对方、感化对方,引发

---

① 作者:郑州市陈砦小学,贾思婷。

双方真切的道德情感体验,起到潜移默化的教育作用。

(三) 在小学教师职业道德榜样示范中培养职业道德智慧

榜样示范是培育小学教师道德素养与形成道德智慧的重要方式。陶行知先生曾经说过"学高为师,身正为范",强调教师的道德示范与榜样的影响作用。当前,在教师综合素质结构中,除了要具有扎实的专业学识和较高的专业能力外,良好的道德素质是必不可少的,而道德素质是通过行为表现出来的。我们知道,感染学生的道德品行主要依靠教育教学工作中的示范性行为,小学教师在教育中不经意的一句话、一个动作,甚至是一个眼神,都可能成为学生道德认知中的转折点,影响学生看待事物的价值观念,而小学教师道德智慧的培育同样依赖于榜样人物的道德示范影响作用。

榜样的力量是无穷大的,它像一本鲜活的教科书,给人以启迪。苏联教育家加里宁曾经说过:"一个教师也必须好好检点自己。他应该感觉到,他的一举一动都处在最严格的监督之下,世界上任何人也没有受着这样严格的监督。孩子的几十双眼睛盯着他。须知天地间再没有什么东西,能比孩子们的眼睛更加精细、更加敏捷,对于人心理上的各种微小变化更敏感的了,再没有任何人的眼睛像孩子的眼睛那样捕捉一切最细微的事物。这点是应当记住的。"[1] 现代小学教育中,教师的榜样示范作用强调在组织实施教育的过程中,利用好小学教师的道德引领示范功能,使优秀教师、模范教师成为同行道德成长的引路人。

小学教师道德智慧以道德榜样示范的形式作用于教师同行,是通过两个重要的途径实现的。一个途径是实际发生的道德行为和典型性事件。典型性事件是指发生在课上课下的蕴含道德判断与评价价值的师生行为。在师生行为中,小学教师的道德行为涵盖教育教学工作中每一例言行举止,蕴含的道德智慧可以触发典型性事件,教化小学教师的道德认知体验和道德认同。"人总处于一定的道德空间中,道德认同是确定自我的根源。"[2] 小学教师职业道德榜样示范作用正是通过触发教师同行同样的或相似的道德体验实现道德认同。法国思想家卢梭说过:"榜样!榜样!没有榜样,你永远不能成功地教给儿童以任何东西。"[3] 所以,培育小学教师道德智慧并非依赖长篇大论的说教,更需要用榜样的力量熏陶感染与触发教师职业道德思想中最深处的智慧。

案例 7-7

身先士卒,做道德先锋[4]

学校经常组织教师们举办例会,在例会上,一些教师会和大家分享一些切身经历的故事,引发大家的思考和感悟。这天,王老师和大家讲述了发生在他身上的一件事:

为给学生起到良好的表率,王老师总是在教育教学工作中时刻提醒自己并严格要求自己。例如,每堂课王老师一定是在上课预备铃响之前进班;在班级卫生大扫除中,王老师也拿起劳动工具参与其中。有一次,在班级大清扫活动快结束的时候,有学生急忙跑来对王老师说:"老师,这个垃圾桶太脏了,里面有些垃圾倒不出来!"王老师一看,原来在垃圾桶的底

① [苏]米·伊·加里宁.论共产主义教育[M].陈昌浩,译.北京:中国青年出版社,1950:85.
② [加]查尔斯·泰勒.自我的根源:现代认同的形成[M].韩震,等,译.南京:译林出版社,2001:34.
③ [法]让·雅克·卢梭.爱弥儿——论教育[M].李平沤,译.北京:商务印书馆,1978:341.
④ 作者:郑州市五龙口小学,朱晓惠.

部黏着一大块垃圾,因为学生们嫌脏,不愿想办法把垃圾清理掉。于是,王老师找来一个小塑料袋套在手上,用手去抠,终于把垃圾拽了下来,原来是一大块口香糖粘在上面,这时旁边的学生说:"肯定有人偷吃口香糖,害得我们这么难搞卫生!"当时,王老师决定以此事为契机,给学生们上一堂道德课。他对孩子们说:"要不然你们帮帮老师,替我给全班的同学写一份呼吁书,呼吁同学们今后一定不要再带零食来学校了,这样多难打扫卫生啊!"经过这场风波,呼吁书也发挥了作用,班上好长时间没有再出现带零食的现象了,卫生情况也比以前好许多。

王老师讲述的这件事,看似是小事,却并不普通。通过认真反思这件事,结合自身的情况,我意识到在我们的教学工作中,一定要把握好、利用好学习和生活中的点点滴滴。

我从事语文教学工作已六年有余,我愈发感受到语文课堂具有丰富的道德榜样示范作用,千万不可小觑。语文教学工作中不仅是文化知识的传授过程,更是道德规范、道德习惯和道德文化教育的最好阵地。我看到,语文课并不像数理化等课程那样,教师不会示范解题就无法授课,而是不用示范也可能将教学混得过关。但是,长期以来的不负责任的行为,早晚会有暴露的那一天。所以,小学语文教师应不断自我"充电",寻求专业发展,打下扎实的语文教学基础,在学生面前要做到:规规矩矩地写字;广泛积累优美词语;富有情感地朗读课文;抑扬顿挫地把话讲清楚;熟练背诵课文;用心批改每份作文……只有这样,小学语文教师才能在语文课堂上以德行示范给学生,也只有这样,才能教出好学生。

在案例7-7中,朱老师对王老师分享的事件进行深入的反思,并结合自身语文课程的教授工作,感悟出道德的智慧无处不在,它存在于每个课堂之上,存在于教师的言行举止中,存在于教师对每个生活细节的精心设计中。

另一个途径是利用对话将小学教师职业道德思维和道德情感巧妙而充满智慧地传递给教师同行,形成良好的道德互动体验。韩愈认为教师扮演着"传道、授业、解惑"的角色,事实上,教师的这三种角色都以师生间的"对话"为桥梁。同样的道理,"对话"是心灵的链接、情感的投入和思想的共享,在语言沟通过程中,拉近人与人之间距离的无形力量已经产生,正如雅斯贝尔斯所说"对话是真理的敞亮和思想本身的实现"①,借用他的观点,我们可以意识到,在真理和思想的映照下,培育道德智慧需要以对话的方式打开小学教师之间的心智,抵达对方的心灵深处,发掘彼此身上闪烁的智慧光芒,沟通与交融彼此的经验,从而增强道德模范教师的引领示范作用。

案例 7-8

"对话"让我走入学生思想,成为道德的引路人②

新入职不久的我常常请教教语文的班主任秦老师如何应对课上课下与学生之间的关系。班主任秦老师是一位老教师,对教学孜孜不倦,对同事关怀有加,我经常得到秦老师的教导。在诸多与秦老师的话语中,一些内容使我一直无法忘记,并在自己处理师生关系上发挥着重要作用。

秦老师善谈,每次与秦老师的对话总能让我茅塞顿开,使我在实施道德教育的过程中不

① 金志云.给思想一片飞翔的天空——"对话式"教学法在教学中的应用[J].思想·理论·教育,2002(7/8).
② 作者:郑州市陇西小学,王新融。

断提高教育的效果,也让我对道德智慧的培养产生了兴趣。我认为,智慧的"对话"能够让我们敞开心扉,触摸人们的情感,走入他们的思想,体会他们的感受,品味他们的心理变化。是啊,我们每位教师每天都在以"对话"的形式和学生们、同事们打交道,教会他们文化知识,培养他们的道德素质,交流教学经验……"对话"永远是教师们教育的法宝。传统意义上的师生间、师师间的指导与被指导、命令与服从的关系,已经被现代教育中平等对话式的教学交往所取代。现代教育教学的特征让我们深刻感受到,师生关系与师师关系实际上都是一种交往关系,是一种共同创造意义上的关系。

这种人际交往的教育方式早在古希腊时期就已经开始。苏格拉底的"助产术"为我们开辟了师生对话教学的先河,对后来教育的发展产生重要影响,"教育不是知者随便带动无知者,而是师生共同寻求真理,这样,师生可以互相帮助,互相促进"。值得注意的是,这种"对话"在师生之间与师师之间是相互尊重、信任和平等的,是教学过程中所有语言的交流活动。一旦打开彼此的内心世界,人们精神世界的真情实感就会涌现出来,人们相互接受和倾诉对世界的看法、人生的理想和价值的取向,道德情感、道德智慧和道德思想就顺其自然地成为"对话"中的核心内容,"对话"是求同存异的过程,是反思辩论的过程,是教师纠正思想认知偏差的过程,也是教师运用道德智慧提升教育质量和效果的过程。

因此,教师间的"对话"是教学的对话,也是道德的对话,偏离道德的对话是低效的,是没有立德树人精神实质的。总之,"对话"的力量需要教师自己体会和把握,也只能由教师自己去感知,并巧妙地运用它。

我们可以从案例7-8中认识到,小学教师同行之间真诚的对话不仅可以打开教师心中有关教育教学工作的困惑,还可以促使小学教师间形成学习型组织和团体,将思想深入到彼此的精神世界,相互感悟、相互促进道德认知的增长与道德智慧的培育。

(四) 在小学教师职业道德实践反思中培养职业道德智慧

反思是小学教师的一项基本功,不仅在教学中要通过不断地反思,提高教学能力,掌握教学技巧,而且在教师职业道德的实践中,通过不断地反思,增强职业道德意识,养成职业道德智慧。道德实践反思是小学教师践行职业道德的必备过程,也是小学教师职业道德成长的必经之路。教师的个人教育信念与教育经验对小学教师批判性反思能力的提升具有重要作用,小学教师可以通过"'自我反思'有意识地进行思考,以反思型从业者的方式来接近教学,以自我生成的人文主义方法来接近教学从而有助于教师的专业成长"[①]。美国实用主义哲学家、教育家杜威曾就教师的"反思"开展过一系列的研究,他是最早对教学反思进行研究的教育家。20世纪30年代,杜威在《我们如何思维》一书中界定了"反思"的意义,强调反思性思维在教学工作中的重要性与必要性。他指出,个人的反思过程是对于任何信念或假定性的知识,按其所依据的基础进行的主动的、持续的和周密的思考,反思性思维能够"把我们从单纯冲动和单纯的一成不变的行动中解脱出来……使我们能够以预见指导我们的活动,能够按照预定的目标或我们意识到的目的来进行计划,能够以深思熟虑和带着目的的方式开展行动"[②]。据此,杜威还提出了著名的反思性思维"五步说":(1)感觉到的困难;(2)困难

---

① Renan Saylag. Self Reflection on the Teaching Practice of English as a Second Language: Becoming the Critically Reflective Teacher [J]. Procedia-Social and Behavioral Sciences, 2012,46(Complete):3847-3851.

② [美]约翰·杜威. 我们如何思维[M]. 伍中友,译. 北京:新华出版社,2015:76.

的所在和界定;(3)对不同解决办法的设想;(4)运用推理对设想的意义所作的发挥;(5)进一步的观察和试验,得出肯定或否定、可信还是不可信的结论。①"五步说"的提出为教师养成反思的习惯,掌握反思的方法提供了有效的可操作性,得到学界的广泛认可。

小学教师的道德实践反思是指严格按照教师职业道德的要求,自觉地、主动地、持续地对自己在教书育人过程中的思想和行为进行积极的、持续的、深入的自我调节与思考,并对自己意识到的不符合道德标准的思想和行为,寻求多种方法及时纠正的过程。"积极的""持续的""深入的"是指小学教师对教师职业道德实践活动及其背后的观念、假设进行反思,并保持一种可持续进行的状态。由于每个人的道德衡量标准存在差异,每个人认为的不符合道德标准的思想和行为也不一样,所以,小学教师要从多角度、多层次分析与评价教师职业道德实践活动,发掘隐含其后的道德标准,最终作出理性的判断,获取道德认知,形成职业道德智慧。

道德实践反思是一个反复加工的过程,也是职业道德情感与道德认知共同参与的过程,小学教师在道德实践反思的过程中,不仅需要对道德认知进行加工,更需要道德理想与道德情感的共同参与。小学教师的道德理想与道德情感渗入自我道德实践反思中,从而促进道德认知的增长,增强道德智慧的培育,使教师职业道德和学生道德教育共同发展。

小学教师道德实践反思的重点在于教师掌握道德认知的同时,做到严格规范教育教学行为,剖析自己的言行,有效抵制和消除外在不良诱惑的侵蚀,保持积极健康的精神风貌和道德价值追求。"教师专业发展不仅应包括知识、技能等技术性维度,还应该广泛考虑道德、政治和情感的维度。"②为实现道德价值追求,实现教师专业发展,道德实践反思不仅要求小学教师将外在道德规范内化为自觉的、积极的道德价值观念和道德情感,而且要贯穿教师个人反省的整个过程,包括对教育教学工作的反省,对处理各类人际关系的反省,对价值取向和行为追求的反省,对个人行为和品行的反省。从某种意义上看,道德实践反思的过程,就是不断修正和完善道德认知、审视和慎思道德行为习惯、积累道德智慧的过程。

小学教师道德实践反思的主要途径是利用教育教学实践获取教育教学体验,通过认真审视教育行为,将道德实践反思后获取的道德新知,依据教育教学效果和教育对象的反馈得以验证,并观察道德教育的实际效果。持续的道德实践反思不断发力,促使小学教师的道德品行日臻完善,道德思维越发活跃,道德智慧越来越丰富。

从教育目标上看,小学教师的日常教育活动是让教师和学生都趋于成熟的一份神圣事业,教育事业的魅力在于教师和学生在实际的教学实践活动中,能够根据自己教与学的亲身体验,激发头脑中的道德智慧,认识和反思自己,提高教师的职业道德修养,坚定职业初心,义无反顾地将自己的精力投入到教育教学活动中。在道德活动中,"如果不顾个体的内心感受,仅关注对他们进行外在的制度控制,或者给个体绝对的道德自主,任他们'自由驰骋',都是顾此失彼的做法"③。道德实践反思的过程,是教师不断调节心理活动,避免身心发展出现不平衡状态,使教师道德品行不断趋于完善的过程。从小学教师职业道德的发展规律来看,道德实践反思也标志着教师正进入到由他律道德转化为自律道德的重要过程,还代表着小学教师个体道德心理发展已进入自觉化发展阶段,在此阶段中,教师将道德认知、道德反思、

① [美]约翰·杜威.我们如何思维[M].伍中友,译.北京:新华出版社,2015:72.

② Andy Hargreaves. Development and Desire: A Postmodern Perspective [M]. New Orleans: Activism, 1994:51.

③ 冯永刚.以制度安排促进道德教育发展的基本原则[J].教育理论与实践,2011(12).

道德智慧与道德实践融为一体。随着教龄的增长,小学教师对自身职业道德修养的认识逐步走上新的高度,道德智慧不应仅停留在义务教学的思维里,而应更加注重富有道德感情、更具生命关怀的职业道德理想,奉献自我,教导学生,服务社会,遵循道德实践反思的成果,加快小学教师职业道德素养与道德智慧的提升。

✳ 思考题

1. 如何理解教师职业道德智慧的内涵及其特征?

2. 举例说明小学教师职业道德智慧主要体现在哪些方面。

3. 简要说明提高小学教师职业道德智慧的途径有哪些。

4. 小学教师如何运用职业道德智慧培养学生的道德修养和个人品行?

5. 小学教师如何利用实践反思增强职业道德智慧?

✳ 拓展阅读

1. [加]马克斯·范梅南. 教学机智——教育智慧的意蕴[M]. 李树英,译. 北京:教育科学出版社,2001.

2. 吴安春. 回归道德智慧——转型期的道德教育与教师[M]. 北京:教育科学出版社,2004.

3. 卞闵. 哲学与道德智慧[M]. 南京:江苏古籍出版社,2002.

4. 靖国平. 教育的智慧性格:兼论当代知识教育的变革[M]. 武汉:湖北教育出版社,2004.

5. 田慧生. 时代呼唤教育智慧及智慧型教师[J]. 教育研究,2005(2).

6. 成尚荣. 寻找道德教育智慧的源头[J]. 课程·教材·教法,2006(5).

7. 《中小学教师职业道德规范》的内容[EB/OL]. (2019-03-06)[2020-09-28] https://www.bilibili.com/video/BV1xb411q7rD? from=search&seid=4723044134507493616.

第 八 章

小学教师职业道德修养

知识结构

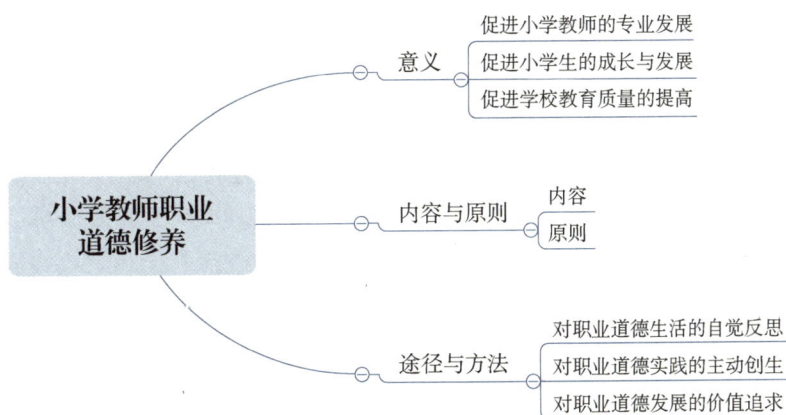

小学教师职业道德修养
- 意义
  - 促进小学教师的专业发展
  - 促进小学生的成长与发展
  - 促进学校教育质量的提高
- 内容与原则
  - 内容
  - 原则
- 途径与方法
  - 对职业道德生活的自觉反思
  - 对职业道德实践的主动创生
  - 对职业道德发展的价值追求

学习目标

知识与技能	明确教师职业道德修养的意义,遵循小学教师职业道德修养的原则,掌握提升小学教师职业道德修养的途径与方法。
过程与方法	通过阅读教材,学习和掌握分析问题的方法。
情感态度与价值观	树立正确的教师职业道德修养价值观,形成积极向上、不断超越自我的道德生活旨趣。

师者,人之楷模也。教师的职业特性决定了在教育教学实践中,要不断地陶冶、修炼师德修养,成为以德施教、以德立教的楷模,即"学高为师,身正为范"。修是学问和品行的学习和锻炼,养是培养和培育。道德修养是人们在道德方面进行的自我改造、自我培养。对小学教师来说,并非选择了教师职业,取得了教师资格,就理所当然地具备了小学教师的职业道德,达到了教师职业道德的境界。小学教师职业道德修养不是一蹴而就、一劳永逸的事情,需要小学教师依照教师职业道德规范,不断地学习、体验、对照、检查和反省,它既是修养的过程,也是修养所达到的水平。

第一节 ◈ 小学教师职业道德修养的意义

"小学教师职业道德修养是教师为了适应基础教育教学工作的需要,根据职业道德的原则、规范、范畴等要求,在道德方面所进行的一种自我锻炼、自我陶冶、自我改造、自我提高的活动,以及经过锻炼改造而形成的教师道德品质和达到的师德境界。"[①] 小学教师要教书育人、践行时代赋予的责任和使命,就必须全面提升自己的职业道德修养,这既有利于小学教师自身道德品质的完善,促进其专业发展和专业成长,也有利于培养和造就学生的优良品格,还有利于促进学校教育质量的提升。

一、有利于促进小学教师的专业发展

小学教师专业发展是小学教师追求职业品质的发展,既包括教师在个人知识、技能、专长等方面的发展,也包括职业精神和道德品质的提升。进入 21 世纪以来,小学教师专业发展呈现出多维、综合发展的趋势,但教师职业的"教育性"决定了小学教师专业发展永远无法脱离道德的规范。小学教师的道德修养是其专业发展的原动力。很难想象,一个道德修养低下的小学教师能够积极主动地去提高自己的专业水平,把自己的全部精力投入到教育事业中去。因而,促进小学教师的专业发展,必先提升小学教师的职业道德修养。

(一) 为小学教师专业发展指引方向

小学教师专业发展不能是随心所欲、盲目被动地发展,应该在小学教师职业道德的指导下,明确价值取向和价值追求、积极主动地发展。我国《中小学教师职业道德规范》把"爱国守法、爱岗敬业、关爱学生、教书育人、为人师表、终身学习"等作为教师道德修养的目标与基本内容,这必然成为小学教师专业发展的基本要求,也为小学教师专业发展指明了方向。小学教师专业发展只有把职业道德修养的目标和内容作为根本方向,才能在选择中不迷失、在困境中不放弃,坚定地前行在正确的轨道上。

(二) 为小学教师专业发展提供动力

小学教师职业道德修养是由一种外在的要求转变为教师生命成长与专业发展的内在生命需求。教师道德修养作为教师发展的核心内容,其水平的提升过程就是教师对教育教学认识与理解不断深化的过程,是教师生命需求不断激发的过程,也是教师教育情感与责任感不断增强的过程。从根本上看,教师道德修养使小学教师专业发展由外力推动逐渐转变为教师的内在驱动,为小学教师专业发展提供了强大的、具有生命活力和朝气的动力源泉。小学教师专业发展不再是教师必须完成的某种外在任务,而成为一种在职业道德引领下小学教师自我提升的内在需求,是自我批判、自我反思、自我超越的内在化过程。

(三) 为小学教师专业发展提供示范引领

小学教师职业道德既包括教师职业理想、职业信念,也包括教师职业道德规范、职业道德行为准则。无论是前者还是后者,都会对小学教师的思想和行为起到示范引领作用。小

---

① 杨超,沈玲. 中小学教师职业道德规范(2008 年修订)培训读本[M]. 北京:中国轻工业出版社,2009:26.

学教师专业发展一旦脱离了教师职业道德的示范引领作用,就会失去可靠的基础和保障,难以找到自身发展的内在逻辑和正确方向。小学教师职业道德规范是具体的也是历史的,它有一个逐步发展完善的过程,因此,需要在小学教师专业发展过程中不断地加以改进。随着小学教师专业发展的不断完善,小学教师道德修养的内涵也会不断发展、日益丰富,小学教师职业道德规范也应被注入新的内容。教师职业道德为小学教师专业发展提供的示范引领作用,可以使小学教师专业发展建立在遵循教育教学及教师发展规律的基础上,具有科学性和可行性,为小学教师专业发展奠定了坚实的基础。

二、有利于促进小学生的成长与发展

小学教师职业道德修养对学生的成长起着至关重要的作用,职业道德的根本任务就是对学生负责,用真善美来影响学生、教育学生。小学生处在身心发展尚未成熟的阶段,具有较强的依附性、可塑性和向师性,教师的一言一行都会对小学生产生潜移默化和深远持久的影响。一个道德高尚、精神丰富的教师,可以在学生成长中给予更好的引导和帮助,表现在促进学生的健全人格、学习态度、思维方式、道德品质等多方面的发展。

(一) 促进小学生学习态度的端正

小学阶段是学生学习态度形成的关键时期,其学习态度的好坏可以来自教师的主观引导,也可以来自对教师言行举止的模仿。小学教师的职业道德修养要求小学教师要具有认真负责、爱岗敬业的教学态度和积极向上、不畏困难的人生态度,这是影响学生良好学习态度的重要方面。小学教师在教学时态度端正、规范严谨、注意细节,对小学生起到示范作用,小学生为了达到教师的教学目标,也会认真对待学习,模仿教师的态度来完善他们自身的学习态度。一个职业道德修养水平高的小学教师,会做学生的良师益友,真诚地对待每一个学生,尽可能地发现每一个学生的优势和长处,时时处处地对小学生给予关怀和指导,进而培养学生良好的学习态度,激发学生积极向上,促进不同层次的学生共同发展。

(二) 促进小学生思维能力的培养

小学教师的职业道德修养能够反映出教师的思维品质,科学的思维方式能够形成正确的道德行为选择。素质教育要求培养小学生的创造性思维,而小学生创造性思维能力的形成与小学教师的道德修养息息相关。教师的教学风格折射的是教师的思维方式和思维品质,有创造性思维品质的教师,会对某一事物从不同角度、多个方面向学生提出问题,启发式地引导学生去思考,激发学生的创新思维意识,从而提升学生的思维能力。如果教师的教学方式古板严肃、缺乏创新,过于依赖教材上的学习内容和传统的教学方法,就很难引导学生积极探索、主动创新,不利于学生思维能力的培养。因此,职业道德修养水平高的小学教师,善于用自己的职业理想和专业理念对不同的学生采取不同的教学策略,主动地创新教学方法,使学生的思维方式和学习方式发生根本的转变,促进学生在学习中有更好的发展,取得更好的成绩。

(三) 促进小学生思想品德的形成

加强小学教师职业道德修养,在思想认识和行为作风上做好先锋模范作用,是培养小学生良好思想品德的重要保障。小学阶段是儿童初步走出家庭、接触社会、了解生活、学习知识的新阶段,也是他们的思想观念、道德品质开始形成的阶段。作为小学教师,要引导好、教育好、培养好每一位学生,自己就应该率先垂范、为人师表,尊重爱护学生,与学生真诚地交往,这是小学教师职业道德修养的基本要求。一方面,小学教师要用自己高尚的品格、规范的行为、真挚的情感、坚定的信仰去影响、启迪、教育学生,做好学生的思想品德教育工作;另一方面,小学教师作为教与学的主导者,还需要在学科教学中渗透思想品德教育。小学生具有强烈的好奇心,正在对世界进行积极的认知和探索,小学教师在教学中渗透的思想品德教育要亲切自然、贴近生活;要树立正确的政治思想观点,遵循青少年思想品德形成和发展的规律。小学教师只有自觉加强自己的职业道德修养,脚踏实地,乐于奉献,对学生进行有效的思想品德教育,才能使学生学会做人、学会做事,形成良好的思想品德,从而愉快、自信、健康、快乐地成长。

(四) 促进小学生健全人格的形成

小学教师自身的人格、品德、精神风貌、道德理想、人生信仰、行为习惯等都具有较大的感染力,能够促进学生健康人格的形成。小学教师热爱学生、尊重学生、平等地对待学生的良好职业道德修养,对学生的成长和发展来说,是任何一本教科书、任何奖励和惩罚都无法代替的教育力量。小学生自身对事物缺乏一定的判断能力,其人格尚需引导和完善。教师的个人品德和道德修养往往可以触及小学生的内心世界,在学生心中留下深刻的烙印,在潜移默化中塑造学生的人格。小学教师的人格力量包含教师的正义感、公平、正直、同情心、仁爱、牺牲精神等,这些对学生健全人格的形成起着关键作用。榜样的力量是无穷的,小学教师要以身作则、为人师表,以言传身教影响学生的人格;要建立良好的师生关系,对学生理解、宽容、真诚、关切,以真情实感感染学生的人格。高尚的教师职业道德修养可以照亮学生的成长历程,使学生得到自由而全面的发展。

三、有利于促进学校教育质量的提高

小学教师职业道德修养是提高教育质量的重要因素。小学教师职业道德修养直接关系到学校教风、学风、校风的建设以及教学质量的好坏,关系到合格人才的培养和学校的发展。基础教育改革的不断深化,不仅需要小学教师更新思想观念、提高教育教学水平,更需要具备良好的职业道德修养。唯有此,才能热心投身于教育教学改革,钻研教学,探索教法,保证优质的教学效果。缺乏良好道德修养的教师,即使个人的业务能力再强,科研水平再高,也不能从根本上带动学校教育质量的提高。小学教师道德修养的提升与学校教育质量的提高相辅相成。

学校教育质量的提高关键在于教师,道德修养则是对教师整体素质的根本要求。提高学校教育教学质量,必然要求教师自觉加强职业道德修养,树立坚定的教育事业心,热爱教育、热爱学校、热爱学生,爱岗敬业、尽职尽责。小学教师良好的道德修养是学校教育质量提高的助推器,教师要做好人类灵魂的工程师,必须有高尚的道德情操,才能以德治教,以德育人。因此,小学教师职业道德修养是建设高素质教师队伍的基础,是提高学校教育质量的保证。

第二节 ◈ 小学教师职业道德修养的内容与原则

小学教师要想养成高尚的职业道德修养,需要不断地修身养性,在修炼中的第一要务就是把握职业道德修养的内容和原则。

一、小学教师职业道德修养的内容

小学教师职业道德修养的内容具有发展性的内涵,体现在知、情、意、行等方面,具体包括提高小学教师的职业道德认知、陶冶小学教师的职业道德情感、锻炼小学教师的职业道德意志、养成小学教师的职业道德行为习惯等方面。

(一) 提高小学教师的职业道德认知

"道德认知是个体对道德现象、行为准则及其意义的认知,即在人的道德意识中反映或观念地再现道德现象的过程。"[①] 道德认知是教师职业道德修养的前提和基础,道德认知水平影响着道德行为的稳定性、自觉性和有效性。因此,要促成小学教师职业道德的行为转化,首先需要培养教师对自身职业道德的正确认知。道德认知是人们判定是非善恶、审视自身以及对规则与准则的认同程度,从而指导道德行为。道德认知的"知",不是一种单纯的知识,而是一种需要知道为什么要学会它以及学会它有什么用的特殊知识。小学教师职业道德认知贯穿于教师道德品质形成的各个方面,包括对教师职业内涵的正确理解、对教师职业道德信念的认识、对教师职业道德规范与要求的认识,以及对教师职业道德评价等方面。

1. 对小学教师职业道德信念的认识

在小学教师的职业道德修养中,要强化理想信念的认识。要引导广大小学教师热爱祖国,弘扬爱国主义精神,自觉培育和践行社会主义核心价值观,不断增强小学教师思想政治工作的针对性和实效性。要把握新时代中国特色社会主义思想,领会全国教育大会的精神内涵,按"四有"好老师和"四个引路人"来要求自己。要加强世界观、人生观、价值观的"三观"修养,全身心地投入到自己的事业中去,培养适应时代发展和社会需要的合格人才。小学教师只有树立正确的职业理想和生活理想,认识到自己所肩负的历史重任,才会产生强烈的职业责任感,并内化为自己的职业道德信念,从而在教育教学实践中形成良好的职业道德行为。

2. 对小学教师职业道德规范的认识

小学教师需要认真学习《中小学教师职业道德规范》,准确理解"爱国守法、爱岗敬业、关爱学生、教书育人、为人师表、终身学习"的内涵和具体要求。小学教师职业道德规范是教师职责、义务与时代要求的有机结合,教师学习和贯彻的过程是一个不断深化认识和实践的过程。小学教师在工作中面临问题、矛盾时,职业道德规范就是处理各种道德关系的重要依据。荀子在《礼论》中说:"有师法者,人之大宝也;无师法者,人之大殃也。"[②] 加强对教师职业道德规范的学习,不断提升教师职业的道德修养,才能成为让人民满意的小学教师。

3. 对小学教师职业道德评价的认识

道德评价是依照一定的标准、方法对某种道德行为、道德品质的价值和性质进行判断的活动。小学教师需要运用教师职业道德规范等对自己和其他教师的行为进行是与非、善与恶、美与丑的判断,作出正确的道德评价。科学地开展小学教师职业道德评价活动,能够推动小学教师职业道德修养的提升。正确的道德评价,可以增强教师工作和学习的积极性,巩固教师善的行为,逐渐形成良好的道德行为习惯;相反,错误的道德评价会产生消极作用,改

① 易法建. 论道德认知[J]. 求索,1998(3).
② 转引自王兴周. 重建社会秩序的荀子思想[J]. 现代哲学,2012(6).

变教师职业道德修养的指向性,从而导致道德失范。因此,要加强小学教师对职业道德评价的学习,使其具备职业道德的判断能力。

(二)陶冶小学教师的职业道德情感

"道德情感是个人按照一定的道德观念去评定行为、人品的善恶,或由于道德需要是否满足所引起的一种情绪体验。"[①]人非草木,孰能无情。教师职业道德情感是对教师职业道德认识的进一步修炼和升华。道德情感由无数积极的道德情绪体验不断积累、强化和沉淀而成,而道德情绪体验无法靠个体对道德规则的一般理解获得,必须在特定的道德情境中才能产生。同时,道德情感作为人类的一种高级情感体验,是一种有意识的理性情感,其产生不是简单的刺激-反应式,而需要个体的主动感受、体悟和认同。尽管教育场域中的道德情境无处不在,但如果教师缺乏自主意识,不去觉察和体悟教育情境中的情感意蕴,自然也就不能产生相应的道德情绪体验。因此,为促成稳定的职业道德情感的产生,教师需要提高自身的道德敏感性,自觉地通过对典型情感案例的移情和自身职业行为的反思,在教育教学的细微之处去品味各种道德情感。

在小学教师职业道德修养的过程中,应培育的教师职业道德情感主要有:热爱小学教育事业;热爱所教学科;热爱小学生。对小学教育事业的热爱源于教师对小学教育事业在民族振兴、社会进步中重要地位的充分认识,感受到教师职业的光荣感与使命感。这是一种崇高的教师职业道德情感,小学教师只有把自己的命运与国家的教育事业紧密结合在一起,才会淡泊名利、勇于坚守、乐于奉献。教师热爱自己所教的学科,才会在知识的海洋中不断汲取、不断探索,积极地改进教育教学方法,使自己在教学上锐意进取,精益求精。对小学生的热爱是教师职业道德情感中最重要的内容,也是教师热爱教育事业最直接的表现。热爱小学生,要求教师关爱每一位小学生,尊重、理解、宽容、信任小学生,对小学生一视同仁,严慈相济,并富有教育艺术。

(三)锻炼小学教师的职业道德意志

"道德意志是指个体在道德实践中,为坚守一定的道德原则而表现出的克服一切困难与障碍的精神力量。道德行为的践行,需要道德情感的内驱,更需要道德意志的监控与决断。"[②]现实中,一些教师所表现出的职业道德认知和道德行为不一致,大多是由于在道德意志层面上出现了问题。小学教师道德自律的养成需要在教育实践中充分发挥个体的自由意志和道德理性。单靠外在的灌输和规训,无法促成教师的道德自律。深层次的道德自律能真正地促使教师不断地提升职业道德修养,而深层次的教师道德自律是基于对专业信念的追求和固守。教师专业信念来源于教师的教学实践,取决于教师的专业发展,需要教师自觉地树立为教育事业而不懈奋斗的远大理想,主动地更新专业知识与技能,不断深化对教育真谛的理解,切实体会专业精神。

小学教师职业道德意志是一种为实现教育目标、摆脱诱惑、战胜困难的坚强精神。在教育实践中,面临着来自社会的不良风气、物质诱惑等现实问题,小学教师如何以坚强的道德意志来克服人性的弱点,是小学教师职业道德修养中的考验。作出正确选择,排除干扰和障碍,培养和磨炼小学教师职业道德意志尤为重要。只有道德意志坚强的小学教师,才能履行

---

① 中国大百科全书(教育)[M].北京:中国大百科全书出版社,1985:48.
② [德]伊曼努尔·康德.道德形而上学原理[M].苗力田,译.上海:上海人民出版社,2012:9.

好教师职业道德规范,始终如一,形成良好的职业道德修养。

(四) 养成小学教师的职业道德行为习惯

"教师道德行为是指教师在道德认识、情感和意志的支配下,在教育实践中所体现出来的,经过意志抉择所发生的涉及他人和社会的利害关系,并对之能进行善恶评价的行为。"[1]教师的道德行为是一种社会行为,它属于道德实践的范畴,是教师道德面貌的表现,是评价人的道德活动价值的基本依据。小学教师职业道德行为的形成得益于相关的教育环境以及教师的自我修养,教育实践中道德行为可以反映出教师的道德觉悟水平、道德修养境界以及道德判断能力。认知推理、道德认同与共情等是影响小学教师道德行为的重要因素。

在小学教师职业道德修养的构成要素中,教师职业道德认识、教师职业道德情感、教师职业道德意志属于教师职业道德修养的意识范畴,它们的作用在于影响和指导教师职业道德行为的选择。但是,小学教师职业道德修养不能仅仅停留在意识修养层面,如果不用实际行动去履行道德义务,这种教师职业道德修养就不是知行合一的教师职业道德修养,是不完整的或者残缺的修养。道德意识层面的修养只能使人具有道德品质的愿望和动机,但还未形成真正的道德品质,只有通过经常性的而不是偶然性的道德行为,才能表明一个人的道德修养水平高低。同时,小学教师职业道德行为对其职业道德意识具有反哺作用,小学教师在教育实践活动中履行道德义务,通过道德行为不断加强教师职业道德认识、加深教师职业道德情感、提升教师职业道德意志,从而使教师的职业道德品质得到发展。所以,培养小学教师良好的职业道德行为是小学教师职业道德修养的归宿和落脚点。

总之,小学教师职业道德认识、道德情感、道德意志以及道德行为是构成小学教师职业道德修养的主要内容和基本要素,各个内容之间相互联系、相互影响、相互促进,在小学教师职业道德修养实践中应坚持多方面共同协调发展。

二、小学教师职业道德修养的原则

小学教师职业道德修养的原则是小学教师在职业活动中,处理自己与学校、同事、学生、家长等各种关系时应遵循的根本行为准则。在小学教师的教育实践过程中,要遵循知行合一、自律和他律相结合、动机和效果相统一、个人和社会相结合等原则,这些原则不是对小学教师每一个职业行为的具体规定,而是具有广泛指导性和普遍约束力的基本原则,集中反映了小学教师职业道德的本质,具有较强的概括性和抽象性。小学教师只有自觉遵循职业道德修养的原则,才能提高自己的职业道德修养水平,具有高尚的道德情操和献身教育事业的精神。

(一) 知行合一

知行合一是中国传统文化的精华,最早由宋元儒学家金履祥在《论语集注考证》中谈到,"圣贤先觉之人,知而能之,知行合一,后觉所以效之"[2]。后由明代思想家、心学家集大成者王阳明发扬光大,发展成为较为完备的哲学体系。古人所谓的"知"是指道德观念、思想意念和事物之理;所谓的"行"是指道德践履和实际行动。作为哲学核心的知行合一,有专家把它总结为三层含义:知行必须兼顾,不可偏废;真知必行,注重躬行实践;以知促行,为善去恶,

---

① 蔡亚平. 教师与学生道德行为的发展[M]. 北京:教育科学出版社,2011:2.
② 转引自周国韬. 中小学教师职业道德规范学习读本[M]. 北京:中国轻工业出版社,2009:120.

强调自律自觉。① 知行合一的思想为小学教师职业道德修养的提升提供了理论依据和方法指导。

小学教师职业道德修养既是理论问题，又是实践问题，必须依靠长期不懈的努力，自觉进行修养和锻炼，才能使师德原则成为教师行为的准则。教师职业道德修养理论是教师自我提升、自我反思的重要依据。但是，教师职业道德修养如果只是坐而论道，各种理论和规范将变得空洞乏味。小学教师职业道德修养的理论学习就是"知"，每位教师要悟透道德修养的真义，离不开教师自身的"行"，把自己所学的道德理论付诸实践，才能知道自己的道德行为是否正确。知行合一的原则，就是要求小学教师在道德修养理论学习中不能脱离实践，在实践中去感知、理解道德修养的内容。

在新时代，知行合一理念被赋予了更多新的内涵，正如习近平总书记所说："培育和践行社会主义核心价值观，贵在坚持知行合一、行胜于言，在落细、落小、落实上下功夫。做到以知促行、以行促知、知行合一。"② 知行合一在实践中怎么转化和提升，对小学教师来说是一个既重要又突出的问题。在教师职业道德的修炼中，认知转变是教师职业道德修养的前提，教师职业道德认知不能靠抽象的说教。小学教师职业道德修养的提升，必须避免实践中的道德灌输，必须经由教师的感悟、体验。朱熹曾经说道："方其知之而行未及之，则知尚浅。"③ 由于人们"知"的深度不够，造成了知而不行。所以，要加深对道德观念的理解，使道德规范深入人们的内心。在此基础上，还要加强道德行为的实践锻炼，并养成自觉的道德行为习惯。所以，小学教师职业道德修养要经历从道德内化到道德外化的转化，是"知德"与"行德"的辩证统一。

(二) 自律和他律相结合

道德"在本质上既是自律的又是他律的"④。自律是小学教师根据已形成的道德价值观和道德思维，在内心中为自己立法并根据这一立法去行动，从而实现自己的道德理想的职业道德修养原则，是教师的自我管理、自我约束。他律则是由外在因素决定小学教师的主体意志和道德行为，是一种外部监督机制，是教师提升职业道德修养的外在动力，具有明显的强制性和被动性。

教师职业道德相关的法律法规、规章制度、舆论监督等是小学教师职业道德修养的外部条件，能够帮助小学教师正确处理个体与他人、与集体、与社会的利益关系。但是，教师职业道德规范的制定和完善并不等于他律作用的实现，还必须依赖于小学教师个体逐渐养成的自觉履行教师职业道德规范的意识。没有教师个体自律意识的参与，教师职业道德规范他律作用的发挥只能是对主体的一种束缚和制约，并不能实现教师职业道德规范促使教师职业道德修养提升的价值。他律和自律既相互区别，又相互联系；既相互依存，又互为条件。其中，他律是基础、是前提，在他律的过程中，开始产生自律能力及行为，因此，自律就成了他律的结果和产品。而自律能力一旦产生并付诸道德实践，又会成为与他律平行的教育力量，与他律一起共同影响小学教师的职业道德修养。

他律和自律相结合，既反映了小学教师职业道德修养的客观规律，又是小学教师职业道

① 冉隆锋,高俊霞.教师职业道德与政策法规[M].重庆:西南师范大学出版社,2019:89.
② 习近平.青年要自觉践行社会主义核心价值观[N].人民日报,2014-05-05(02).
③ 转引自杨翰卿.论朱熹重行不轻知的知行观[J].西南民族大学学报(人文社科版),2010(4).
④ 陈进华.自律与他律:公民道德建设的实践路径[J].道德与文明,2003(1).

德修养必须遵循的基本原则。道德自律与道德他律是社会共同体的道德支撑的两种方式，只有道德自律与道德他律相结合，社会共同体才能维持并发展下去，人的各种才能在社会共同体中才能充分地发展。道德自律体现的是主体的自主性，它实际上就是道德主体自我约束自己的行为。通过道德自律对个人行为的控制是较持久稳定的，因为道德自律是道德主体的自我选择行为，其行为方向和水平较稳定，不容易受外界条件的影响。小学教师的道德自律来自神圣的使命感、崇高的敬业精神，是一种良知、良能的存在。教师职业道德规范应该运行在他律和自律之间，目前，我国的教师职业道德规范机制还不够完善，要建立一套完善的教师职业道德规范，需要充分考虑教师自律意识形成的心理条件，让遵守道德规范的教师的利益得到保障，并受到激励和鼓舞；让违反教师职业道德规范的教师受到应有的惩罚，付出相应的代价。在建设外在制度的同时，更要注重引导教师内在的道德修养，养成良好的道德修养习惯，把小学教师职业道德规范内化为小学教师的自觉行为。

（三）动机和效果相统一

动机是指人们行动的主观愿望。一般情况下，行为者的动机他人难以知悉，但是，动机确实存在，人们做任何事都会受一定的动机支配。当行为者表明自己的动机后，动机就成为一个可以被他人认知的公共对象，进而也就可以成为道德评判的根据。效果是指人们实践的客观结果。效果是可以被公共感知到的，现实生活中，当人们为了追求某种效果而行动，效果就是一个公共的认知对象，并且可以以效果来评判行为是否道德。一个人的行为在道德上是善或恶，既取决于行为者的动机是否良善，也和行为所造成的后果有关。如果没有同客观实际相符合的正确认识和动机，就不可能有效地改造客观世界；有了正确的认识和动机，而不努力取得符合这种认识和动机的社会效果，也不能达到改造世界的目的。所以，要将动机和效果相统一作为评判小学教师职业道德修养的原则。

动机和效果相统一原则可以弥补单一道德评判标准的不足。一方面，动机是人们行为的起点，它在某种程度上反映了行为者的真实想法和内心愿望。脱离了真实动机，无论其效果显得多么宏伟和高尚，仍难免有虚伪之嫌疑。另一方面，效果是道德评判的最现实的根据。无论一个人的动机是多么高尚和善良，如果得不到实现，就不会给社会的发展和人类的进步带来任何积极的影响。所以，善良的动机必须转化为实际的效果，而实际的效果才是最具说服力的和最有效的道德评判根据。由此可见，动机和效果相互依存、互为前提，并且在一定条件下可以相互转化，两者的统一是一个以实践为基础的过程。

热爱教育事业、关爱学生、乐于奉献等是良好的动机，动机决定行为，具备了良好的动机，才会有勤恳敬业、诲人不倦的教育教学行为。同时，小学教师的教育教学行为是否能促进学生的成长与发展，还要看行为的结果，即教师教育实践取得的效果。有了道德行为的实际效果，教师的职业道德修养才有现实意义。因此，动机必须是主观上良善，而良善的动机通过良好的效果来表现和证实，所以，小学教师的职业道德修养应该坚持动机和效果的辩证统一。

（四）个人发展和社会要求相结合

小学教师职业道德修养的基本原则不是人们凭空想象的产物，而是一定社会的"社会关系"的产物，是"社会关系"规定了小学教师职业道德修养的原则。每一种职业都要形成相应的社会关系和利益关系。"正是在这些关系中，人们对从事不同职业活动的人提出了相应的要求，长期从事某种职业活动的人也就在这种社会关系中逐渐适应'他人取向'和'他者期望',并养成了特定的职业心理、习惯等。"[1]教师职业道德修养的基本原则就是指导教师调整行业内人与人之间、教师职业与其他行业之间、教师与学生之间、教师与社会整体或国家之间利益关系的原则,它反映了教师职业所应承担的一定的社会责任、应履行的社会义务以及承担责任、履行义务所应享有的社会权力和社会利益,是教师职业道德区别于其他类型社会道德的最根本的标志。个人与社会的关系是社会历史哲学的中心问题,也是教育价值观和道德规范的基本问题。人是社会的主体,社会是人的集合。个人与社会相互依存,密不可分。马克思主义教育观要求坚持个人发展与社会发展相统一。个人自身的发展只有满足社会发展的需要时,个人价值才能实现;社会发展也只有建立在个人自由全面发展的基础上,这样的社会才有希望和意义。小学教师的职业道德修养同样要坚持个人发展和社会要求相结合的原则。

我们每个人既要面向社会、适应社会,又要善于发挥个人的主观能动性,为社会作贡献。小学教师作为社会成员之一,应当关心和维护国家、社会、集体的利益,要有大局意识,任何时候都要把社会道德规范放在首位。在职业道德修养的问题上,要处理好个人利益和集体利益的关系。思想家、诗人雪莱曾经说过:"一个人如果不是真正有道德,就不可能真正有智慧。精明和智慧是非常不同的两件事。精明的人是精细考虑自己利益的人;智慧的人是精细考虑他人利益的人。"[2]小学教师在具体的教育教学工作实践中,由于性别、年龄、专业、工作经验等各方面的不同,发挥着各自的优势和特长,要充分尊重和维护个体的正当利益;当个人利益与集体利益发生矛盾时,要以集体利益为重,也要不断发展、完善集体利益,以逐步满足个人的正当利益。

第三节 ◈ 小学教师职业道德修养的途径与方法

加强教师职业道德修养,实际上是一个多种因素、多种矛盾相互交织、相互作用的运动过程,"修"和"养"直接体现了教师道德动态发展、不断养成的过程性特征。小学教师只有选择正确的职业道德修养途径,把握行之有效的职业道德修养方法,才能达到崇高的道德境界。具体途径和方法有以下三种。

一、对职业道德生活的自觉反思

生活是道德修养的基石和源泉。人的道德植根于人们的现实生活,生活是人们为了生存和发展而进行的各种活动,它是道德修养的生长点和作用点。道德与生活的关系是内在的、本质的、构成性的。也就是说,生活是道德的基础,道德是生活的方向。人的道德品行的养成与体现发生在每个具有偶然性的真实生活情境中,职业道德修养不可能是建立在远离人实际生活的空中楼阁。"人的生活就是一个生命的历程,人在不断理解着生活,建构着生活的意义,展示着人生的价值,追寻着生活的幸福。"[3]教师职业道德修养就是教师的生活状态,应成为小学教师道德生命成长的田园。

① 阳春乔,龙迎伟,蔡红梅.论师德的社会性规定[J].湖南工业大学学报(社会科学版),2010(3).
② 转引自肖群忠.智慧、道德与哲学[J].北京大学学报(哲学社会科学版),2012(1).
③ 冯建军.主体道德教育与生活[J].教育研究,2002(5).

小学教师要能引"生活"之源,通过生活获得的道德认知和情感,不是纸上谈兵的"见闻之知",而是直接与教育生活息息相关的"践行之知",并在真实的生活情景中,通过摸索、验证,不断地反思、转化,从而提升自身的职业道德修养水平。古语讲,吾日三省我身。对道德生活的反思,架起了教师职业道德理论和教师职业道德实践交互的桥梁,在知与行的交互中,小学教师可以自省自察、自克自律。通过反思提升理论素养,通过反思明确实践路径,教师在反思中形成道德认同,产生情感共鸣,形成教师职业道德修养的行为自觉。

(一) 实际生活是小学教师职业道德修养的根本途径

教师职业道德修养要以生活为原点,从生活中取材,用生活中富有道德意义的典型事例和生活经验来提升教师的职业道德修养水平。一方面,经过生活锤炼的道德,可以保证道德本身在内容、性质、方向上的合理性。现实生活的变化更新使得道德观念层出不穷,只有立足于小学教师的生活现状,经过教师的自我修炼选择那些相对合理的、适合主体需要的道德体验,才能升华教师职业道德的境界。另一方面,小学教师职业道德修养的内容取材于生活,可以保证要养成的德性是有生命活力和生命气息的。"从生活中得来的道德体验是鲜活的,凝练着小学教师对生活意义的理解,能更好地提高教师的道德判断能力。"[1]

1. 讲好道德生活故事

教师的道德品格绝不是一瞬间高大、伟岸起来的,而是用日常生活、工作、学习中的点点滴滴小事,勾画出教师完整的人格魅力。叙写自己生活中的职业道德故事,是提升小学教师职业道德修养的切入点。要善用自己的人生经历和感悟,帮助学生从他人之处汲取前进的动力和能量,同时,提高自己的职业道德修养水平。

案例 8-1

师爱的力量[2]

班级里面有名同学身体不好,一次课间活动,慢性阑尾炎犯了,教师第一时间将这名同学抱到医务室并马上联系了附近医院,使得这名同学得到及时的救治,学生对教师十分感谢,在学生出院以后,对于教师所教的科目十分用心学习,最终在期中考试中一举成为该学科的第一名。其实,该同学是感受到教师对她的关爱,所以才会用自己的方式回报教师,认真学好该门课程,甚至在语文作文训练中将这件事写出来,真情实感的表达让全班很多同学都动容。教师的一个小小举动,能让学生刻骨铭心。

自己教过的小学生,多年后回忆自己的小学生活,能否有几件让学生娓娓道来或津津乐道的事情呢? 那些让学生深有感触的事件,让他们记忆犹新,或感动得热泪盈眶,或激动得一跃而起……只要有一件达成就成功了,因为你给学生留下可贵的、独一无二的痕迹,你于学生不是过客,而是他们生命中美好的相遇。这就是教师职业道德修养的力量。讲好生活中的教师职业道德故事,可以确立小学教师的道德主体性,使小学教师积极主动地探讨教师职业道德问题,领会小学教师职业道德的意义,逐渐形成小学教师高尚的职业道德修养。当小学教师尝试讲述自己生活中的道德事件时,也就意味着他开始以自己的生命经历为背景

① 刘旭相,杜金玉.何谓与何为——反思生活道德教育[J].教育科学研究,2009(10).
② 杨春茂.师德典型案例评析——师德修养与师德建设典型案例评析[M].北京:首都师范大学出版社,2014:80.

去观察世界,在这种自我发现的叙事过程中,小学教师审视、整理、澄清自己的已有观念,主动寻找影响自身道德行为的内在思想动机,并在这个过程中修正、澄清存在的问题,能够真正地提升小学教师的职业道德修养水平。

2. 引领道德生活旨趣

心理学家马斯洛提出,人不仅有多种多样的需求,而且这些需求是分层次的,分生理需求、安全需求、爱与归属的需求、获得尊重的需求、自我实现的需求五个层次。人的幸福在于这些需求的满足,越高层次的需求获得满足,人的幸福层次也就越高。从自我实现来看待生活,有助于抵制不断追求狭隘物欲的道德观,也能引向关于生活的深度思考。何为良好生活,每个人都有自己的生活旨趣,生活旨趣并不是制定一个终身生活计划。基于对生活意义的不同理解,对人生价值的不同追求,决定着人们的生活有着不同的精神境界。我们在反思道德问题时不能忽略个人生活旨趣。只有身心健康、乐观向上的教师,才能呵护阳光般的童心;只有不断反思、勇于探索的教师,才能培养出勤奋好学的学生。道德修养能给小学教师以动力和精神支柱,引导他们对生活作出合理的价值判断,使社会的要求和个性的发展达到和谐统一。小学教师道德修养的提高,有助于生活的完满和精神世界的和谐。"道德修养的本质和功效就在于提高人的精神生活能力,过一种健全的道德生活和享有完整、独立个性的人。"① 良好的道德修养展现小学教师生活的美好情趣,升华小学教师生活的精神境界。

小学教师要热爱生活、敬畏生命,用积极向上的生活态度改善心态、调节情绪、缓解工作压力,收获精神生活的丰富与幸福。做老师,最好的回报是学生成人成才,桃李满天下。对小学教师而言,其获得感、幸福感集中体现于对职业所蕴含的无上光荣的认同,体现于见证学生在教师引导下的成长发展。小学教师要"做学生锤炼品格的引路人,做学生学习知识的引路人,做学生创新思维的引路人,做学生奉献祖国的引路人"② ;小学教师要不忘教育初心,永葆教育情怀,立德树人,幸福从教,争做"四有"好老师。

(二) 善于反思是小学教师职业道德修养的重要方法

道德生活是一种现实的、反思性的日常生活,可以发扬日常生活中的道德良善,批判日常生活中的道德丑陋。对道德生活的自觉反思应该成为一种生活常态,是一个持续的、动态的过程,渗透在教育实践中的循环反复的过程。一个正确思想意识和高尚品德的形成,需要一个不断学习和改造的过程,需要在生活中常思己过,检验自己的言行后果,发现问题才能完成自我修炼。反思的目的在于增加教师的自主性和创造性,使教师的道德行为更富有理性,从而摆脱各种束缚及盲目的惯性,避免不负责任的随意性行为,让小学教师的师德修养始终保持一种动态、开放、持续发展的状态。

反思道德生活需要从广度和深度两个方面下工夫。反思有三个层次:技术性反思、实践性反思、批判性反思。目前,小学教师的反思主要集中在对教育实践活动、个人经验等方面的技术性和实践性反思,对教师自身存在与持续专业发展等方面的批判层次的反思,尚缺少科学的指导和制度的支持。小学教师要不断加强自身的道德建设,提高自我修养的水平,做到自律、自警、自省、自爱。孔子说,"见贤思齐焉,见不贤而内自省也"③,强调的是见到有

---

① 鲁洁. 道德教育:一种超越[J]. 中国教育学刊,1994(6).

② 习近平. 全面贯彻落实党的教育方针,努力把我国基础教育越办越好[N]. 人民日报,2016-09-10(01).

③ 杨伯峻,编译. 论语译注[M]. 北京:中华书局,2006:55.

德行的人就向他看齐，见到没有德行的人就要以他为反面教材，反省自身的缺点。小学教师应该以教师职业道德规范为准则，以品德高尚的人为榜样，时时自我检查、自我约束、自我教育，做到少犯错误、不犯错误，将职业道德认识转化为相应的情感、意志，并形成自觉的行为，成为一名真正合格的人民教师。

二、对职业道德实践的主动创生

小学教师职业道德修养的提升需要在小学教师的生活实践和教育实践中进行，形成一种自我约束、自我修养、自我提高的内在机制。小学教师职业道德修养问题不仅仅是单纯的道德或品格问题，更多的是体现在具体的教育教学实践活动中、与教师专业行为融合在一起的综合性问题。因此，小学教师职业道德修养应深度关注教师的道德实践，主动创造各种主客观条件，关注其提升的不同场域，包括教育场域和非教育场域，其中，教育场域包含课堂内外，非教育场域涉及社会和个人。

对小学教师来说，参加教育教学实践是提高自身职业道德修养的重要途径。实践是人们道德品质形成的基础。小学教师职业道德是小学教师在长期的教育实践中形成和发展起来的。因此，小学教师职业道德修养要与道德实践紧密结合。传统的教师职业道德修养的养成一般是靠教师自觉遵照和模仿由历史传承下来的模糊的教师职业道德形象，而这种教师职业道德形象往往是由风俗习惯和社会舆论塑化而成。这种教师职业道德的养成方法由于内容、形式过于单一，已无法满足现代教师职业道德提升的需要。"现代教师职业道德的养成与提升必然要在教师的生活实践和教育实践中进行，应该是一个外在规约与内在自修充分结合的过程，自然需要建立多主体、多维度、多层次、多途径的实践创生机制。"[①]

小学教师的道德品质不是先天形成的，也不是仅仅靠"闭门思过"就能造就的，小学教师必须把获得的理论知识和教师职业道德要求，通过道德实践主动转化为自觉行为，才能完成修养的全过程。小学教师在教育教学实践活动中能否做到为人师表，能否关爱学生，能否处理好师生关系、同事关系等，都必须在实践中亲身躬行，要有主动性、创造性。这种主动创生的实践越持久、越深入，良好的道德品质就越巩固。只有在自己的道德活动中，才能更好地运用教师职业道德理论、原则、规范，在实践中将其转化，并发现自己在教师职业道德修养方面的不足，努力克服和纠正，使自身更加趋于完善。小学教师的许多优良品质都是在专业实践中形成和发展的，职业道德修养也只有在专业发展中才能内化为教师的专业品质。小学教师在自己的专业实践中，做学生成长的引领者、教育艺术的探索者，和学生共同学习、共同成长，在此过程中不断地超越自我，释放自己的生命活力，享受专业发展的成功体验，巩固自己的专业热情，进而推动师德修养达到一种更高的境界。

总之，加强小学教师的职业道德修养，关键在实践。它是检验小学教师职业道德修养的标准，也是推动小学教师职业道德修养水平不断提高的动力，更是小学教师职业道德修养的目的和归宿。

三、对职业道德发展的价值追求

作为教师，不仅需要以自身积极的教育实践为学生创造美好的精神家园，也要积极地为自己拓展人生的空间，享受美好的教育生活和职业人生的快乐。作为教师，不仅需要对自身

① 兰英.中美教师职业道德规范的文本分析及建议[J].西南大学学报(社会科学版),2012(5).

职业行为所具有的重大社会意义有一个清醒而自觉的认识,还需要把所从事的劳动看作发挥个人才能的形式、参与历史创造的形式,以使个人达到自我完善的境界。这种自我完善使教师不仅仅把职业当成谋生的手段,而是出于自然,出于精神的满足,出于自身生命成长的需要。

(一)引导小学教师道德生命的自由成长

小学教师应具备什么样的道德生活,应如何去追求自己的幸福生活,这是教师伦理道德的基础性课题。小学教师首先是人,是有思想、有感情、有个性的平凡人。教师职业道德修养的价值就是为了提高教师的生命质量,使教师生活得更和谐、更幸福。"教师职业道德修养应实实在在地贴近教师的现实生活和道德生活,关注教师的生存和发展,提高教师看待生活的洞察力,获得解决教师道德困惑的智慧,从而在教育工作岗位上实现人生价值的超越和升华。"①

给予小学教师职业较高的道德期待,赋予小学教师较好的社会声望,可以引导和激励小学教师去努力追求至善,使小学教师体验到从教者的自豪与幸福,从而帮助小学教师树立专业信心,坚定专业信仰,激发专业献身精神,最终实现小学教师职业道德修养的最高层次。教师的幸福感在哪里?仅仅是为学生付出?对于真正的教师来说,把向上的精神、博大的胸怀传递给学生,让学生幸福,与学生共同成长,才是最大价值的体现。小学教师职业道德不等于满足学生的需求、牺牲教师自己的发展。我们的教育不再是教师单纯地为学生付出,而是教师创造性生活的一部分。教师和学生相互作用、相互鼓励。作为教师来说,应该要有"用职业实现生命价值"的职业心态。树立良好的职业心态,建立正确的职业理想,把教育当作事业来追求,用教育这种职业去实现自己生命的价值。

对教师道德发展的价值追求,可以重拾"德性人"的追求。在西方古典伦理学话语体系中,"德性"是人的一种优秀的内在品质,也是人类实践活动的终极目的。在中国古代,"尊德性而道问学"也被视作"君子之为"。所谓"德性人"的追求,按照亚里士多德的说法,就是"人的德性是一种使人成为善良,并获得其优秀的品质",而"幸福便是至善"②。因此,"德性人"的内在追求便是至善与幸福。学生在教师用心血和智慧创设的环境中,展现和发展他们的才智和潜能;教师不断为学生新的探索和成功所感染,鼓起超越自己不断前行的勇气,为自己和学生找到新的目标。教师的幸福应该是不断地被学生超越,又不断地超越自己。也只有经历这样的过程,小学教师才有战胜挑战的成长体验,才有真正的至善的体会,也是教师职业道德修养的价值境界。

案例 8-2

引路,永恒的星光③

2018年6月11日下午5点半,河南省信阳市浉河区董家河镇绿之风希望小学响起了放学铃声。李芳老师像往常一样,带着学生从三楼下楼到操场排队,准备护送孩子们出校门。

绿之风希望小学大门往东50米有一个十字路口。虽然有红绿灯,但是为了保证学生的

---

① 金生鈜. 论教育哲学的实践意识[J]. 高等师范教育研究,1992(1).
② [古希腊]亚里士多德. 尼各马科伦理学[M]. 苗力田,译. 北京:中国人民大学出版社,2003:35.
③ 董洪亮,丁雅诵. 引路,永恒的星光[N]. 人民日报,2018-09-18(07).

安全,每天放学,学校都会派两名老师,一个在前,一个在后,站在两个交叉路口,引导学生过马路。

绿灯亮起,一排学生鱼贯而行。就在队伍最后几个孩子走到马路中间的时候,一辆装满西瓜的深红色三轮摩托车冲了过来。满载着西瓜的三轮车从将近400米的下坡路上俯冲下来,越开越快。

"刹车失灵,躲开点!"三轮车司机大喊。

事情发生得太突然,周围人还没反应过来,失控的三轮车已经近在眼前。

就在一瞬间,李芳大吼一声"有车,快走!"一边冲向马路中间,一把推开了受到惊吓的几名学生。

只听"砰"的一声巨响,三轮车撞倒了李芳,接着又向前冲了很远,直到车头撞上路边的三层台阶,才晃晃悠悠地停住。

此时,路面上有4个孩子侧倒在一旁,李芳直挺挺地躺在距学生10米左右的地方。

事故发生后,受伤师生迅速被送往附近的医院救治。李芳被诊断为脑部颅骨骨折、脑组织大面积出血。医生奋力抢救并没有留住李芳的生命。6月13日凌晨4时40分,李芳老师因公殉职,年仅49岁。

这是乡村教师李芳的大爱人生。李芳老师以英勇无畏的献身精神,谱写了高尚的职业道德赞歌,用恪尽职守的优秀品格,树立了人民教师的光辉典范。如果没有对祖国教育事业的执着信念和大无畏的奉献精神,是不可能做到的。保护学生生命安全是教师职业道德修养的本质追求。用一生来修炼,用一世去坚守,李芳老师在保护学生生命的同时,也成就了自己至善的人生,这也是教师职业道德修养最高的价值境界。

(二) 引领小学教师道德人格的逐步完善

培养健全的道德人格是增强小学教师道德修养的重要基础。正如孟子所言:"居天下之广居,立天下之正位,行天下之大道。得志,与民由之,不得志,独行其道。贫贱不能移,富贵不能淫,威武不能屈,此之谓大丈夫。"[①] 这种"大丈夫人格"以道德完善为旨归,具有"穷则独善其身,达则兼善天下"的道德追求。道德人格以形成良好的道德习惯为标志。培育完整、健全的道德人格,能够促使小学教师对道德的追求和选择,形成一种自主、向上、负责的态度,成为有理想、守德性的道德新人。

小学教师健全道德人格的培养过程,是与教师在心理、认知、社会等各方面走向成熟的过程相伴随的。一旦培养起健全的道德人格,小学教师就会有行动的一贯准则和做事的标准,能够在大是大非面前立场坚定,作出正确的合理的选择。在现实生活中,有些人过着非常简朴的生活,却具有充实的精神世界,一直默默努力地追求自己的理想;有些人身处恶劣污浊的环境,仍能洁身自好,不同流合污,出淤泥而不染……这些人的道德人格是完整的、健全的。2008年汶川大地震时,发生了教师不顾学生独自逃生的"范跑跑"事件,这一事件引起了激烈的争论。"培养人是教育的本质属性,学生发展是教师职业道德的本质追求,而保护学生生命安全是生命发展的前提。"[②] 人格和尊严不是先天就有的,塑造健全的道德人格

---

① 转引自张传燧、陈艳君. 孟子"学问之道无他,求其放心"新解[J]. 大学教育科学,2013(5).

② 苏启敏. 论教师专业道德的实践品格[J]. 教育研究,2013(11).

对教师来说至关重要,将自我人格和社会人格统一起来,加以身体力行,形成道德认识,修身明德,才能成为一个人格高尚、有价值、有尊严的人。

小学教师要具有完整的道德人格,需要保持道德理想与道德现实的张力。道德实践的过程,就是不断地把可能的道德生活转化为现实的道德生活。实践具有目的性,道德实践始终是基于一定的道德理想的行动过程。道德理想分两种:一种是可以通过努力实现的(可能的道德生活);另一种是不能实现的空想(乌托邦式的道德生活),道德修养是基于现实道德世界的可能的理想生活世界,这就需要保持道德理想与道德现实的辩证统一,从而保持小学教师个人道德发展的韧性与厚度。

案例 8-3

守住心灵的宁静[①]

一个人是否快乐,不主要取决于他在什么岗位,而取决于他爱不爱自己的岗位。一个老师要工作得快乐,就要努力建设爱岗敬业的精神家园。人与本职工作有五种境界:无心无意,三心二意,半心半意,一心一意,舍身忘我。人在无心无意、三心二意的境界中干工作,即使做了大官,也还是不满足、不幸福、不光荣,还是要争名于朝、争利于夕,也还是会信念流浪、灵魂漂泊、思想浮躁、远离精神家园;人在一心一意、舍身忘我的境界中干工作,即使种地、做工,即使做普通的农村教师,也会心灵宁静、信念坚定、灵魂安定、思想深沉,因为他们有着坚固温馨、爱岗敬业的精神乐园。面对日新月异的变化,有的青年教师问我:"大家都有一定的道理,我们怎么办?"单就各种各样的新理论、新概念,我也会感觉自己"昨天还知道怎么走,今天就手足无措了"。茫然徘徊的时候,我想到按法规、按制度办事。《教育法》《教师法》《义务教育法》以及教育部的有关条例等都有规定,如"全面发展""面向全体""热爱学生""因材施教""发扬民主""崇尚科学""以人为本""尊重个性""自我教育""主动自学""寓教于乐""教学相长""学以致用""注重实践""循序渐进""持之以恒""生动活泼""勤奋刻苦""认真继承",等。看到法规,心不再乱,不再争论,不再权衡,认认真真地照办,持之以恒地执行,教师便找到了精神乐园,学生的身心也找到了运行轨道。不管怎么发展、怎么变化,做一名老师要爱岗敬业、热爱学生,依法治教不会变。这不仅是事业的需要、学生的需要、社会的需要,更是教师自身根本利益的需要。守住心灵的宁静,就有了一个精神乐园,就能在尽责的同时更深切地享受人生的快乐。

全国道德标兵魏书生,描绘了一个教师眼里的精神乐园。教师拥有了高尚的精神生活,就知道如何更有意义地走完自己的教育人生。提升小学教师的职业道德修养,就是要有一颗爱别人的心,小学教师要善于发现学生心灵中昂扬向上、向善求美的种子,使之发芽、长大……一旦心灵中建立了热爱学生的精神乐园,便能进入教育的自由王国。这样,无论你是在乡下还是身居城市,都能尽到教师的责任,享受到做教师的快乐。教育本就是一场修行,修得不急功近利、不迷茫与喧杂、不揠苗助长、不人云亦云的心,也就寻找到了教育的本真之路。小学教师要保持乐观进取、积极向上的生活态度,少发牢骚,多干实事,做到有胸怀、有气度、有境界的时候,就守住了快乐的阵地。

---

① 魏书生.守住心灵宁静,建设精神乐园[J].人民教育,2004(20).

思考题

1. 什么是教师职业道德修养？联系实际谈谈小学教师加强职业道德修养的意义？
2. 举例说明小学教师职业道德修养的基本内容包括哪些方面？
3. 小学教师职业道德修养要遵循的原则有哪些？
4. 小学教师职业道德修养的途径和方法有哪些？你在今后的学习中会怎么使用这些方法？

拓展阅读

1. 刘济良.学校德育[M].北京:北京师范大学出版社,2015.
2. 杨春茂.师德典型案例评析——师德修养与师德建设典型案例评析[M].北京:首都师范大学出版社,2014.
3. 冉隆锋,高俊霞.教师职业道德与政策法规[M].重庆:西南师范大学出版社,2019.
4. 蔡亚平.教师与学生道德行为的发展[M].北京:教育科学出版社,2011.
5. 苏启敏.论教师专业道德的实践品格[J].教育研究,2013(11).
6. 冯建军.主体道德教育与生活[J].教育研究,2002(5).

第 九 章

小学教师职业道德评价

✳ 知识结构

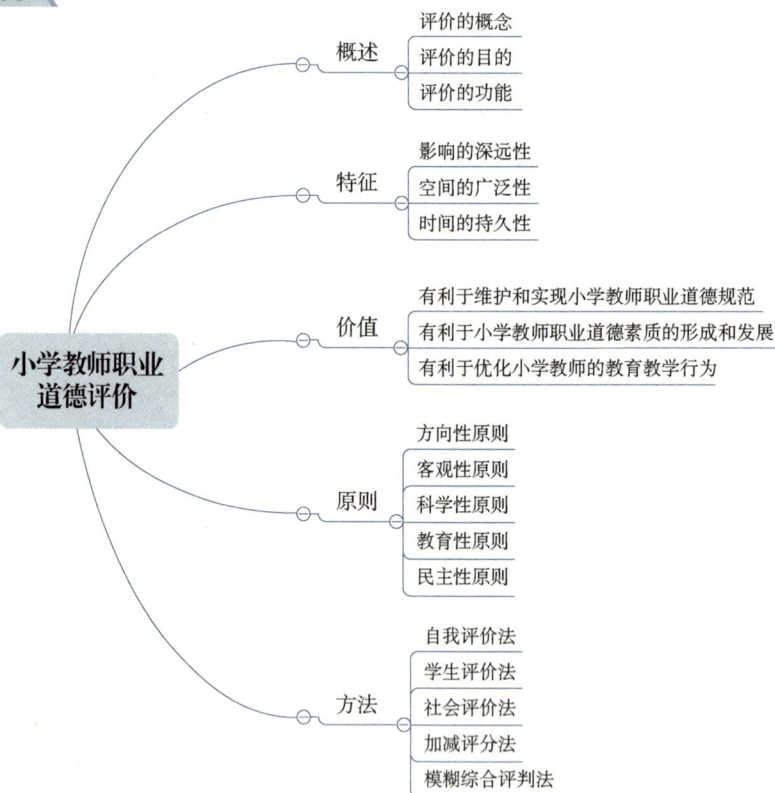

✳ 学习目标

知识与技能	理解并熟悉小学教师职业道德评价的内涵、特征及其价值;掌握小学教师职业道德评价的原则与方法。
过程与方法	通过阅读教材,掌握"分析-综合"的研究性学习基本思路以及小学教师职业道德评价的方法。
情感态度与价值观	能结合案例分析,培育学生积极的道德评价情感、科学的道德评价观念,坚持"用道德评价推进道德发展"的立场和观点。

第一节 ◆ 小学教师职业道德评价概述

苏联教育家加里宁说:"国家和人民把儿童信托给教师们,要他们来教育这些按年龄来说最容易受影响的人,信托教师们来培养、教育和造就这代青年人,也就是说,把自己的希望和自己的未来都完全嘱托给他们。这乃是把伟大责任加在教师们身上的一种重托。"[①]这种重托,要求教师必须严格遵照教师职业道德规范,恪守履行教书育人的光荣使命,为国家培养出新时代能够担当民族复兴大任的社会主义事业的建设者和接班人。

根据教育部发布的《2018 年全国教育事业发展统计公报》数据显示,全国共有各级各类学校 51.88 万所,各级各类学历教育在校生 2.76 亿人,专任教师 1 672.85 万人。其中,小学专任教师 609.19 万人,他们的一言一行时刻影响着 10 339.25 万名小学在校生。[②]在日益壮大的小学教师队伍中,不乏辛勤耕耘、无私奉献的人。他们用自己的渊博知识与人格魅力丰富孩子的生活与视野,用自己的耐心与关爱托起孩子的梦想与未来,如终其一生探索情境教学的李吉林老师、另辟蹊径独创"魏氏班级管理法"的魏书生老师、为培养"聪慧高尚"人才矢志不渝的窦桂梅老师等。除了这些耳熟能详的教育名师之外,还有更多默默无闻、扎根三尺讲台的小学教师,他们绝大多数都敬重学问、关爱学生、严于律己、为人师表,深受学生的尊敬和爱戴。但是,也有极个别小学教师理想信念模糊、育人意识淡薄、放松自我要求、德行素养滑坡,对社会主义核心价值观缺乏必要的认识,甚至出现严重违反教师职业道德与法律法规的言行,如 2008 年汶川地震中弃学生于不顾,提前逃生并引发"师德"大讨论的语文教师范美忠;得知家长在殡仪馆工作后孤立其孩子、私下向家长兜售红糖的广西百色实验小学蒋玉芬。此外,教师性侵、猥亵学生的悲剧更是时有发生,成为教育界挥之不去的梦魇。这些徒有其表、名存实亡的"次品""危险品"混杂在教师群体中,不仅有损教师队伍的形象,阻碍教师的职业发展,更有害于学生的身心健康成长。

对于价值观尚未形成、具有较强模仿性与可塑性的小学生来说,一位举止文明、道德高尚的教师就是社会道德的化身,是一本"活教材",是一把"道德标尺"。学生能从教师的"爱国守法"中感受心系祖国、克己奉公的家国情怀;能从教师的"廉洁自律"中体悟严于律己、一介不取的崇高境界;能从教师的"关爱学生"中学会尊重他人、互帮互助的交往之方。反之,一位作风不良、道德败坏的教师也会给学生、学校以及社会带来消极作用。教育作为一种"成人"之学,从古至今都是引导人向善的,唯有德才兼备者,方能不忘教育初心,牢记教育使命,引人至真至善。因此,在对小学教师队伍进行管理时,必须加强师德师风建设,对教师职业道德进行严格把关,充分发挥教师职业道德评价对教师队伍的澄清与净化作用,从而实现新时代教师职业对教育事业、对社会发展、对人才培养的感召与引领作用。

一、小学教师职业道德评价的概念

小学教师职业道德评价是指小学教师自己、他人或社会,根据新时代社会主义的教师职业道德准则、规范和标准,在系统广泛地搜集各方面信息并充分占有资料的基础上,运用现

---

① [苏]米·伊·加里宁.论共产主义教育和教学[M].陈昌浩,沈颖,译.北京:人民教育出版社,1981:165.
② 教育部.2018 年全国教育事业发展统计公报[J].中国地质教育,2019(4).

代技术手段,对小学教师的职业道德认识、道德情感、道德意志和道德行为进行考察和价值判断的过程。

马克思主义伦理学认为,道德是人类社会特有的一种现象,"是由一定社会经济关系决定的特殊社会意识形态,是以善恶为评价标准,依靠社会舆论、传统习惯和内心信念所维系的调整人们之间以及个人与社会之间关系的行为规范的总和"①。道德在人与人的日常生活中诞生,也在人与人的社会交往中体现,它不仅是一个自然人向社会人过渡时所应遵循的金科玉律,也是社会发展得以良好运行的保障机制。值得一提的是,凡是有道德关系的地方,就会有道德评价的存在。通过评价,有助于向他人和社会宣扬值得肯定的、正面的、积极的道德品质与主流社会价值,批评应该否定的、负面的、消极的言行与观念。

从教育层面看,小学教师职业道德评价就是道德评价在小学教师职业领域的具体体现,是使小学教师职业道德原则和规范得以贯彻并转化为小学教师道德行为的重要保证,是保障小学教师职业道德建设的重要机制。合理科学、积极健康的小学教师职业道德评价不仅能够增强小学教师职业道德的判断能力和践行能力,提升小学教师的道德修养与综合素质,还能协调小学教师与学生、同行、家长等各种人际关系之间的沟通问题与利益冲突,进而促进我国教育事业的发展以及良好社会道德风尚的形成。

从国家层面看,党的十八大明确提出:"全面贯彻党的教育方针,坚持教育为社会主义现代化建设服务、为人民服务,把立德树人作为教育的根本任务,全面实施素质教育,培养德智体美劳全面发展的社会主义建设者和接班人,努力办好人民满意的教育。"②首次将"立德树人"正式确立为教育的根本任务,作为党和国家教育方针的本质要求。随后,党的十九大报告要求"落实立德树人的根本任务",十九届四中全会要求"完善立德树人体制机制""加强师德师风建设"。可见,随着立德树人的深入贯彻,教师职业道德也成为政府严格监管和大力建设的重点。只有当教师以身作则、树人先正己之后,才能真正达到"其身正不令而行"的教育效果,因此,必须正确认识新时代小学教师职业道德评价,并在实践检验中不断改进与完善。这不仅是教育事业发展的需要,也是办好人民满意的教育的保障,更是建设社会主义现代化强国的时代要求。

二、小学教师职业道德评价的目的

小学教师职业道德评价的目的,是在对小学教师职业道德进行全面考察、判断和论证的基础上,探索和掌握小学教师职业道德形成和发展的客观规律,以便更加有效地指导广大小学教师提高自身的职业道德素质、完善自身的职业道德品质、改进自身的职业道德行为,从而实现整体小学教师队伍的繁荣发展。

从个人角度看,小学教师职业道德评价的目的在于指导小学教师对自身发展进行全面、客观的分析,了解个人道德发展的优缺点,发现自我与优秀教师之间的差距,并在学生、同行、专家以及社会的监督下,不断提高道德认识、丰富道德情感、坚定道德意志、实践道德行为,将"师者,人之模范也"的榜样作用渗透到教育教学、日常生活以及社会实践的各个环节。从学校的角度看,小学教师职业道德评价的目的在于让学校对全体教师的职业道德面貌有

---

① 李春秋. 新编伦理学教程[M].北京:高等教育出版社,2009:27.

② 坚定不移沿着中国特色社会主义道路前进,为全面建成小康社会而奋斗:在中国共产党第十八次全国代表大会上的报告[EB/OL]. (2012-11-08)[2018-12-29]. http://cpc.people.com.cn/n/2012/1118/c64094-19612151.html.

一个整体性的评估与把握,正确、科学地评价师德师风建设工作的得与失,辩证地看待教师职业道德评价体系。通过评价,既有助于肯定师德师风建设中的成绩,积累经验并继续发扬;也有助于反思师德师风建设中的问题,吸取教训并及时弥补。从国家的角度看,小学教师职业道德评价的目的在于从宏观层面调控教育内部各系统之间的有机衔接。通过对小学教师职业道德现状的调查与分析,发现师德师风建设过程中面临的困境,找到问题背后的深层原因并从制度层面进行整改,以更高的站位、更宽广的视野、更深邃的眼光部署教育的各个方面,合力推进教育现代化。

上海市特级教师于漪说:"教师的责任非比寻常,它寄托着祖国的期望,人民的嘱托。国家将自己的未来托付在教师肩上,这是对我们教师极大的信任;家家户户把自己的希望交付给教师培养,这是对我们教师的高度信赖。教师的责任大如天,使命重如山,一个肩膀挑着学生的现在,一个肩膀挑着祖国的未来。今天的教育质量,就是明天的国民素质。"[①] 国民素质、教育质量的提高有赖于教师,教师质量的提高离不开教师职业道德的评价,在实现中华民族伟大复兴的征程中,每一个环节都息息相关,休戚与共。

三、小学教师职业道德评价的功能

小学教师职业道德评价的功能,是指职业道德评价在小学教师职业道德形成与建设过程中所起到的作用与功效。小学教师职业道德评价是维护和实现小学教师职业道德规范的重要力量,是小学教师职业道德素质形成和发展的依据,也是优化小学教师教育教学行为的关键。通过小学教师职业道德评价,不仅有助于引导广大小学教师将职业道德规范转化为坚定的内心信念并落实到行动中,还有助于帮助学校整顿教师队伍,加强师德师风建设,促进教师专业与教育事业的共同发展。具体来讲,小学教师职业道德评价具有指挥定向、教育发展、分等鉴定、督促激励与问题诊断等功能。

(一) 指挥定向功能

正确而科学的评价对我国小学教师的职业道德建设具有指挥和定向的作用。

一方面,小学教师职业道德评价要求小学教师必须坚定社会主义方向,拥护中国共产党的领导,全面贯彻国家教育方针,以习近平新时代中国特色社会主义思想为指导,努力成为"有理想信念、有道德情操、有扎实学识、有仁爱之心"的好教师,为国家培养德、智、体、美、劳全面发展的社会主义事业的建设者和接班人。这在无形之中为小学教师职业道德的形成与发展指明了努力方向,并将其朝着符合社会主义的教育方针、政策以及党和国家对小学教师职业道德的期望引导。通过评价,对符合社会主义方向的小学教师予以肯定和表扬,并对有违社会主义教育要求的思想和言行予以批判及谴责,帮助小学教师对自身的发展拥有更加清晰与准确的定位与判断。

另一方面,新时代小学教师职业道德评价要求小学教师落实立德树人的根本任务,带头践行社会主义核心价值观,弘扬真善美,传递正能量。教育是国之大计,国无德不兴,人无德不立。小学教师首先应是德才兼备之人,才能对学生起到良好的榜样示范作用。因此,在对小学教师职业道德进行评价时,应时时以小学教师职业道德规范为纲,处处以社会主义核心价值观为准,引导广大小学教师认真学习、吸收教育新理念、新政策,并将其融入自身职业发

① 转引自刘亭亭. 教师职业道德[M]. 北京:北京大学出版社,2017:75.

展和教育教学的全过程,体现在学校管理和校园文化的各个方面。由此可见,小学教师职业道德评价不仅对小学教师的专业素养提出了预期要求,还为其专业发展指明了道路。通过小学教师职业道德评价,能够引导广大小学教师正确认识教师职业道德修养的伟大意义,了解和掌握小学教师职业道德规范的要求,认准小学教师职业道德发展的方向。

(二) 教育发展功能

教育发展功能是指在小学教师职业道德评价过程中评价者和被评价者互相影响和启发,通过对方的反馈信息进一步认识到自己的不足,同时学习对方的长处,使自己受到教育,促进自己思想品德的发展。从评价者的角度看,对小学教师职业道德进行评价有助于评价者向优秀教师学习、向道德模范看齐。在评价的过程中,被评价者的敬业乐教、诲人不倦,以及高尚的情操、感人的事迹和正派的作风都会对评价者产生潜移默化的影响,使评价者在耳濡目染中获得感化、激励的教育作用。

案例 9-1

教书育人楷模张玉滚

河南省南阳市镇平县高丘镇黑虎庙小学校长张玉滚,十几年如一日坚守在大山深处,用自己的淳朴与无私托起大山的希望。自 2001 年从教起,他先后教过 500 多名学生,培养出 16 名大学生,资助学生 300 多名。因为学校地理环境恶劣,交通困难,学生每学期的课本都由他靠着一根窄窄的扁担挑进大山,而这一挑,就是 5 年。面对师资短缺的问题,他不得不把自己练就成语文、数学、外语、品德、科学样样精通的"全能型"教师。他用无私的爱浇灌山区贫瘠的教育之花,用执着的坚守放飞每一个孩子的梦想。2019 年 2 月 18 日,张玉滚老师获得"感动中国 2018 年度人物"的荣誉称号。他用实际行动为教师队伍示范,用个人事迹为教育事业添彩。对此,感动中国组委会评价道:"扁担窄窄,挑起山乡的未来;板凳宽宽,稳住孩子们的心。前一秒劈柴生火,下一秒执鞭上课。艰难斑驳了岁月,风霜刻深了皱纹,有人看到你的沧桑,更多人看到你年轻的心。"他的故事不仅感动了黑虎庙小学的每一位学生、每一位家长,更感动了每一位参与评价的专家与同行,感动了全中国。在对张玉滚老师进行师德评价与学习的过程中,他为学生付出的心血和牺牲,为教育事业作出的努力与贡献,激励着每一位教育者敬之仰之、钦佩不已。通过职业道德评价反观自身,可以帮助广大小学教师认识到自身的不足与发展空间,自觉地向模范榜样、时代楷模学习,促使每一位教育工作者都能在各自的岗位上各尽其责、敬业乐业。

通过对当前小学教师职业道德现状的考察,也有助于评价者反观教师职业道德评价体系,根据小学教师职业道德评价工作开展过程中遇到的困境以及小学教师队伍中存在的突出问题进行深入剖析,并在评价方法、参照指标、奖惩措施、管理制度等方面作针对性地改进,以使其能够更好地为教师职业道德评价服务、为师德师风建设服务、为教育事业服务。

从被评价者的角度看,科学、客观的评价是对小学教师思想道德建设的有效反馈,通过学生、同行以及专家等多方评价,有助于小学教师清楚地认识到自身的优点与不足,自觉地进行有针对性的改进与完善,在不断修习与反思的过程中提高其道德品质与境界。

(三) 分等鉴定功能

小学教师职业道德评价的结果是通过评价区别出好坏、优劣,进而判定某一教师职业道德水平的高低,即他的职业道德与社会主义教师职业道德规范相符合的程度。由于教师职业道德评价是在充分占有资料的基础上,运用现代技术手段以及正确的评价方法,参照评价标准而进行的判断,故保证了评价结果的公平性、科学性与真实性。通过评价,小学教师被分为不同的等级,师德高尚者获得表扬与奖励,师德失范者受到批评与惩罚。例如,"最美教师""师德标兵""全国十杰教师"等评选活动就是对优秀教师的层层选拔、优中选优。获得荣誉称号的杰出教师成为群体中的先进典范、时代楷模,引领、激励着教师队伍不断前进。警告、处分与解聘则是对行为失范教师进行的鉴定,情节严重者,还需追究刑事责任。

案例 9-2

无师德,不配为师①

2019 年 1 月 28 日,百色市实验小学一学生家长在社交网络发帖称,百色市实验小学三年级二班的班主任严重违反教师职业道德,涉嫌歧视、侮辱学生,利用职业便利组织学生参加校外培训机构赚取回扣,甚至推销自己生产的红糖让家长购买后以换取"免罚金牌"。该教师与家长沟通时,态度极其恶劣,威胁、嘲讽甚至根据家长的职业、家庭条件等区别对待学生与家长。更因该班里一学生家长在殡仪馆工作,要求其孩子转班,孤立的孩子甚至辱骂殴打。

事发后,右江区党委、政府认真对待,坚持问题导向,积极采取措施,并根据核实结果作出如下处理决定。

一是区相关部门已按相关规定将蒋玉芬同志调离教师队伍,并给予党内留党察看两年处分。二是对右江区教育局党组副书记张能铭同志给予通报批评;对百色市实验小学党总支书记、校长李存飞同志给予党内警告处分;对该校副校长马丽娅同志给予党内严重警告处分;对该校政教处主任黄惠琴同志给予党内严重警告处分;对该校政教处副主任姚静同志给予党内严重警告处分。三是在右江区范围内开展师德师风问题大排查大整治工作。

人民日报就此事发表评论:"与职业歧视相比,孤立学生更不能被宽宥。向家长兜售红糖,除了缺乏师德,更涉嫌违规。蒋姓老师是学生的噩梦,是家长的不幸,也是菁菁校园的耻辱。停职不是终点,如果容忍这种老师执教一天,就会恶化教育生态一天。更该问,她跋扈至此,是否与被纵容有关?"②

由此可见,小学教师职业道德评价不仅是推动教师道德修养的"催化剂",更是保证教师队伍质量的"炼金炉"。小学教师职业道德评价的分等鉴定功能不仅为小学教师提供了学习参照,也为学校管理、加强师德师风建设提供了可靠依据,是实现督促激励功能的基础与前提。因为只有在区分好坏、评定等级优劣的基础上,才能根据不同教师的实际情况,进行有的放矢的、有针对性的鼓励与监督。

(四) 督促激励功能

小学教师职业道德评价的督促激励功能是分等鉴定功能的必然结果,积极的评价会激

---

① 搜狗百科."蒋玉芬"词条[EB/OL]. (2019-01-30)[2020-08-30]https://baike. sogou. com/v179479824. htm? fromTitle＝%E8%.

② 人民日报. 人民微评:无师德, 不配为师[EB/OL]. (2019-01-30)[2020-09-22]https://weiob. com/2803301701/HekG02BGx? type＝comment.

励优秀小学教师继续践行社会主义教师职业道德规范,时刻以身作则,处处身教言传;消极的评价则能督促小学教师不断学习与反思,自觉加强职业道德修养,主动完善自身道德品质。小学教师职业道德评价的督促激励功能主要表现在两个方面。

一方面来自被评价对象的内部动力,这是教师职业道德评价的必然反应。通过评价活动,教师们的道德状况被置于各种比较和鉴定中,在定性与定量、自评与他评、形成性与终结性等各种评价形式下,不断获得专家学者、同行和社会各界或肯定或否定的评价。获得肯定性评价的教师会产生欣慰、满足的情感体验,并在行为上更为主动地鞭策自己不断提升。获得否定性评价的教师则会产生羞愧、不安的情感体验,并自觉地对其不良的道德品质进行改过和矫正。另一方面来自社会各界的外部压力,这是小学教师职业道德评价的有效助力。作为传承文明、孕育希望的职业,教育一直是党和国家、社会各界关注的焦点,教师的品德素质也在其中。社会各界对高尚师德的宣传与弘扬、赞美与尊敬,对不良品质的抨击与指责、唾弃与声讨,是从正反两方面激励小学教师时刻以身作则、为人师表的强有力保证。在对小学教师职业道德进行评价时,要注意将小学教师的内部动力与社会的外部压力相结合,共同推动小学教师职业道德的发展。

(五)问题诊断功能

小学教师职业道德评价具有诊断小学教师职业道德建设中存在的问题,分析这些问题存在的原因,了解这些问题带来的危害,找出解决这些问题的方法等功能。2005 年,"中国导弹之父""中国航天之父"钱学森提出了著名的"钱学森之问":"为什么我们的学校总是培养不出创新人才?"这是关于中国教育事业发展的一道艰深命题,也被整个教育界和社会各界所关注和深思。时至今日,我们仍在教育事业上进行着不懈的努力,在教育理论上进行着思想拓荒,在教育实践上进行着崎岖探索。不可否认的是,曾经的教育田地里大师云集、灿若星河,有被并称为"南斯北霍"的斯霞与霍懋征,有公开课《海燕》被电视直播的于漪,更有手术期间受到 30 多位学生家长轮流照顾的孙维刚⋯⋯而今放眼望去,只觉得孤星寥落,在这零碎的璀璨之间,还时不时夹杂着些许阴霾:教师体罚或变相体罚学生、校内外有偿补课、收受家长礼品财物、科研弄虚作假营私舞弊、工作作风散漫的案例时有发生。

国之大计,教育为本;教师教育,师德为魂。小学教师队伍的质量是教育质量的侧影,对小学教师职业道德进行评价,有助于从根本上帮助小学教师解决工作中遇到的问题,消除小学教师队伍中存在的不良风气,进而提高小学教师队伍的整体素质。

小学教师职业道德评价有助于全面了解我国小学教师当前的师德表现,明确师德建设的现状,进而分析师德发展过程中的可取之处和不足,并针对现有问题对小学教师进行有的放矢的指导和帮助。通过对问题的诊断、分析与矫正,规范小学教师的言行,提高小学教师的师德修养,增强小学教师履行本职工作的能力,完善小学教师的个人发展,促进学校的未来发展,实现教师个人发展与学校整体发展的融合。

第二节 ◈ 小学教师职业道德评价的特征

2019 年 12 月,教育部等七部门联合印发《关于加强和改进新时代师德师风建设的意见》(以下简称"《意见》"),强调新时代师德师风建设的重要意义。《意见》要求把师德师风作为评价教师队伍素质的第一标准,将社会主义核心价值观贯穿于师德师风建设的全过程,全面提升教师思想政治素质和职业道德水平。通过考察教师的道德修养、教学能力、精神面貌以及工作态度等内容,教师职业道德评价主要呈现以下三方面的特征。

一、影响的深远性

教育不仅是一门成人之学,更是一门成己之学。小学教师作为教育事业的直接责任人,在进行教育实践的过程中,不仅对学生负有"传道、授业、解惑"的育人任务,同时还有"终身学习、言传身教"的育己要求。一位教育名家的诞生不是一蹴而就的,需要在长年累月的实践、反思、改进和再实践中形成,在与学生的沟通交往中进步,在与同行的切磋学习中提升。同样的道理,对小学教师职业道德的评价也需要不断地进行考核、监督与评判。在持续不断的评价中,促使小学教师获得崇高的人生境界,自觉、长期地提升道德修养。这种深远的影响将激励小学教师在教书上止于至善,在育人上至善至美,在生活上身体力行。通过课堂教学的各个环节、师生交往的点点滴滴以及日常生活的方方面面,不断突破现有水平、追求卓越。在无私奉献、收获成长的过程中,感悟到小学教师职业的崇高与光荣,体验到小学教师职业的艺术与魅力,变"教师是天底下最光辉的职业"为"教师是天底下最幸福的职业"。

同时,这种深远性还体现在对学生的影响上。通过小学教师职业道德评价,有助于学生在内心深处对教师的道德修养产生深刻的情感体认,并自觉地向老师学习。

案例 9-3

基础教育界的"活化石"——吕型伟老师

被誉为中国基础教育"活化石"的吕型伟老师就曾感慨道:"一个人一辈子最大的幸运就是碰到好的老师,我幸运的不是碰到一位好老师,而是一群好老师。"[1]这些好老师对他的影响不仅波及他的学生时代,在他当上教师之后乃至一生当中都荡漾不息。他还提及终生难忘的一次经历:"1996年,吕型伟到北京开会。他住在北师大专家楼,心血来潮,想看看昔日弟子,于是试着打电话给在京的一名学生。第二天,应着门铃声打开房门,吕型伟看到100多名过去的学生齐刷刷站在门口,向他问好。时隔数十年,吕老师已不能叫全这些学生的名字,但当他拿起来访学生的名单时,一股暖流涌上心头。当年的幼苗已成材,这些学生成了部级干部、将军、工程师、教授、医生、编辑……"[2]这让吕老师倍感欣慰。可以说,100多名学生的出现就是对吕老师职业道德的最高评价,100多名学生的成人成材就是对吕老师教育教学的最大认可。正是在这种双向互动的激励下,吕老师对每个学生都细致入微,对每一堂课都一丝不苟,时刻关心学生的日常生活,不断改进自己的教学方法,在成就学生的同时,也成就了自己。

二、空间的广泛性

每一个师德高尚的教师,其影响力不只局限于学生学业的范畴,还会渗透到学生的人格

[1] 朱寅年,曾国华.一生用来做教师:20位当代教育名家的故事[M].上海:华东师范大学出版社,2012:19.
[2] 朱寅年,曾国华.一生用来做教师:20位当代教育名家的故事[M].上海:华东师范大学出版社,2012:19 20.

养成、生活态度以及行为习惯中。小学生正处于身心尚未成熟的阶段，对教师具有极强的向师性，教师的一言一行都会对其产生示范作用。因此，小学教师不能停留在单一的"经师"角色上，不能仅以学有专长、态度严谨，能授人一技之长而不至于"误人子弟"的合格线为标准，更要以"人师"为目标，"立德、立言、立名"，凭知识教书、用良心育人。因此，在对小学教师进行职业道德评价时，也要涉及教师活动的方方面面。空间的广泛性意味着但凡有教师活动的地方，就存在教师职业道德评价，这是由教师职业劳动的特点决定的。与其他职业不同，教师作为一种特殊职业，具有连续性和广延性的特点。所谓连续性，是指时间的连续性，即教师的劳动没有严格的交接班时间界限，教师要不断了解学生的过去与现状，预测学生的发展与未来，检验教育教学的效果，获取教育教学的反馈信息，准备新一轮的教育教学活动。所谓广延性，是指空间的广延性，即教师没有严格界定的劳动场所，课堂内外、学校内外都可能成为教师劳动的空间，教师不能只在课内、校内发挥影响力，还要走出校门，协调学校、社会、家庭的教育影响，以便形成教育合力。这两个特点意味着小学教师要时刻以教育者的角色约束自己，随时随地履行教书育人、为人师表的职责。因此，评价的场所可以是课堂、是学校，还可以是校外的任何场所。

在对小学教师职业道德进行评价时，可以从小学教师的工作表现、日常生活等不同空间进行考察。通过不同评价主体的描述，如学生、家长、同行对教师的评价，亲朋好友、社区邻里、广大民众对小学教师的评价以及小学教师对自身的评价，利用问卷调查、访谈、观察等多种方法搜集小学教师在课堂教学、校外活动、家校沟通、专业发展以及工作之余的各种表现并进行综合分析，全方位地判断教师的道德现状。可以说，小学教师职业道德评价在空间上的广泛性为师德师风建设的管理与监督提供了多种渠道、多重角度，丰富了小学教师职业道德评价的参考维度，保证了评价结果的真实性与有效性，避免了评价的单一化与片面化倾向。

三、时间的持久性

教师职业道德评价源远流长，只要有教师职业的存在，就有对师德的要求和评价。在我国，教师作为一种独立的职业随着私学的出现而产生，不同思想家分别就教师职业道德展开了各自的论述：孔子认为教师应该具备"学而不厌、诲人不倦、温故知新、以身作则、爱护学生、教学相长"的品质，并将其躬行实践；荀子将教师摆到与天、地、君、亲同等的高度，并对教师提出"尊严而惮、耆艾而信、诵说而不陵不犯、知微而论"四点要求；韩愈明确"师者，所以传道授业解惑"的责任，不仅主张"学无常师、唯道是求"，还提出"弟子不必不如师，师不必贤于弟子"的创新观点；朱熹制定的《白鹿洞书院揭示》是我国古代关于师德规范最完整、最详尽的论述。1897 年，盛宣怀创办南洋公学，至此，师范教育走上规范化的道路。中华人民共和国成立后，特别是改革开放以来，我国的教师教育得到显著提高。《中小学教师职业道德规范》《关于加强和改进新时代师德师风建设的意见》《新时代中小学教师职业行为十项准则》等文件的颁布，都反映了国家对教师职业道德的关注以及对师德评价体系的完善。

除此之外，时间的持久性还体现在对教师个人的终身考察上。教师的道德修养是一个持续不断的过程，是一个动态的、发展的概念。当谈及自己的教学生涯时，于漪老师无不感慨道："我上了一辈子课，教了一辈子语文，但还是上了一辈子深感遗憾的课。""与其说我做了一辈子教师，还不如说我用一辈子学做教师！"[①] 于漪之所以能成为于漪，就在于她对自己

---

① 朱寅年,曾国华. 一生用来做教师：20 位当代教育名家的故事[M].上海：华东师范大学出版社,2012：39.

的永不满意与持续反思上。社会日新月异,不断催生出新的知识、技术与发明,对教师的要求也会随着时代的变化有所更新。教师不再是学生获取知识的唯一渠道,教师角色由最初知识的传授者逐渐丰富为学生学习的促进者、教育教学的研究者、课程的开发者以及终身学习的践行者等,教师成为一个上不封顶、学无止境的职业。因此,对教师职业道德的评价也不能简单地依靠一次考察就判定其道德境界的优劣高低、是非好坏,它贯穿于教师的整个职业生涯,涉及教师教学与生活的方方面面。

第三节 ◈ 小学教师职业道德评价的价值

小学教师职业道德评价是对小学教师行为的价值判断和仲裁,通过对小学教师教育行为的道德价值进行善恶判断,激发小学教师个人强烈的责任感。通过小学教师职业道德评价,不仅有利于维护和实现小学教师职业道德规范,还有利于小学教师职业道德素质的形成和发展,最终有利于优化小学教师的教育、教学行为。

一、评价有利于维护和实现小学教师职业道德规范

小学教师职业道德评价具有监督的作用,它对每个小学教师的言行举止、思想观念起着监督、评价、约束的作用。教育行为是否遵循了教师职业道德规范,是靠小学教师职业道德评价来判断的。可以说,没有教师职业道德评价,教师职业道德规范就无法起作用。通过小学教师职业道德评价,可以为小学教师提供一条在教育教学实践中借鉴、参考的准绳。这条准绳不仅可以告诉小学教师哪些行为是正当的、合乎道德的,哪些行为是不正当的、不合道德的,而且还可以指导小学教师的精神世界提升,使道德者在社会舆论宣扬、学校领导支持、学生爱戴中备受鼓舞,产生喜悦、欣慰、满意的积极情感;使不道德者在社会舆论唾弃、学校领导批评、学生质疑中备受煎熬,产生焦虑、羞耻、不安的消极情感。在不断考核行为、判断价值的过程中,引领小学教师自觉地向教师职业道德规范凝聚,实现教师职业道德规范的应有价值。

通过对小学教师道德认识、道德情感、道德意志以及道德行为的调查和分析,还有利于对小学教师职业道德规范的维护与更新。社会日新月异,新的时代也会不可避免地出现新的师德问题,小学教师职业道德评价可以在探究新问题的基础上对旧有的师德规范进行过滤筛选、去粗取精,再根据新形势新变化,向小学教师职业道德提出新要求,推动教师职业道德建设工作。例如,教育部于 2018 年 11 月研究制定的《新时代幼儿园教师职业行为十项准则》《新时代中小学教师职业行为十项准则》以及《新时代高校教师职业行为十项准则》等文件,就是结合习近平新时代中国特色社会主义思想和党的十九大精神,深入贯彻落实全国教育大会精神而制定的。这些文件不仅对新时代教师职业规范作了明确指示,还针对主要问题、突出问题划定了基本底线。

二、评价有利于小学教师职业道德素质的形成和发展

道德素质是人们的道德认识和道德行为水平的综合反映,包含一个人的道德修养和道德情操,体现一个人的道德水平和道德风貌。小学教师职业道德素质的高低决定了小学教师教育教学水平的高低,关系到教书育人的成败与否,是保证教育质量的关键。一个道德败坏或素质较低的教师是无法教育出彬彬有礼的学生的,甚至难以组织教育工作的有效开展。

法国教育家卢梭认为,在敢于担当培养一个人的任务之前,自己就必须造就成一个人,自己就必须是一个值得崇拜的模范。因此,在挑起育人重担之前,小学教师必须先具备高水平的道德素质。作为小学教师职业道德素质形成的催化剂,小学教师职业道德评价能够科学、准确地指出小学教师道德素质中的是非对错,引导小学教师快速成长。通过小学教师自己、他人以及社会的评价,对自身的教育教学行为进行反思与调节,不断提升道德品质。值得一提的是,道德素质不是先天就有的,而是受后天环境和教育的影响,通过个人的认识与实践逐步形成的相对稳定的道德品质。在小学教师道德素质发展的过程中,小学教师职业道德评价作为师德建设的重要部分,是小学教师不断进行自我审视、磨炼道德意志、加强道德修养的有效途径。

对小学教师进行职业道德评价后,除了小学教师自身的自觉反思与改进外,学校也要充分发挥自身的领导作用。根据评价结果对每位教师进行阶段性督查,帮助教师辨别各种行为的道德价值大小,找准自身与职业道德水平的差距,通过集体会议、分享讨论或个别谈话等方式引导教师明确自己的改进方向,促使教师形成良好的职业习惯,为小学教师严格自我约束、规范执业行为、加强自我修养提供外部支撑,最终提高个人的职业道德素质。

三、评价有利于优化小学教师的教育教学行为

小学教师教育教学行为的优化是小学教师职业道德评价的必然结果。一方面,单从小学教师职业道德评价来看,小学教师职业道德评价的目的就是改进教师行为。通过对小学教师教育教学行为的剖析给出或肯定或否定的评价,指明行为的可取之处与不足,并进行有针对性的调整与指导。另一方面,从小学教师职业道德规范、教师道德素质以及教师教育教学行为的关系来看,三者是密切联系、相互影响的,共同构成了师德建设的有机统一:小学教师职业道德评价以教师职业道德规范为纲,向小学教师提供教育教学活动的依据和准则,为小学教师的道德行为指明方向;同时,还以道德素质为魂,向小学教师提供教育教学活动的精神支撑,为小学教师的道德品质、精神风貌提供稳定的价值内核。当小学教师与学生、同行、社会相互作用时,这些客观的依据和准则、相对稳定的道德素质,最终会落实贯彻到具体的实践活动中,转化为小学教师的教育教学行为,使小学教师以高要求、高水准的姿态完成知识传授、人格培养的教育任务,保证教育质量。因此,在进行师德师风建设的过程中,要充分发挥三方的作用,形成合力,共同推动教育事业的发展。

‖第四节 ◈ 小学教师职业道德评价的原则

小学教师职业道德评价的原则是在进行小学教师职业道德评价过程中必须遵循的基本要求,是对小学教师职业道德评价经验的总结与概括,是统摄小学教师职业道德评价全局和贯穿小学教师职业道德始终的准则。正确贯彻小学教师职业道德评价的原则,是科学评估小学教师教育教学行为、有效检验师德师风建设成果、合理指导教育事业发展的基本前提与重要保障。主要有以下五方面评价原则。

一、方向性原则

方向性原则是指进行小学教师职业道德评价要坚持社会主义办学方向,体现社会主义

的性质。在社会主义中国，坚持社会主义道路、坚持无产阶级专政、坚持共产党的领导、坚持马列主义毛泽东思想是进行各项活动必须遵循的四项基本原则。具体到教育领域，各级各类学校应坚持社会主义的办学方向，贯彻全面发展的教育方针，落实立德树人的根本任务，使教育面向现代化、面向世界、面向未来。每位教师在教学、工作与生活中也要高举社会主义旗帜，热爱祖国，热爱人民，拥护中国共产党的领导，不得有违背党和国家方针政策的言行。依法履行教师职责，依法享受教师权利，将学生培养成为有理想、有道德、有文化、有纪律的社会主义事业的建设者和接班人。在对小学教师进行教师职业道德评价时，要始终围绕社会主义方向这一最根本的指导思想和工作原则。倘若小学教师在教育方向上出现了偏差，不管他多么的博学多识、才华横溢，都是徒劳，都有损于我国社会主义的教育事业发展。

二、客观性原则

客观性原则是指在小学教师职业道德评价的过程中，必须采取实事求是的端正态度，广泛地调查和搜集资料，真实、客观地反映小学教师职业道德的实际情况。凡是涉及"人"的活动，都会带有或多或少的主观臆断。针对同一件事，不同人也会有不同的看法，能否公正、客观地分析处理教师道德品质是保证小学教师职业道德评价顺利开展的前提。从评价者的角度出发，评价者在进行小学教师职业道德评价时，必须严防主观期待或主观印象，要尽可能地以客观公正、不偏不倚的态度评判小学教师的行为，认真、严肃地对待全部信息资料，不故意伪造、删除数据，防止"有色眼镜"、个人情感等主观因素带来的结果偏差或评价失误。从评价过程的角度出发，评价程序的设计、评价标准的选择、评价方法的确定以及评价结果的处理都要坚持严格要求、实事求是，防止人为污染。这不仅是对评价工作负责，也是对小学教师的劳动和教育事业负责。

三、科学性原则

科学性原则是指在小学教师职业道德评价的过程中，评价者要以客观事实为基础，严格遵守评价科学和教育科学的客观规律，恰当地运用现代科学技术手段去设计评价标准、评价方法，处理评价结果。教师的职业道德品质是道德认识、道德情感、道德意志和道德行为的总和，不仅包括外显的、可见可测的言行层面，还涉及内隐的、不可见不可测的情感态度价值观层面。因此，应在科学性原则的指导下，构建一个科学、合理的评价指标体系，遵照评价的科学程序，坚持定性与定量、自评与他评相结合等方法对小学教师职业道德进行全方位考察。科学地评价小学教师的职业道德，不仅有利于端正评价者与被评价者的态度，克服主观性、片面性、随意性，提高评价结果的信度和效度，而且还有利于评价结果的规范化、科学化、有序化，确保评价结果的准确性，从而实现整个教师职业道德体系的良性发展。

四、教育性原则

教育性原则是指小学教师职业道德评价要符合教育的要求，充分发挥评价的教育作用，充分体现"教育是评价的基础，评价过程是教育过程"这一宗旨，通过评价使广大小学教师在评价中发扬优点，改正缺点，不断地提升自身的职业道德修养。古人云："知之深，爱之切，行之坚。"只有小学教师充分认识到教育职业的崇高与教育事业的伟大，才能获得职业认同感，对教育工作产生热情，更以持之以恒、坚定不移的决心为教育事业奋斗终生。因此，小学教师职业道德评价不只是好坏、优劣的结果性评定，更是针对问题、不断完善的过程性工程；不仅是小学教师职业道德水平的检测，更是小学教师职业道德发展的动力。在小学教师职业道德评价的过程中，应将教育性原则贯彻始终，通过评价使小学教师认识到自己职业道德的实际水平，引导小学教师学习和掌握教师职业道德规范，了解小学教师在工作中面临的各种关系以及处理这些关系的方法，进而采取措施，积极弥补不足，不断加强职业道德修养，提升自己的师德水平，以便更好地提升教育质量。

五、民主性原则

民主性原则是指小学教师职业道德评价要坚持走群众路线，要相信、尊重、依靠教育行政部门、学校领导、教职工和社会各界，调动各方面的积极性，充分发扬民主，共同搞好小学教师职业道德评价工作。一方面，进行小学教师职业道德评价要广泛听取和征求专家、同行、学生、领导、社会等各方面的意见和建议，使评价能够最大化地反映各个群体的期待和要求，进而培养出使学生、使人民满意的优秀教师；另一方面，进行小学教师职业道德评价也要充分咨询被评价者的意见和建议。深入被评价者群体内部，倾听广大小学教师的心声，了解小学教师在职业道德发展、教育教学过程中遇到的各种困惑与问题，尽可能地提供相应帮助。只有正确处理好与小学教师、学生、专家、社会的关系，充分地交流与沟通，不独断专行，才能使小学教师职业道德评价发挥出应有的作用。

第五节 ◈ 小学教师职业道德评价的方法

小学教师职业道德评价方法是指在小学教师职业道德评价的过程中所采用的各种方式和手段的总称。小学教师职业道德评价方法是实现小学教师职业道德评价的任务、保证小学教师职业道德评价的顺利进行、取得小学教师道德评价良好效果的关键性因素。在进行小学教师职业道德评价时，应根据实际情况灵活选取不同的评价方法，采取多种方法相结合，综合评价小学教师职业道德，避免评价的单一化、片面化倾向。

一、自我评价法

自我评价法是指小学教师个人根据小学教师职业道德规范和小学教师职业道德评价的标准、原则等一系列评价体系，对自己的道德所进行的一种自我认识、自我判断。简单地说，即小学教师自己对自己道德进行的评价。在此过程中，小学教师不仅是评价的主体，也是评价的客体。习近平总书记曾指出："师德需要教育培养，更需要教师自我修养。"[①] 在师德师风建设中，小学教师职业道德规范以及社会大众的监督等外部力量只起到强制的约束作用，小学教师自身积极主动的反思与自省才是教师专业发展的不竭动力，是促进师德师风建设、优化教育教学行为的关键。

纵观古代中国，不少教育家都把"自省"作为修身之本。从孔子的"三省吾身"到孟子的"反求诸己"，从荀子的"君子博学而日参省乎己"到朱熹的"日省其身，有则改之无则加勉"，都体现出自省的重要性。小学教师承担着教书育人的光荣使命，不仅应该严格遵守道德规范，还应该时时刻刻扪心自问，反思教育教学中存在的问题并查漏补缺。具体来说，小学教

① 习近平.把思想政治工作贯穿教育教学全过程 开创我国高等教育事业发展新局面[N].人民日报,2016-12-09(01).

师可以从纵向、横向两个方面展开自我评价：纵向分析现在的自己较之过去有无进步；横向比较自己与周围的同事或其他特级教师之间的差距何在。总之，小学教师要养成自觉反思的习惯，通过教学日志、个人档案、录音录像等多种形式，记录自己在课堂教学、日常工作以及生活中的点滴，深入分析自己在道德认识、道德情感、道德意志和道德行为等方面的进步与不足，对焦自身与其他优秀教师之间的差距，不断改进。同时，学校在进行师德师风建设的过程中，也可以把自评纳入教研活动中，定期组织教师进行沟通与讨论，分享个人心得，借鉴优秀经验，以提高教师的职业道德素养。

　　2019 年 9 月 29 日，中华人民共和国国家勋章和国家荣誉称号颁授仪式在北京隆重举行，上海市杨浦高级中学名誉校长于漪被授予"人民教育家"国家荣誉称号。曾经有人问她，今天应该如何当教师？她回答道："首先必须追求人格的完美。"这种完美意味着教师心中要有"两把尺子"：一把尺子量别人的长处，另一把尺子量自己的不足，即通过向优秀教师请教、学习以及对自身教育教学的不断反思提高自身的专业能力与道德修养。于漪老师不仅是这么说的，更是这么做的。为了提高教学效果，让学生真正爱上语文、爱上学习，她一篇课文要备三次课：第一次凭自己的理解备课；第二次找来与课文有关的所有资料，仔细对照，看哪些东西自己想到了别人也想到了，哪些东西别人想到了自己却没想到，哪些东西自己想到了别人没想到；第三次根据上课的具体情况以及学生的学习反应，对设想进行调整和改进。每讲一课，于漪老师都会写下教后感，自 1979 年以来，她足足撰写了近 200 万字。正是这种孜孜不倦、时刻反思的精神，成就了一代名师。

　　倡导"新教育实验"的教育改革家朱永新老师还做过一个有趣的实验：他创办了一个"朱永新成功保险公司"，要求投保人每日三省吾身，写千字文一篇。内容可以是一天所见、所闻、所读、所思，无不可入文。如若十年之后仍未成功，可持 3 650 篇千字文（计 360 万字）来本公司提出索赔。通过朱永新老师的这则小故事也能发现自我反思与评价在一个人成长过程中的重要作用。

二、学生评价法

　　学生评价法是指小学教师和学生在教与学的相互作用中，学生依据教师职业道德的原则和规范对教师的行为予以判断的一种道德评价方法。学生评价实际上是一种特殊的社会评价，这是由教师与学生的特殊关系决定的。一方面，学生是与教师接触最多、最直接的群体，在长期的朝夕相处中，学生可以看到教师最真实的一面，也最有资格对教师的教育教学行为及道德水平作评判。另一方面，现代教育观要求建立民主的师生关系，倾听学生的心声，尊重学生的意见，让学生对教师进行评价即是民主的体现。通过学生评价，有助于教师深入了解班级学生的心理以及自己在学生心中的形象，获悉自己需要改进的方向，进而为良好师生关系的建立提供帮助。值得注意的是，进行学生评价时，应使学生明确评价的目的，端正评价的态度，客观、全面地对教师的道德品质进行评价，防止个别学生有应付交差、敷衍了事甚至报复评价之嫌，以免影响教师职业道德评价的效果。

三、社会评价法

　　社会评价法是指行为当事人之外的个人或组织，如学校或其他社会方面的人员，根据小学教师职业道德规范，对小学教师的道德状况作出评价的一种方法。社会评价法主要通过社会舆论对小学教师的道德进行评判，是社会大众参与师德建设和教育发展的主要形式。

社会舆论是进行小学教师职业道德评价时最常用的一种形式,主要包括正式社会舆论和非正式社会舆论两种。正式舆论主要指依托国家、组织和新闻媒介,有目的、有计划地利用网络、报纸、广播、电视等媒介进行传播的舆论。作为社会舆论的主流,正式舆论在道德评价中具有一定的权威性,往往通过对优秀教师的表彰、道德行为的宣扬以及对师德败坏教师的谴责与严惩,为小学教师群体树立学习的典范,也为社会塑造理想的教师形象。非正式舆论主要指人们在社会道德观念的基础上,自发形成的、以口头形式传播的舆论。该舆论主要在小范围内对教师个人的道德品质进行评价,如学生家长、社区邻里间对某位教师言行的零散评价。通过社会评价,可以了解当前小学教师职业道德中存在的普遍问题以及社会大众对小学教师角色的看法和期待,有助于教育管理部门从宏观层面进行改革与调控。

2002年1月,北京市第二十二中学数学教师兼班主任孙维刚因患癌症医治无效逝世,享年64岁。有几位学生家长含着眼泪说,这样好的老师这么早就走了,太可惜了。"他把所有精力、金钱、感情都给了他的学生,学生上大学了、出国了,他还惦记着,别的班的学生有事找他,不管是不是自己的学生,他都要帮忙。他是累病的。"孙维刚在直肠癌手术期间,有30多位学生家长日夜陪护他。对此有人说道,在北京的老师中,还不曾听说过这样令人感动的故事。可以说,这些家长的评价与照料,就是对孙维刚老师最高的认可与最真实的评价。因此,在进行小学教师职业道德评价时,社会大众尤其是家长的看法可以作为了解小学教师道德水平的一个有效切入口,通过实地走访、设立举报电话、举报信箱或不定期发放问卷的形式,鼓励社会大众或学生家长发挥他们的监督作用,以对小学教师的言行进行全方位考评。

四、加减评分法

加减评分法是根据国家对小学教师职业道德的日常行为要求,找出一系列评语式的测评项目,对每一测评项目作一些具体规定,指明达到什么程度加多少分或减多少分,最后计算总分以表明其等级的评价方法。以分值代表小学教师职业道德水平,有助于小学教师清楚地了解自己在教师群体中的位置,并根据分值客观地判断自己与优秀教师之间的差距,进而激发小学教师向理想目标看齐,坚定信念,一以贯之。

加减评分法最大的优点在于精确。一方面,这种精确表现在对每一种行为的评判、打分都有一个统一的、具体的标准,评价结果比较客观;另一方面,这种精确表现在教师的分值能够直观地反映出教师职业道德工作的成效,并为学校的师德师风建设指出侧重点。值得注意的是,该方法的缺点也极为明显,这主要是由教师劳动的复杂性以及道德品质的特殊性决定的。一方面,教师劳动的复杂性主要体现在教师的教育对象上,针对不同性格、不同认知水平以及不同家庭背景的学生,往往需要采用不同的方法进行教育,因此,很难制定出一个统一的标准去判定教师的行为;另一方面,道德品质是知、情、意、行的综合体,评价小学教师职业道德的好坏,不能仅从行为的层面去衡量,也应考虑到行为动机、道德情感等难以量化的道德因素。因此,应辩证地看待加减评分法,并与其他方法相结合,对小学教师的师德进行全面考查。

五、模糊综合评判法

模糊综合评判法是指在小学教师职业道德评价中吸取与应用模糊数学综合评判的思想,全面合理地考虑到所有影响小学教师职业道德的因素,采取模糊计量法,通过计算得出评价结果。具体来讲,就是把整个小学教师职业道德评价目标看成一个由多种因素组成的模糊集合,再设定这些因素所能选取的评审等级,组成评语的模糊集合,分别求出各单一因素对各个评审等级的归属程度,再根据各个因素在评价目标中的权重分配,通过模糊计量算出结果。

对小学教师进行职业道德评价时,往往会涉及多种因素、多种指标,因此,不能简单地用好与坏来区分。模糊综合评价法通过将多种因素进行综合,采用模糊数学的方法对其进行总体评判,大大提高了小学教师职业道德评价的有效性和公平性。在对课堂教学质量进行评估时,也可以选择此方法进行考评。值得一提的是,该方法对评价者提出一定的要求:一方面,评价者要有一定的模糊数学知识;另一方面,各个评价项目和评语等级的确定要有充分、合理的科学依据;最后,要能够借助事先编制好程序的电子计算机进行计算。

✦ 思考题

1. 简述小学教师职业道德评价的含义及其功能。
2. 如何理解小学教师职业道德评价的民主性原则?
3. 举例说明小学教师职业道德评价的方法。

✦ 拓展阅读

1. 刘济良.学校德育[M].北京:北京师范大学出版社,2015.
2. 张笑涛.为"道德教育、公民教育与公民道德教育"正名[J].现代教育管理,2012(9).
3. 郭华.我们今天如何谈师德[J].中国教师,2018(9).
4. 霍庆.六项修炼成就优秀教师[J].教师教育论坛,2019(2).
5. 朱寅年,曾国华.一生用来做教师:20位当代教育名家的故事[M].上海:华东师范大学出版社,2012.
6. 刘亭亭.教师职业道德[M].北京:北京大学出版社,2017.
7. [苏]苏霍姆林斯基.给教师的建议(修订版)[M].杜殿坤,译.北京:教育科学出版社,2010.

第 十 章

小学教育名师的职业道德

✿ 知识结构

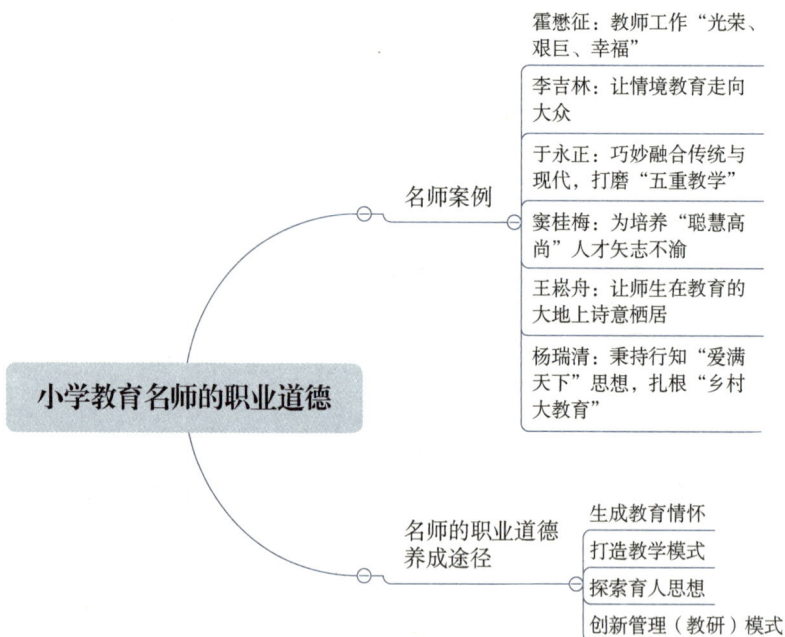

✿ 学习目标

知识与技能	了解新中国成立以来六位小学教育名师的典型事迹,包括育人思想、教学模式和教研进程(方法);理解小学教育名师职业道德养成的核心要素。
过程与方法	通过阅读案例内容,掌握案例及案例分析法的研究思路和使用方法。
情感态度与价值观	通过对小学教育名师典型事迹的介绍,发挥名师的榜样作用,引导学生树立正确的职业道德观,培育健康的职业道德情感,提升职业道德素养。

第一节 ◈ 小学教育名师的案例

"在教育名师中,有一批用生命思考教育、用视野开阔教育、用行动改变教育的教育名家。他们的努力给当下教育以力量。"[①] 本章介绍了新中国成立以来在小学教师岗位上辛勤耕耘、成绩卓著的六位教育名师,有把小学教师工作浓缩为六个字"光荣、艰巨、幸福",被周恩来总理称为"国宝"的霍懋征;有毕生探索情境教学,立志让情境教育走向大众的李吉林;有巧妙融合传统与现代,打磨"五重教学"的于永正;有兢兢业业,为培养"聪慧高尚"人才矢志不渝的窦桂梅;有怀揣美好愿景,让师生在教育的大地上诗意栖居的王崧舟;有秉持行知"爱满天下"思想,扎根"乡村大教育",中国少有的陶行知式的乡村校长杨瑞清。

一、霍懋征:教师工作"光荣、艰巨、幸福"

霍懋征,20世纪20年代初出生于一个教师之家。特殊的年代和家庭造就了一位特殊的教育者,受时代的呼唤和家庭的熏陶,她坚定地走向小学教师岗位,毕生从事小学教育事业,是我国高学历人才从事小学教育的先行者。她是我国首批特级教师,是全国"爱的教育"的倡导者和实践者,当之无愧地成为我国当代的著名教育家。

霍懋征在小学教坛辛勤耕耘六十载,在教学、育人和教研等多个层面倾心付出、刻苦钻研。她秉持"终身从教,矢志不渝"的教学信念,探索"以爱执教,文道统一"的育人思想,倡导"发挥语文教育独特性"的教研思路,全方位、多视角地探究小学教育,对小学教育教学中的许多问题提出自己的独到见解。

(一)教学:终身从教,矢志不渝

1943年,霍懋征毕业于北京师范大学。毕业后,她放弃留任北京师范大学的机会,毅然到当时的北京师范大学第二附属小学(现更名为北京市第二实验小学)任教,自此终身从事小学教育教学事业。

霍懋征老师多科发展,不仅擅长讲授小学数学,还在其教学生涯的后期主教语文科目。无论是数学教学还是语文教学,霍懋征将教学和研究相结合,创设具有自己独特风格的"读讲法",提出"速度要快,数量要多,质量要高,负担要轻"的十六字教学方针。在教学思路上,霍懋征的"读讲法"从实际出发,侧重对学生学习和教材编写的探究与分析,采用对学生逐步引导的方法,灵活使用教材。在教学策略上,以"读"为主,以"讲"为辅。通过增加阅读量,丰富学生的知识,培养学生的学习兴趣,激发学生的学习主动性。以"讲"为辅,侧重提炼、分析教学内容的重点与难点,有的放矢,各个击破。

案例 10-1

小女孩不怕写作文了[②]

有一次上作文课的时候,霍懋征老师看见一个女孩子竟然用手捂着耳朵。女孩子看到

---

① 朱寅年,曾国华.一生用来做教师:20位当代教育名家的故事[M].上海:华东师范大学出版社,2012:前言.
② 爱的教育——霍懋征事迹[EB/OL].(2014-05-16)[2020-08-28]https://www.doc88.com/p-3758095774040.html.

霍老师的目光时,赶紧把手放了下来,但是依然心不在焉。霍老师向前任的语文老师了解情况,那位老师说:"没错,不知道这个学生怎么就怕写作文。讲评作文的时候,她听都不愿意听。"这是怎么回事?霍老师心里琢磨着。

连着几次作文作业收上来。霍老师每当看到这个女孩子的作文时,就不禁皱起了眉头。文章确实写得很不好。有一次,批改作文的时候,霍老师发现女孩子作文中有几句比平常写得有进步,马上在她作文本上把这几句勾出来,批上:"这几句非常好,表达了当时的想法。"霍老师希望让女孩子知道,老师随时关注着她的进步。第二天上课的时候,霍老师特地拿出那个女孩子的作文,用饱含深情的声调朗读了那几句话,并向全班同学进行讲解。

渐渐地,这个女孩子的作文写得越来越好,也有了得5分的作文,而且作文还经常被贴到教室里的《作文园地》上。一个学期之后,霍老师推荐这个女孩子当了《作文园地》的编委。后来,这个女孩子成为一家出版社的编辑。

实践证明,霍懋征从学生需求层面创设的"读讲法",能够有效地引导小学生理解学科学习,尤其是习作课的特征,掌握学习的规律和方法,提高了学习成绩,更可贵的是,小学生的学习兴趣和信心也随之增强。霍懋征对教学方法的悉心研磨与探究,是她"终身从教,矢志不渝"教书理念的真实写照,从人的发展角度而言,不仅为自身的专业发展和后续获得"国宝"级教师称号打下坚实基础,更为小学生的职业选择、生涯规划和生命成长提供了丰沃的养料。

(二) 育人:以爱执教,文道统一

"教育教育,为育而教,不是为教而育。"[1]一句简短的话语,映射出"教"和"育"的关系,育是教之本,教是育之基。这正是霍懋征六十多年从教的深切体会,也是霍懋征为育而教的真实写照,在她的育人体系中,以生为本,爱字当先。

"没有爱就没有教育"是霍懋征育人思想的精髓,是她教书育人的动力和源泉。霍懋征言行如一,倾心付出,把爱渗透到整个育人过程中。她经常说:"每个孩子都有上进心,都愿意学好,关键在老师如何引导。"霍懋征坚信没有教育不好的学生,在她六十多年的教学过程中,从未丢下任何一个学生。

案例 10-2

淘气鬼何永山进步了[2]

何永山上学的时候,是学校出了名的"淘气鬼",而且已经留了两年级。上课的时候,随便说话喊叫是家常便饭。课下还经常欺负同学。班主任也拿他没有办法。

一次开校务会的时候,霍懋征老师听说学校准备把何永山送到工读学校去,就找校长说:"您把这个孩子交给我吧。"校长说:"这可不行,我可不能让这孩子影响你们的优秀班集体。""请您相信我,看看我们班是否有力量来改变何永山。"在霍老师的恳请下,校长终于同

① 朱寅华,曾国华.一生用来做教师:20位当代教育名家的故事[M].上海:华东师范大学出版社,2012:33.
② 臧文丽.退休教师霍懋征:把爱献给教育的人[EB/OL].(2006-10-30)[2020-03-10]http://edu.people.com.cn/GB/72082/72141/4976217.html.

意她把何永山领走了。

因为两次留级,何永山比其他同学都大,而且身高体壮有力气。一天,霍老师对他说:"永山,你当个组长吧。挑上三个同学,再加上老师,咱们五个人负责打扫班里的卫生区,怎么样?"何永山一听先是一愣,然后大声说:"行!"从第二天早上开始,何永山每天总是第一个到校给大家准备好笤帚、簸箕,干得非常认真。有一天早上,他扛着一把长把笤帚兴冲冲地走到霍老师跟前说:"老师,您用这把笤帚扫吧。""为什么?"霍老师有些不解。"霍老师,我发现您的腰有毛病,您用这把笤帚扫地就不用弯腰了。"一个被认为不可救药的孩子也会关心别人了。

一天,霍老师看见何永山站在学校鼓号队旁边比画着敲大鼓,眼里流露出羡慕的神色。因为他不是少先队员,所以根本没有加入鼓号队的资格,只能眼巴巴地看着。霍老师发现他的这一兴趣后,就去找大队辅导员,说:"你看何永山那么大的个子,打大鼓最合适了。而且通过少先队这个集体也能帮助他进步。"大队辅导员不敢肯定,只说:"那就试试看吧。"结果,何永山非常遵守鼓号队的纪律。那年"六一"儿童节活动,霍老师特意给何永山买了白衬衫、蓝短裤。这一天,何永山第一次在全校同学面前受到了大队辅导员的表扬。

活动之后,何永山抱着白衬衫、蓝短裤送还给霍老师。霍老师亲切地说:"这衣服是老师送给你的,拿回家去吧。你今天很漂亮,只是脖子上少一样东西。"没等霍老师说完,何永山仰起脸说:"我知道,我还没有红领巾呢!"何永山进步了,课上不随便说话了,课下也不胡闹了。上课老师都说:"何永山像变了一个人。"不久,他真的加入了少年先锋队。

在实际教学中,霍懋征秉承"以爱执教,文道统一"的优良传统,用"激励、赏识、参与、期待"的教育艺术,[1] 帮助学生塑造健全人格,引导学生健康发展。

霍懋征育人有方、育人有法,虽爱护学生,但不放纵学生,在她的育人体系中,有着清晰明确的育人原则和要求。她向学生提出十点要求:学会做人、学会自律、学会学习、学会思考、学会创造、学会审美、学会乐群、学会健身、学会生活、学会劳动。可以看出,霍懋征提出的这十点育人要求涵盖德、智、体、美、劳全面发展,充分体现了"以爱执教,文道统一"的育人思想。

(三) 教研:发挥语文教育独特性

霍懋征从教初期从事数学教学,且班级成绩始终名列前茅。她之所以改教语文,是因为吸取"文革"的教训。在"文革"中,她目睹自己辛苦培养的学生,尤其是优秀学生,一夜之间竟变成"打手""杀手"。这次事件让霍懋征深入反思,教书育人,不仅要教授学科文化知识和技能,更要加强对青少年一代的思想品德教育,"德才兼备,以德为先"。相比之下,加强对学生的思想品德教育,语文课承担着更为重要的任务。由此,霍懋征转向语文教学,并开启探究如何发挥语文教育独特性的教研之路。

一方面,发挥语文教育的德育功能。她积极参加汉语拼音的试教活动,参与拼音教学经验和五年一贯制改革等教改经验的推广工作,长期指导并参与我国小学语文教材的编写工作。霍懋征认为,在语文教学中,语言形式是为内容服务的,所以,首先要从思想品格和道德情操方面入手,把语文教学与对学生的思想教育和审美教育统一起来,做到教书育人、寓德

---

[1] 教育部关于教育系统向霍懋征同志学习的通知[EB/OL]. (2010-02-20)[2020-08-24]http://www.gov.cn/gzdt/2010-02/20/content_1537566.htm.

于教。

另一方面,探索语文教育的创新特性。经过多年的语文教学实践改革,霍懋征意识到,语文是基础教育阶段的一门主课,教材内容丰富,所占课时最多,通过每篇课文的学习,均能使学生受到教育,尤其在培养学生的创新意识、创新精神和创新思维方面发挥着独特的作用。由此,霍懋征提出,语文教育的独特性不仅是要通过语文教学内容向学生进行思想品德教育,还要对学生进行创新教育。霍懋征进一步指出小学语文创新教育的独特性。小学进行创新教育不只是以发明创造为主要手段和目的,更侧重发挥儿童的主体作用,开发和发展儿童的创新意识和创新思维,为儿童的全面发展与终身发展打下良好的基础。

二、李吉林:让情境教育走向大众

李吉林是我国著名的儿童教育家和情境教育创始人。她出生于20世纪30年代末,在20世纪50年代毕业于江苏省南通女子师范学校,随后任教于南通师范学校第二附属小学,毕生致力于"情境教学""情境教育""情境课程"的长期探索,构建了情境教育的理论框架和操作体系。李吉林为我国素质教育的育人模式改革作出突出的贡献,但她始终用一句话表达自己质朴的期望:"我一直有一个非常简单而朴素的愿望,就是希望情境教育能够走向大众。"[1]

(一) 教学: 提出"情境教学"

1. "情境教学"的提出背景

李吉林从18岁登上小学教育讲台,就与小学教育结下不解之缘,开始走上探索"情境教学"的漫长、艰辛而又充满好奇的教学改革创新之路。李吉林提出"情境教学"具有一定的历史渊源。1978年,李吉林已近不惑之年,受当时历史背景的影响,当她看到我国小学教育过分偏重对课本知识的学习,忽略对小学生的情感教育和创造力的培养时,于是,借助改革开放的良好时机,她萌生了从小学语文教学入手,尝试进行小学教育教学改革的实验研究。李吉林之所以将关注点聚焦到情境教学,是因为受到外语情景教学的启发。她"由外语的'情景'联想到我国古代文论'境界说',理出'物'激'情'、'情'发'辞'、'辞'促'思'的客观外物与儿童情感、语言及思维之间相互作用的联动关系"[2]。为了走出一条改革创新之路,探索一种适合我国小学教育教学的方法,李吉林发奋读书,刻苦钻研哲学、心理学、教育学、社会学、美学等多个学科的理论知识,并从中外对比的视角查找我国教育发展的短板,这为她提出适合我国国情的"情境教学"打下了坚实的理论基础。

在学习国内外相关教育理论知识的基础上,李吉林大胆向学校申请,尝试从一年级进行情境教育实验。功夫不负有心人,经过几年的教学探索,1983年,李吉林成功地带出首个接受过语文情境教学实验的班级,这个班级学生的学习成绩顺利通过当地教育局开展的专项考核,其中,优秀率达到90%,合格率达到100%。这一成绩的取得是对李吉林"情境教学"实验改革的肯定与认可。自此,李吉林把"情境教学"创新实验坚持下去,创造出我国小学语文教育富有新意和成效的教学模式。

2. "情境教学"的构成要素

实践证明,"情境教学"的构成要素不是一成不变的,而是处在不断的教学实验中,根据

---

[1] 刘堂江,康丽. 回应世界教育改革的中国声音[N]. 中国教育报,2008-12-03(A01).
[2] 李吉林. 从"情境教学"到"情境教育"的探索与思考[J]. 中国教育学刊,1994(1).

教学的实际情形不断地变化而调整。从 1983 年开始,李吉林从语文单科教学开始进行改革实验,通过十余年的尝试和探索,1994 年,李吉林对语文单科使用"情景教学"的成功经验进行总结,抽象概括出符合小学生心理特征和认知规律的、用于创设情境的"四为"和"五要素"。"'四为'是指以'形'为手段,以'美'为突破口,以'情'为纽带,以'周围世界'为源泉。'五要素'包括:以培养兴趣为前提,诱发主动性;以指导观察为基础,强化感受性;以发展思维为中心,着眼创造性;以陶冶情感为动因,渗透教育性;以训练学科能力为手段,贯穿实践性。"①

1997 年,李吉林从探索过程中筛选出行之有效的具体做法,对"情境教学"作进一步的概括与构筑,形成"以'美'为突破口、以'情'为纽带、以'思'为核心、以'练'为手段、以'周围世界'为源泉的情境教学操作模式"②。对比发现,调整后的"情景教学"操作模式将手段改为"练",增强了这一教学模式的操作性,显得更加具体。同时,又增加了以"思"为核心,从而将"情境教学"的"四为"增加到"五为",体现出与"五要素"的一致性。

由此可知,"情景教学"的构成要素包含"美""情""思""练"和"周围世界",与其基本特征"形真、情切、意远、理蕴"相辅相成。③李吉林提出的"情景教学",彰显出了中国的育人特色,有效地激发小学生的学习意愿,提高小学生学习的主动性和创造性,借着改革的良机帮助儿童卸下束缚身心发展的"枷锁",激发儿童活泼开朗的天性,寓教于乐,寓教于情,通过亲近生活和大自然,让儿童在与自然和谐相处时感受真实的生活情境并快乐成长。

(二) 育人: 探索"情境教育"

1. "情境教育"的研究缘起

李吉林对"情境教育"的创设源于"情境教学"的提出。1990 年,李吉林从语文学科出发,将情境教学的理念引入思想品德、数学、音乐、体育、美术等多个科目,并开创性地提出扩大"情境教育"实验的范畴,从哲学、心理学等学科的理论层面阐述情境教育的基本原理,包括暗示诱导原理、情感驱动原理、角色转换原理、心理场整合原理,在此基础上,构建了情境教育的基本模式。

情境教育及其基本模式的提出源于李吉林从教多年积累的实践经验,并从中精心提炼萃取的理论精华,具有较强的理论深度,更具有鲜明的时代特征,从中折射出李吉林对情境教育探究的积淀和智慧。

2. "情境教育"的基本模式

情境教育的基本模式包含拓宽教育空间、缩短心理距离、利用角色效应、注重创新实践四个方面。④李吉林从儿童的视角去审视,从儿童的内心去体悟,从情境教育基本模式构成去设计,让情境教育在具体的实施中收到良好的效果。

一是拓展教育空间。"一棵小树长在花盆里,几年后还是一棵小树,倘若把它移栽到田野,用不了多少年就能长成参天大树。"李吉林是这样说的,也是这样做的。她将课堂延伸至丰富多样的课外教育活动之中,使小学生在教室内外的综合活动中快乐成长。她将学校空间延伸至丰富多彩的校外,让小学生体验真实的社会生活,从而更新学生的认知,拓展学生的知识。

———————————

① 李吉林. 从"情境教学"到"情境教育"的探索与思考[J]. 中国教育学刊,1994(1).
② 李吉林. "情境教学"的操作体系[J]. 课程·教材·教法,1997(3).
③ 王灿明. 情境教育四十年的回顾与前瞻[J]. 南通大学学报(社会科学版),2020(3).
④ 朱寅年,曾国华. 一生用来做教师: 20 位当代教育名家的故事[M]. 上海: 华东师范大学出版社,2012: 54.

二是缩短心理距离。李吉林提出，缩短心理距离包括缩短学生与教师之间、学生与课文之间的距离。缩短师生的心理距离，需要建构"亲、助、乐"的人际情境，重构平等、和谐、互助的师生关系。缩短学生与课文的距离，需要建构"美、智、趣"的教学情境，帮助小学生更好地理解课文，提升他们的认知水平，完善他们的认知结构。①

三是利用角色效应。李吉林认为，情境教育要让小学生在具体情境中扮演不同的角色，包括课文中出现的角色、学生自我向往的角色以及现实生活中的真实角色。在情景教育中，不仅允许小学生进行角色扮演，还要引导他们学会自如转换角色。通过角色扮演和转换，唤醒小学生的自主意识，激发他们的想象力和创造性。

四是注重创新实践。实践与创新犹如儿童成长的两翼。创新源于实践活动，实践激发创新思维。李吉林强调，情境教育要寓教于乐，让小学生在自由的游戏娱乐活动和真实的社会实践活动中敢于创新，并能收获创新果实。

（三）教研：开发情境课程

1. 情境课程开发的历史背景

20世纪90年代，随着我国改革开放的深入，在探索情境教学和情境教育的基础上，李吉林开始对情境教育的发展进行深入、全面的思考。从理论体系到基本模式的构建，情境教育在一步步地发展。随着情境教育实验的推广和深化，带来小学课程的改革是大势所趋。如果情境教学和情境教育不能融入课程改革的大潮，不能引发小学课程改革，情景教学就只是孤芳自赏，很难走向大众化，情境教育的基本思想和模式构建也就很难得以推广，发挥其应有的作用。李吉林意识到，进一步开发情境课程是社会的需要，更是一种责任和担当。由此，李吉林开始大胆地研发情境课程。"从情境教学的探索，到情境教育的构建，再到情境课程的开发，这是李吉林教育思想从实践到理论，又从理论回到实践的深化过程，是李吉林教育思想的三步曲。"②

2. 情境课程的基本类型

根据情境课程功能的多样性，李吉林将情境课程分为四类，分别是学科情境课程、主题性大单元情境课程、野外情境课程、过渡性情境课程。③ 其中，学科情境课程从儿童出发，把学科课程与活动课程结合起来，借助暗示、移情、角色、心理场"力"的作用，把儿童带入优化的情境中，让儿童主动参与教育教学活动，发挥学科情境课程的主体作用。主题性大单元情境课程由鲜明的主题构成，具有主题明确、情感伴随、儿童自主、角色众多、场景转换等基本特征。主题性大单元情境课程有利于联结小学多个学科与多类活动，始终贯穿于整个学期的教育实施过程，将学科课程与活动课程、显性课程与隐性课程自然地结合起来，使其在同一主题下互为补充、相互促进，充分发挥了自身的联动作用。野外情境课程主要从求近、求美、求宽的角度遴选"周围世界"的生动场景，通过开展观察说话、情境作文、环境调查、科学探究、社会实践等活动，让儿童认识、亲近大自然，有利于开阔儿童的视野、启迪智慧，有助于拓宽小学教育空间。过渡性情境课程是在幼小衔接阶段儿童心理特征的探究基础上开发的，主要依据室内短课与室外观察相结合的原则，有序安排儿童的学习生活，包括增设户外活动及时长、分设各种学科课型、增加课程的多样性与趣味性等具体做法。

① 朱寅年,曾国华. 一生用来做教师：20位当代教育名家的故事[M]. 上海：华东师范大学出版社,2012：54.

② 顾明远. 在李吉林教育思想研讨会上的发言[J]. 中国教育学刊,2006(7).

③ 李吉林. 情境课程的开发[J]. 课程·教材·教法,1997(6).

情境课程的开发是对情境教学进行实验探索的延伸，是对情境理论研究成果的转化。情境课程"以儿童为中心，将学科课程、活动课程与优化的情境融成一个有机的统一整体，从而克服单纯学科课程存在重知轻智的弊端，弥补了单纯活动课程容易陷入知识无系统状态的缺陷"①。李吉林开发的情境课程融合哲学、美学与当代课程论的精华，彰显出我国的时代特征和民族文化的本土特色。

三、于永正：巧妙融合传统与现代，打磨"五重教学"

于永正生于1941年，1962年毕业于徐州师范学校，自此踏上小学教学岗位，一直从事小学教育教学工作。于永正以语文教学改革为突破口，扎根教学实践，深入探究如何启迪学生的智慧、挖掘学生的潜能、激发学生的创造天赋，形成"以学生为本，以读书为本，以创新为本"的教育理念。在语文教学中，于永正对作文教学和阅读教学有着深入的研讨，经过多年教学实践的尝试与积累，逐步形成了自己的"五重教学"教学特色。

（一）教学：打造"五重教学"

1．"五重教学"的提出背景

于永正在五十余年的教育实践中发现，我国小学语文教学长期存在学用脱节的问题，从而影响学生写字、读书、讲话和作文的质量。针对这一现象，于永正从1985年开始"言语交际表达"作文教学的实验。于永正认为，语文教学的本质是言语交际，"言语交际"式小学语文教学强调语言的动态性、生成性与过程性。于永正的"言语交际"式小学语文教学实践与探索研究主要分为三个阶段，分别是"言语交际表达"作文教学实验阶段、"言语交际"下的"五重教学"实践阶段、"言语交际"式小学语文教学深化研究与推广阶段。②于永正在作文教学改革的基础上，将"言语交际"研究拓展到语文教学各个领域，提出了"言语交际"下的"五重教学"，对此进行了多年的课堂实践探索。

2．"五重教学"的基本内涵③

于永正的教学观通过"五重教学"得以体现，体现出语文教学的关键所在。"五重教学"是指重情趣、重感悟、重积累、重迁移、重习惯。

重情趣是小学语文教学中最重要的基本原则，主张教学要有情感、有趣味。重情趣首先表现为在师生关系上，师生要平等，教师要对学生有情，做到"蹲下来看学生"。其次，重情趣表现为对语文课堂教学的有情，课堂教学是教师、学生和教材之间的对话，所以，不仅要对学生有感情，还要对教材有兴趣。最后，重情趣还表现在增加课内外活动的趣味性。

重感悟要求语文教学要以学生诵读原文为主，通过多种方法让学生联系原有的知识和经验去领悟课文的内涵。重感悟倡导以读导悟、读中见悟，强调学生语文学习的自主内化。

重积累包括知识的积累、语言的积累、生活经验的积累和情感的积累。小学阶段是语言学习和记忆的最佳时期，要通过语文教学强化儿童多方面的积累，提升儿童的言语交际能力。

重迁移主要涉及语文教学中读的迁移和写的迁移。读的迁移侧重由课内向课外的迁移，写的迁移是指读写结合。在于永正的阅读教学中，常常创设与现实生活相似的情境，让学生去读、去记、去想，让学生用心感悟潜藏在语言文字中的道理。

① 李吉林. 情境课程的开发[J]. 课程·教材·教法，1997(6).
② 于永正.《于永正"言语交际"式小学语文教学实践与探索》成果报告[C]. 南京：江苏省教育学会学术年会，2015.
③ 于永正. 重情趣 重感悟 重积累 重迁移 重习惯[J]. 小学教学，2000(9).

重习惯包括学习习惯和运用语言习惯,这是语文教学的关键所在。学习习惯的养成包括阅读习惯、观察思考习惯等,运用语言的习惯是指通过语文教学提升学生的言语交际能力,让学生在日常交往中交流自如,使习惯成为一种自如状态。

(二) 育人:"蹲下来看学生"

教书的目的是育人,"保持童心,以生为本"是于永正育人思想的基点与核心。在庆祝自己从教五十周年的研讨会上,于永正曾说:"教了五十年书把自己教成了孩子。"

童心不泯,才会换位思考,才能理解学生。于永正讲了一个真实的例子:"一次我们带学生春游,来到湖边,学生要求划船,班主任不敢答应,怕出危险。我说:'有工作人员和我们在呢!怕这怕那,什么都办不成呀!要理解学生——划!'学生欢呼雀跃。"[①] 于永正诠释了语文教学的真谛,通过阅读与写作等教学途径的使用,通过课内和课外多种活动形式的传递,达到与孩子共情的目的。"有了童心,才能使自己变得年轻,变得活泼,使教学充满情趣;有了童心,才能走近孩子,理解孩子,体谅孩子;有了童心,才能想孩子之所想,急孩子之所急;有了童心,才能和孩子打成一片,成为他们中的一员,才能和他们一起唱,一起跳,一起哭,一起笑……"[②]

关爱儿童,关键是要尊重儿童,善待儿童。于永正经常"蹲下来看学生",与学生平等对话,真诚交流。在教学过程中,他对学生的关爱与尊重始终通过温暖的微笑和幽默的言语加以传递。

案例 10-3

于 老 师 的 笑[③]

一天,于老师在讲《渔夫和金鱼的故事》这篇课文。看到"金鱼"二字,我脑子里立刻浮现出许许多多金鱼的形象,红的,黄的,黑的,白的……于是,不由自主地拿起笔在课本上画起来。一条,二条,三条……忽然,笔不听使唤了,画不动了。我抬头一看,原来是于老师把笔给摁住了。我用手捂着满是金鱼的课本,惊恐地望着老师。我以为于老师会批评我,心提得更紧了。没想到,于老师微笑着说:"你把课文好好读读,好好琢磨课文中写的这位老太太,为课文画一幅插图,怎么样?"

案例 10-3 中,于永正的微笑给小学生留下深刻的印象,保护了儿童的自尊心和想象力。于永正以童心自比,善于换位思考,尊重儿童,宽容儿童,以轻松自然的方式顺势引导,激发儿童的想象力和创造力,关注儿童的全面发展,于无声处把丰富有趣的知识、宽容的品格、豁达的胸襟传递给儿童。

(三) 教研:"人生是花,语文是根"

语文是基础学科的基础,是儿童学习的基础。"哪一门学科的载体不是语言文字?语文学不好,恐怕很难读懂数学的应用题。人生是花,语文是根。"[④] 于永正以语文教学改革为突破口,在小学作文教学上,实践了"言语交际表达训练",并将如何启迪学生的智慧、挖掘学生

① 李节."人生是花,语文是根"——特级教师于永正访谈[J].语文建设,2012(12).
② 俞永军.于永正老师的教育魅力——重读《教海漫记》[J].江苏教育,2018(35).
③ 转引自管清筱.于永正小学语文教学智慧研究[D].聊城:聊城大学,2019.
④ 李节."人生是花,语文是根"——特级教师于永正访谈[J].语文建设,2012(12).

的潜能、激发学生的创造天赋作为主要研究课题。于永正扎根实践的语文教学在全国引起极大的反响。

1992年年底,教育部在南京市召开于永正语文教学研讨会,推广于永正提出的"五重教学"。这次全国性的教学研讨将于永正教学观的研究推到新的高度。2000年,原江苏省教委基础教育办公室和江苏省中小学教研室在徐州市联合召开于永正教学经验研讨会,集中研讨于永正的教学思想和教学艺术,从更高的理论层面解读、学习于永正的"五重教学"特色和"以生为本,尊重儿童"的育人思想。"五重教学"的成功提出源于永正对语文备课的深入钻研、对课堂教学策略的探索。

1. "五重教学"的备课模式探究

备课是教学的基础,五步备课法是实施"五重教学"的关键。于永正之所以能够提出"五重教学"法,是因为他对备课环节的长期打磨。结合教学实际,于永正提出对备课的五点认识。

第一,备课不等于写教案。备课包括钻研教材、搜集信息、了解学生、考虑教学思路和教学方法、写教案等多个步骤,而写教案只是备课的其中一部分,是最后一个环节。备课涉及的范围更广,不仅需要记录钻研教材的感悟,还要记录教学目的的具体要求、重点难点、教学过程和方法以及搜集到的教学信息等内容。

第二,重视隐性备课。备课分为隐性和显性两部分。相对而言,写教案是显性备课,钻研教材、查阅资料、搜集信息、备学生、思考教法则是隐性备课。其中,于永正特别注重备"朗读"。朗读是钻研教材、语文备课重要的环节,它赋予文字以生命力,好的朗读可以使得文字鲜活起来、跃然纸上。因此,于永正在备课时,力求把课文读"活"。他提出,备"朗读"时,自己先要多读,用心揣摩课境,还要多听别人朗读,如广播电台的小说朗读、诗歌朗诵等,同时,还提高自身的艺术素养。

第三,认真研磨教法。于永正认为,思考教法的过程就是备学生、备学法的过程。认真钻研课文是备教法的前提和基础,认真朗读课文是体会课文、探寻教法的有效途径。"教学有法,教无定法"。好的教法是在备课的过程中总结提炼出来的,是在对优秀作品的赏读中捕捉到的。

第四,精心撰写教案。显性备课被认为是备课中最重要的环节。显性备课是指写教案。教案的撰写不必拘泥于形式,包括记录教学目标、教学过程、关键词语及其体会、教师用语、学生的回答与习作等多方面。于永正指出,想打造学生喜欢的课程,要同时做到备课于书、备课于心,用心备课,用心写教案。

第五,重视同行间的讨论。于永正提到,钻研教材时,最喜欢和同事讨论,这种方式让他受益匪浅。将自己久思不得其解的问题与同事讨论,会有豁然开朗的感觉。同行间互相听课也是一种讨论方式,有助于对教材的把握。①

2. 基于"五重教学"观的课堂教学策略探究

针对课改中语文教学出现的流派繁杂、工具性弱化、简单问题复杂化等一系列问题,于永正借鉴智者的观点,从哲学的视角和高度提出"简简单单教语文,扎扎实实求发展"的主张,并依据这一原则开展"五重教学"。

于永正提出了"简简单单教语文"的具体策略。第一,教学目标要简要。包括写好字、读好书、说好话、做好文。第二,教学内容要简约。包括简单识字、写字、释词、读书。第三,教

---

① 于永正. 我这样备课[J]. 教育理论与实践,2008(3).

学过程要简洁。指简化教学过程,使用版块式的教学结构。第四,教学方式要简练。重点使用读和写的教学手段。第五,作业要简化。根据学生特性,要围绕写字、读书、作文、探究问题等利于学生发展的形式布置作业。

四、窦桂梅:为培养"聪慧高尚"人才矢志不渝

窦桂梅出生于 1967 年,1986 年从吉林师范学校毕业,开始在吉林市第一实验小学担任班主任兼语文教师,达 16 年之久。在工作之余,窦桂梅不忘学习,努力提升自我。2000 年,窦桂梅从东北师范大学教育管理硕士课程班毕业。2002 年,窦桂梅到清华大学附属小学任教。多年来,窦桂梅一直工作在教学一线,致力于探究小学语文"主题教学"的理论与实践,在我国小学语文学科建设和发展中起到引领和带头作用。在育人使命的驱动下,窦桂梅从研究主题教学走向探索主题教育,又由"主题教学"发展为"成志教育",构建了基于儿童核心素养的"1+X 课程"的育人模式,提出"超越·主题·整合,为聪慧与高尚的人生奠基"的教育教学实践思想。

(一)教学:提出"主题教学"模式

1."主题教学"提出的背景

进入 21 世纪,随着小学语文教学改革的持续推进,课堂教学催生出多种多样的新的组织形式。然而,多数课堂教学的改革在深层次上并未发生实质变化,课堂教学仍然存在"人围着书本打转"的现象,课堂教学的机械、沉闷、乏味、乏力的问题普遍存在。如何真正地提高小学语文课堂的教学效率,如何改变小学语文课堂教学的"少慢差费"现状,如何让小学语文课堂教学散发生命气息,成为窦桂梅探索小学语文教学模式的动力。

针对语文教学工具性与人文性割裂、教学内容单篇讲授支离破碎、教学目标过窄、教学方式僵化等具体问题,有学者提出,语文教育,尤其是小学语文教育,要体现一种人文的关爱,要从语言习得入手,从人的素质发展规律入手改革小学语文教学。[①]这一观点从人的发展高度出发提出小学语文教学改革的路径。在这种教育理念的指导下,窦桂梅开始启动"语文教育要关注人的发展"的教改实验,尝试建立"积累—感悟—创新"的语文教学改革模式,并提出"为生命奠基——语文教学的'三个超越'"的教学理念,即尊重教材,超越教材;立足课堂,超越课堂;尊重教师,超越教师。在此基础上,窦桂梅从人的全面发展角度,更深入、细致地探索"牵一发而动全身"的("一发"指主题,"全身"指语文)、"四位一体"的小学语文"主题教学"模式。

2."主题教学"的基本构成[②]

在窦桂梅提出的小学语文"主题教学"模式中,"主题"不同于专题、话题、课题等术语,它隶属生命价值观的范畴,指向人的精神生命成长。窦桂梅认为,"主题教学"是从生命的层次,用动态生成的观念,重新全面认识课堂教学,整体构建课堂教学。窦桂梅根据小学学段和小学语文教学内容的特征,把"主题教学"划分为四个部分,分别是"主题识字""主题阅读""主题讲读""主题作文"。

一是"主题识字"教学。语文教学中,识字是阅读和写作的基础。"主题识字"教学主要

---

① 张向荣.循着紫丁香的芬芳——读《超越·主题·整合——窦桂梅教学思想探索》有感[EB/OL].(2017-01-06)[2020-03-20]http://blog.sina.com.cn/s/blog_4f5052950102x3oy.html.
② 窦桂梅."主题教学"的思考与实践[J].人民教育,2004(12).

面向低年级小学生,要求儿童完成识字任务,在此基础上,引导儿童了解汉字蕴含的中华传统文化,通过汉字的生动形象体会汉字的生命张力。"主题识字"教学以汉字为主题,综合运用多种方法识记汉字,用识字教学作为统整课程,进行整合式学习,有利于发挥儿童的主体性,激发儿童的学习兴趣。

二是"主题阅读"教学。"主题阅读"主要指读书课,是对传统教材主题教学的延伸。既包括对课本中具体作品的主题的阅读,还包括整本书的主题的阅读。窦桂梅的"主题阅读"教学主要通过两个路径进行,其一是推荐阅读书目,其二是开展阅读研讨课。根据小学生的年龄特点,为不同年级的学生推荐阅读书目。同时,结合小学生的兴趣和需求,按照主题分类,把推荐的书目分为必读和选读两种类型。阅读研讨课被划分为不同的主题类型,包括文学导读、绘本导读、名著导读、同主题导读、阅读欣赏课、制作欣赏课等。

三是"主题讲读"教学。要围绕精讲课文,细读文本,深入解读,挖掘、提炼出课文中具有文化意蕴的核心语词,引领学生走向思维的深度和精神的高度,即"主题讲读"。"主题讲读"教学一方面要选择并确立讲读的主题,即文本中析出的核心语词,也称"文眼";另一方面要确定"主题讲读"的价值取向,这也是"主题讲读"教学的关键步骤。

四是"主题作文"教学。"主题作文"教学旨在让小学生写出"一篇好文",它与"主题讲读"教学相辅相成。"主题作文"教学要先确定大主题,可选择贯穿小学生各个年龄阶段的一系列主题,包括各种传统节日、儿童成长、童年往事等。然后,在每一次作文教学中,围绕大主题,不同年龄段的儿童可确定自己的小主题。"主题作文"的类型丰富多样,包括看图、叙事、写人、赏景、状物、应用文写作、话题作文、想象作文、诗歌作文等。"主题作文"教学把小学低、中、高年级的作文教学形成一套完整、有序的写作训练体系。

(二)育人:提出"成志教育"理论

1."成志教育"的提出背景

在落实立德树人根本任务的过程中,作为清华大学附属小学领头人的窦桂梅一直在思考,如何总结百年"成志育人"经验,培养担当民族复兴大任的时代新人。窦桂梅从育什么人、怎样育人、育人的保障以及育人效果的高度思考学校教育的定位与发展方向。

窦桂梅带领学校上下,努力从中华传统文化和时代精神中汲取营养,把"成志"作为育人目标和育人方法,使其贯穿立德树人的各个环节。同时,还提出,把系统构建作为"成志教育"的思维方式,一方面,整合学科与活动、课堂与课外、学校与家庭,进而形成文化浸育、家校共育、环境美育的多方位协同育人体系;另一方面,联通物理空间,丰富学习方式,搭建虚拟空间,从整体改造学习生态,由此提出"成志教育"理论。

2."成志教育"的基本内涵[①]

在践行社会主义核心价值观的背景下,借助中华优秀传统文化的浸润,依托清华大学及清华大学附属小学的前身成志学校的百年历史积淀与红色文化资源,面向儿童的全面发展与未来发展,窦桂梅带领研究团队梳理出"成志教育"的基本内涵。

"成"包括三层含义:一是"构成",学生历经小学六年的知识学习与文化熏陶,最终形成的内心志向;二是"养成",指儿童经历小学阶段的承志、立志、弘志旅程后,所获得的品格与能力养成;三是"达成",指小学六年时光奠基人生价值的达成。"成"体现了学校育人的全过

① 窦桂梅.清华大学附属小学:成志教育——儿童成长的指南针[J].人民教育,2019(Z1).

程。"成志",即通过学校"理想与抱负、意志与品质、实践与行动"三维育人体系的培育,把儿童培养为祖国未来需要的时代新人。

其一,"成志教育"的核心思想。"成志教育"的核心思想是始终"让儿童站立学校正中央"。"成志教育"要求尊重儿童的天资与性情,指向理想与抱负,砥砺意志与行动,使儿童"从小学习做人、从小学习立志、从小学习创造",传承文明,立足时代,面向未来,实现从"立志"到"立人"的育人目标。

围绕立德树人的根本任务,"成志教育"从实际出发,细化为促进儿童终身发展的五大核心素养,又称"完整人核心素养发展",即身心健康、善于学习、审美雅趣、学会改变、天下情怀,实现儿童健康阳光快乐成长。

其二,"成志教育""10+"育人目标。包括共性目标和个性化目标。共性目标体现在超越学科的"五个一",指一流好品格、一项好兴趣、一生好习惯、一种好思维、一品好审美。个性化目标包括学科和学生的"五个一",指一身好体魄、一手好汉字、一副好口才、一项好才艺、一门好外语。

其三,"成志教育"的三条实施路径。一是学段三进阶。将小学六年学习期按两年一个阶段分为低(一二年级,启程学段)、中(三四年级,知行学段)、高(五六年级,修远学段)三个学段,实现"启程—知行—修远"学段三进阶的贯通实施。二是"1+X课程"及主题课程群。"1"指优质落实国家基础课程,"X"指由"1"生长出的儿童个性课程,包括学校、学段、个体的个性课程。通过基础课程与个性课程的互动,增强学科内知识的有机联系。三是完善儿童内生机制,包括仪式教育、自选自创课程、自主管理项目活动等形式。

其四,"成志教育"的评价系统。指构建"过程数据+关键事件+榜样引领"的评价系统。它是一个立体式的评价体系,包括学业过程数据的分析与建议、学生关键事件的自主记录、自我激励的榜样评选与学习。

(三) 管理:"整合思维"撬动学校管理变革

1. "整合思维"管理模式的提出背景

窦桂梅在职业初期做一线教师的时候就发现学校管理存在的问题,即"上面千条线,下面一根针"。学校不同层级的领导太多,包括学科组长、年级组长、大队辅导员、教导主任、德育主任、总务主任、副校长、校长等,尤其是当领导说法不一致时,让普通教师很难招架、无所适从。当窦桂梅担任学校领导并主持学校工作后,发现学校机构设置和工作运转存在的问题是学校管理部门和层级过多,导致信息传递出现误差,信息失真时有发生,工作效率低,且过于行政化。为了解决这些问题,窦桂梅尝试采用课程整合的思路和"倒逼"管理思维方式,推动学校的组织变革。

2. "整合思维"管理模式的运行①

首先,窦桂梅对学校的机构设置进行调整。把学校的八个处室整合为三个研究中心,分别是"1+X课程"研究中心、教育教学研究中心、服务研究中心。调整之后,更能突出部门"研究"的重要性,减少了行政色彩,增进了部门之间的合作,提高了工作效率。同时,研究中心的工作性质与方式发生转变,部门管理重心下移,负责人要深入一线进行调研,在此基础上进行科学决策,实行价值引领、文化引领和专业引领。

---

① 窦桂梅. 我当校长这几年[J]. 中小学管理,2015(3).

其次,对年级的划分进行整合。窦桂梅将小学六个年级整合为低、中、高三个学段。在每个学段设立不同的岗位,包括段长、常务副段长,段长由中心负责人兼任。与之相匹配的是,学校实行权力下放制,赋予各个段长一定的权限,由其全权负责所在学段的日常工作,包括教育教学和科研工作。通过对年级的整合,学校实现了组织管理的扁平化,极大地提高了学校整体的工作效率。

最后,整合学校管理队伍,实行"影子校长"制度,培养教师管理梯队。学校每月分别从行政岗位和教学岗位选出两位"影子校长",分别由一位中层干部和一位一线青年教师担任。在任职期间,"影子校长"行使相当于校长或副校长的管理职责,主持校务会议和学校日常工作。通过教师管理队伍的整合,使学校的中层干部和骨干教师得到历练,增强了全局意识,提升了管理能力和服务意识。

五、王崧舟：让师生在教育的大地上诗意栖居

自 1984 年参加教育工作以来,王崧舟一直扎根于小学语文教育改革实践,逐步深化语文教育教学改革。王崧舟积极倡导"诗意语文",主张以发展学生的言语生命为核心,促进学生语言和精神的协同发展,致力于"让师生在教育的大地上诗意栖居"。经过多年一线教学的磨砺,王崧舟开创了"诗意语文"教学流派,提出"一心三最"育人思想,构建了"新成功教育"办学模式。

(一) 教学：开创"诗意语文"流派

1. "诗意语文"的提出背景

王崧舟提出,当下我国的语文教育存在的根本问题在于功利主义。功利主义将学语文、教语文的人当作工具,借由人这个工具,无限度、无操守地追逐语文教育的功利性——更高的分数、更高的升学率、更高的美誉度、更高的品牌价值。相比之下,人则成了语文的工具。"语文教育的功利主义是整个基础教育功利主义的折射;基础教育的功利主义是整个社会功利主义的折射。"①

针对这一问题,王崧舟从摆正人与语文的关系入手,寻求淡化甚至消解功利主义给语文教育带来的"伤痕"。为了让语文教育归位,王崧舟长期沉入对小学语文教学艺术的探索,凭着自身的执着信念、坚实功底和不懈努力,王崧舟在我国小学语文教学领域开创了独具特色的"诗意语文"教学流派,对我国的基础教育课程改革具有深远的影响。

2. "诗意语文"的基本内涵

其一,"诗意语文"的精髓。把握人与语文的关系是"诗意语文"的精髓。"诗意语文"强调在"人和语文"的关系中发现语文的规律、谈论语文教学。"诗意语文"教人认识语文当下的美,倡导从审美角度探讨人与语文之间的关系。"诗意语文"主张从学生生命成长的高度探究语文教学,以发展学生的言语生命为核心,促进学生语言和精神的协同发展。

其二,"诗意语文"的要求。这源于对语文教学的追求,主要表现在三个层面。一是功利层面上,主要表现为学生获得良好的语文考试成绩;二是科学层面上,语文教师能够形成自己的理论主张,建构自己的教学体系;三是审美层面上,能按照美的规律和要求实现"审视—设

---

① 陈兰枝. 开创"诗意语文",涵养诗意人生——访"诗意语文"开创者、杭州师范大学教授王崧舟[J]. 教师教育论坛,2019(10).

计一实践一评价"语文,让语文成为人的生命的诗意存在,让师生能在教育大地诗意地栖居。

其三,"诗意语文"的延展。长期深入一线小学语文教学,王崧舟对"诗意语文"的思考和实践更加深入,在之前三个层面的基础上,又提出更高的要求。从哲学层面来讲,"诗意语文"追求"自由",语文教学要更加"开放""包容",让师生在自由心灵的高度生发出蓬勃的想象力和创造力;在伦理学层面,"诗意语文"主张"慈悲",慈悲不是怜悯和施舍,慈悲是一种爱。慈悲要求教师相信每个孩子具有潜在的力量,每个孩子都会发光发亮。

(二)育人:提出"一心三最"育人思想

1."一心三最"的提出

在"诗意语文"的钻研与实践过程中,王崧舟奉行"教育当以慈悲为怀"的职业信仰。慈悲是一种爱,语文教师要心怀慈悲,用觉悟的爱去唤醒学生内心的纯净之爱。当帮助学生发掘自身的光亮,使其获得成长的喜悦之时,教师内心的慈悲会被学生唤醒,是学生成就了教师精神的净化与成长。王崧舟提出,在促进学生生命和谐发展的同时,努力实现自我生命的和谐发展,让师生在教育的大地上诗意栖居。由此,以"为每个孩子的成功人生奠基"为教育宗旨和目标,王崧舟提出"一心三最"的育人理念。

2."一心三最"的基本内涵

"一心"是指培养和塑造每个学生的成功心态,将人的价值和尊严的意义注入师生的意识,培养师生"坚信自己、积极进取、追求卓越、实现自我"的良好心态。通过"成功心态"的培养,让师生有一种真实的存在感和获得感。

"三最"是指"最近发展区""最佳发展区"和"最好的自己","一心三最"主张,教育要引导和帮助儿童发现自己才能的最近发展区和个性的最佳发展区,并有效地促进每个儿童充分发挥自身的天赋和潜能,逐步成为最好的自己。

其一,走进学生的"最近发展区"。依据维果斯基的"最近发展区"理论,"一心三最"育人思想提出,小学语文课程与教学要努力走进学生的"最近发展区",才能激发学生的学习,使其达到高效状态,让学生感受学习能够获得成功的惊喜与快乐。基于此,"一心三最"提倡教师对教学要进行起点分析,在此基础上确定学生的发展目标,因人而异,因材施教。

其二,培植学生的"最佳发展区"。根据加德纳的多元智能理论,每个人都有属于自己的智能优势,这便是他的"最佳发展区"。这要求学校教育要扬长避短,善于发现学生的优势与亮点,当学生的特长得以发掘、学生的表现得到肯定的时候,学生的自信就会自然生成。自信是助力学生获得更多成功的支点。

其三,鼓励学生"做最好的自己"。衡量一个人成功与否,关键是能否做最好的自己。受《做最好的自己》启发,王崧舟提出"最大的成功就是成为最好的自己"。衡量"最好"的标准因人而异,因事而异。要想做最好的自己,就要守住底线,并满怀信心地朝自己既定的上线目标勇敢前行。

案例 10 - 4

王崧舟评学——"一心三最"的实践应用①

比如说对话,很多对话,你以为你说的话就是对话了,最难就是接话头,教学是师生文本

---

① 王崧舟.剑气合一:在语文的家园里安身立命[J].人民教育,2005(16).

的对话过程,如果不去总结和体验就难以升华,我们可以有以下几种策略。

（1）针对学习状态的打开：你是第一个举手的,冲着这一点,我就要大书特书地表扬你。

（2）针对学习方法的敞开：这个词你有意把它念得这么轻,我知道,你是在表达作者的思念之情啊。

（3）针对学习质量的敞开：那么长的一段话,你不但没念错一个地方,还读得这样通顺,这样字正腔圆,可见平时的基本功是相当扎实的。

（4）针对学习内容的敞开：从你的朗读中,我听到了作者对母亲的深深的怀念,也听到了作者对自己深深的自责,你真的读懂了。

（5）针对思维方式的敞开：你读出了自己的独特感受和体验。你的读与张晓娴不同,与王健不同,你的读,思念中饱含着感激之情啊。

（6）针对情感体验的敞开：你把自己放进去了,你已经走进了作者的内心世界,你不是在读文字呀,你是在替作者,不,你就是作者,你在向自己的母亲倾诉啊。

还有没有可能继续展开呢? 还有可能,但是由于时间关系,就不一一举例了。

（三）管理：打造"新成功教育"品牌

21世纪初,王崧舟担任拱宸桥小学校长。王崧舟立足学校的区域实情和文化背景,认真分析这所小学的办学基础和现状,在借鉴"成功教育"的先进思想与经验基础上,创造性地打出"新成功教育"的办学品牌。"新成功教育"的办学核心是人,人的核心要素是心态,心态的核心要素是价值观。"新成功教育"提出,要改革学校旧有的管理机制、教育机制和工作机制,树立"尊重人、理解人、赏识人、激励人"的价值观,激发人的积极心态,努力获得"人之为人"的价值尊严和精神幸福,为每个教师找到精神的归属,为每个学生的成功人生奠基。

1. 管理理念："新成功教育",成在心态

成在心态始于校长。根据自己多年的管理经验,王崧舟提出,作为学校的首席管理者,校长首先应该成为学校的精神领袖和专业导师。"新成功教育"赋予校长使命与责任,要在实践中贯彻"理念治校、质量立校、科研兴校、名师精校、品牌强校"的办学方针,立足整体教育改革,重塑以"成功心态"为核心价值的学校文化。

"新成功教育"主张,校长要坚守"让每个学生走向成功"的教育信念,树立"为每个学生的成功学习而教"的教育观念,弘扬"相信自己、鼓励自己、超越自己"的教育精神,构建"尊重、理解、赏识、激励"的教育机制,通过实施全方位、多层面的管理措施,为每位学生的成功人生打好基础、保驾护航。

2. 课程开发：走向自主成功的延伸课程

在"新成功教育"的理念指引下,结合学校的生源特点和地理环境等因素,王崧舟带领学校教师进行课程改革与实践探索,开发出"走向自主成功的校本课程体系",使得新成功教育日渐成熟。这套体现新成功教育特色的校本课程包括四大板块,即"成功心理辅导课程""课外阅读考级课程""运河文化探究课程""经典才艺拓展课程"。[①]

"成功心理辅导课程"面向六个年级的全体小学生开设,教师使用学校自行研发的校本教材授课。这门课程主要依据小学生的心理特征和小学生的实际心理需求与发展,从四个

---

① 王崧舟.新成功教育让人人体验成功[J].科教文汇,2005(3).

层面安排教学内容,分别是成功智力开发、成功情感培养、成功意志磨砺和成功潜意识植入。

"课外阅读考级课程"是培养孩子成功心态的最佳途径。"一个人的阅读史就是一部精神发育史。"阅读对孩子的影响较难立竿见影,但会体现在学生成长的后续发展方面。王崧舟提出,通过课外阅读考级课程的研发和实践,是要激励和引导学生,通过丰富的阅读改善学生的精神和心灵。这类课程的整个考级系统按照从低到高的顺序分为七级,分别为赤、橙、红、绿、青、蓝、紫。① 每一级设有相应的必读书目、阅读量、经典语段背诵量、有效读速、读书卡片量、读书笔记量等具体要求。

"运河文化探究课程"是王崧舟依据学校的地理位置,就地取材,开发和实践的校本课程。京杭大运河内涵丰富,给临近学习、生活的儿童带来一种深度的学习体验和生活历练。每年寒暑假,学校组织小学生从北京通州开始,顺运河直下,贯穿天津、沧州、济宁、常州、苏州,返回杭州,完成运河游学之旅。

"经典才艺拓展课程"是改变传统的兴趣小组形式,成立多个社团型俱乐部。在每个俱乐部,学生自主开展丰富多彩的活动。借助本校指导老师和校外聘请辅导员的引导和辅助,大胆发掘、自由发展自身天赋,培养特色才艺。

3. 教师发展:打造"共享互助"的特色教师教育平台

为引导和促进一线语文教师的专业发展,秉持"面向全省、服务一线、共享资源、互助成长"的教育理念,王崧舟成立特级教师网络工作室,打造具有"新成功教育"特色的教师教育新平台。这一工作室类型新颖,突破时空、部门、经费、人员等多方限制,采用"以实体部门为依托,以网络为载体"的形式,开展多层次、多维度的一线教师网上教研、科研和培训活动。

六、杨瑞清:秉持行知"爱满天下"思想,扎根"乡村大教育"

在我国,农村土地广袤富饶,农村人口众多,农村的发展、农村教育的进步关系整个国家的现代化发展进程和国民的文化素养提升。新时代呼唤大批优秀、卓越的农村教师的出现。杨瑞清就是扎根农村、实践陶行知教育思想的一名小学教师。20世纪80年代初,杨瑞清毕业于南京晓庄师范学院,这是我国教育家陶行知创办的学校。受陶行知"为一大事来,做一大事去"的感召,杨瑞清两次放弃留在城市教书、从政的机会,志愿到偏僻的乡村小学任教、办学,自此扎根乡村教育。杨瑞清传承陶行知"爱满天下"的育人理念,潜心教学,开启"不留级"的教育实验,探索"赏识教育"的育人模式,大胆尝试"村级大教育"办学模式,创立"行知基地",身体力行,奉献于我国乡村教育的发展。

(一)教学:丰富课程设置,创新教学方式

20世纪80年代,在普遍重视考试成绩的应试教育背景下,杨瑞清认为教育不应该只看重分数,于是,和他的同行在所带的"行知实验班"上对教学方式和课程设置进行大胆改革。受陶行知"生活即教育,社会即学校,教学做合一"的影响,杨瑞清将课堂教学与生活实际相联系,开辟了生活教育课堂。在完成课堂教学的基本任务后,还在生活和劳动中学习。带领学生走出课堂、走近自然,在长江边和山脚下观察自然、记录自然,组织学生开展小种植、小饲养、小观察、小实验,带领学生种蔬菜、栽果树、养鸡鸭。

---

① 王崧舟. 新成功教育:一种学校文化载体的构建[J]. 上海教育科研,2010(12).

杨瑞清还取消各班级课外作业，推行"自主休闲十二多"，即"好身体多练，好家务多干；好书报多读，好电视多看；好节目多演，好制作多玩；好文章多写，好信息多传；好朋友多交，好事情多办；大社会多访，大自然多探"①。

通过五年的教学改革实验，杨瑞清带领"行知实验班"的学生发掘大自然和农村生活资源，开展一系列丰富多彩的课内外活动，使得学生快乐成长，获得全面发展，均以良好的成绩从行知小学毕业，并受到社会的赞誉和认可。杨瑞清谈道："那一段时间连我自己都入迷了，天天带着孩子们去观察自然，我们发现这里面真是太奇妙了，每天有学生在班上发布好消息，今天割麦子了，明天泡种子了，今天什么花开了，明天什么树又发芽了……全都是和大自然和孩子们的生活息息相关的。那时候，我们一边观察、记录还一边思考、整理，这不仅让孩子们对人与自然的关系有了比较系统的认识，还大大地增强了学生的求知欲，提高了他们的写作能力和表达能力，培养他们热爱生活、热爱大自然的情感。"②

杨瑞清通过自身的教学改革，转变了当时乡村学校"唯分数""唯统考"论成败的教育现状。通过践行陶行知"生活即教育"的理念，联系乡村生活实际，丰富乡村小学的课程设置和教学形式，让学生在学习中和生活中获得更多知识和快乐，为学生走向成功的人生道路奠定基础。

（二）育人：尝试"不留级"教育实验，探索"赏识教育"

1. 尝试"不留级"的教育实验

农村教育历来面临的一个突出问题是教育质量不高，留级率却高。这一问题在现实中得到印证，杨瑞清辞去行政工作，再次来到行知小学任教时，接手的就是一个高留级率的"二年级万岁"差班。教育质量不高，会让农村孩子离开农村学校，留级会使儿童的自信心受挫，甚至影响他们的未来人生。面对这一难题，杨瑞清在陶行知提出的"让农民的孩子，也能受到最好的教育"这一主张指引下，采取实际行动，把"差班"改名为"行知实验班"，提出"不留级"的实验思路，即"弘扬主体，扬长避短，耐心等待，促进迁移"，尝试开展"不留级"的教育实验。

在"不留级"的实验过程中，从教学、课程和评价等多个层面，杨瑞清大胆改革教学方式、课程设置和考试评价制度，为学生身心健康发展营造良好的情感氛围。通过对"不留级"实验的尝试和改进，使得曾经的"差生"和其他学校的学生有同等的学业水平，相比之下，他们变得更加活泼、舒展，更加热爱学习。实践证明，杨瑞清在行知小学开展的"不留级"实验取得一定的成功，促使江苏省在整个义务教育阶段实行"不留级"制度。

2. 探索"赏识教育"

在解决"不留级"问题的基础上，杨瑞清从"赏识教育"创始人周弘培育女儿的故事中受到启发，继续探索"赏识教育"的育人模式。留级会打击信心，赏识会增加自信心。为实现"让农民的孩子，也能受到最好的教育"，仅仅解决小学生"不留级"这一短板问题远远不够，最好的教育是让学生自信快乐地成长。杨瑞清领悟陶行知"爱满天下"的教育思想，结合办学实际，提出"学会赏识，扬长补短，促进迁移，快乐成长"的赏识教育思路。

学会赏识，就是要"促进师生之间、生生之间、亲子之间实现'接受爱'和'发出爱'的良性

① 朱寅年，曾国华. 一生用来做教师：20位当代教育名家的故事[M]. 上海：华东师范大学出版社，2012：215.
② 曾灿. 都市中的"乡村小学"——行知小学乡村教育理念的融入和变迁[D]. 南京：南京师范大学，2013.

互动,促进个体生命'自己爱自己'的内在激发,从而实现和谐成长的根本目标"①。行知小学开展的"赏识教育"实验包括"班级赏识教育""家庭赏识教育""自我赏识教育"三种形态。②

其一,开展"班级赏识教育"。指分享优点,让学生成为心灵的主任。教师首先要学会赏识,修炼"花苞心态"。杨瑞清提出,赏识导致成功,抱怨导致失败,学生只有两种,不是美丽的鲜花,就是可爱的花苞,教师要发现学生的优点和亮点;开展学校制作"优点卡",教师要将具体的地点、细节和点评写到学生的"优点卡"上,并在每周升旗仪式后发给学生;在全校公布获得"优点卡"的学生名单,保证每名学生在每学期至少得到一张"优点卡"。

其二,开展"家庭赏识教育"。学校请家长参与学校活动,并在"优点卡"背面至少写出学生的一个优点。通过与学校的良性互动,为孩子营造良好的赏识氛围。

其三,开展"自我赏识教育"。包括全员管理和自主选择,让每个学生成为集体和自我学习的主人。学生可以轮流当班委,锻炼自己的管理水平与合作能力;学校成立多个少儿社团,包括"读书社、画社、艺术社、科技社、收藏社等,为每位学生提供展示自己才能的舞台和机会"③。

在实践"赏识教育"的过程中,"要重点抓好班级赏识教育;优化师生关系、生生关系;重视指导家庭赏识教育,优化亲子关系;积极引导自我赏识教育,优化心灵世界"④。杨瑞清还提出,要有效地解决"不赏识"问题和"假赏识"问题,避免对学生一味地表扬和奖励,让"赏识教育"有效、可靠,能够真正发掘学生的闪光点。

(三)管理:打造"乡村大教育",创立"行知教育基地"

1. 打造"乡村大教育"办学模式

杨瑞清在教育实践中深刻领悟"生活即教育,社会即学校,教学做合一"的丰富内涵,不仅大胆进行教学改革,还融会贯通,树立"学会联合"的办学信念,通过各种尝试和研究,创造性地提出"乡村大教育"的办学模式。这一模式要求办学者不能"关门办校",要和社会各界紧密联系,走联合、开放的办学之路,在联合中实现优势互补,从而获得共同发展。

"乡村大教育"办学模式包含多种形式的联合办学。"主要以小学教育为中心环节,以幼儿教育为基础环节,以成人教育为延伸环节,以产业建设为中介环节,以基地建设为开放环节,以文化建设为相关环节,以队伍建设为保障环节。"⑤"乡村大教育"思想的探索,帮助杨瑞清拓宽办学思路,通过多方联合办学,逐步形成产学研一体化的综合性乡村大教育格局。"乡村大教育"让人人受教育,人人又都成为办教育者,这是我国乡村教育发展的方向。

2. 创立行知教育基地

20世纪90年代,杨瑞清与其同事抓住历史机遇,获得当地政府和居民的支持,并依托学校实验农场,创立了面向城市中小学生,使其了解农村科技与发展、体验乡村生活的行知教育基地。

基地开设学习农业科技、了解农村建设、体验农民生活的"三农"系列课程,"学生可以在这里收获庄稼、喂养牲口,可以举行多项活动,包括夜半行军、野外生存、营火晚会、科学观察

---

① 杨瑞清.学习陶行知,探索农村小学教育新路[J].南京晓庄学院学报,2007(2).
② 杨瑞清.学习陶行知,探索农村小学教育新路[J].南京晓庄学院学报,2007(2).
③ 朱寅年,曾国华.一生用来做教师:20位当代教育名家的故事[M].上海:华东师范大学出版社,2012:215.
④ 杨瑞清.学习陶行知,探索农村小学教育新路[J].南京晓庄学院学报,2007(2).
⑤ 杨瑞清.在乡村教育实践"行知精神"[J].商务周刊,2004(20).

等"①。在"联合办学"思路的指引下,行知教育基地成为当地中小学素质教育的实践基地,行知小学也由此获得源源不断的发展动力。

第二节 ◈ 小学教育名师的职业道德养成途径

通过分析上述六位小学教育名师的典型案例,可以发现,霍懋征、李吉林、于永正的职业生涯主要始于新中国成立初期,窦桂梅、王崧舟和杨瑞清经历了我国改革开放这个特殊的历史发展时期。面对不同的国情、不同的地域、不同的学情,六位小学教育名师的职业道德养成却是相通相融,主要表现为"教学—育人—教研—管理"的一体化。本节主要结合这六位小学教育名师的职业发展案例,分析、阐述小学教育名师的职业道德养成途径。

一、生成教育情怀

上述六位小学教育名师具有一个共同的特征,就是具有热爱小学教育事业的情怀。他们的职业生涯分别始于新中国成立初期和改革开放这两个特殊历史时期,浓厚的爱国主义情感、强烈的使命担当意识、博大的教育情怀促使他们选择三尺讲台、扎根小学教育。他们牢记使命和初心,用实际行动为我国小学教育事业发展贡献力量,既勇于发现短板,强化弱项,为小学教育发展"雪中送炭";又善于改革创新、打造特色,为小学教育发展"锦上添花"。

(一)补齐短板:为小学教育发展"雪中送炭"

1. 强化儿童品德培育,引领儿童价值观养成

小学生受年龄特征的影响,心理发展尚不成熟,尚未形成明辨是非的能力,在价值观形成的过程中容易受外部环境及诸多因素的影响。因此,在迈向人生旅程的初级阶段,小学教师需要担负儿童道德品质教育的重任,正确引领儿童的价值观养成。

霍懋征认识到小学阶段对儿童发展的重要性,所以,义无反顾地从事小学教育,致力于为国家培养更多优秀的人才。霍懋征最初担任数学教师,所带班级的数学成绩一直最好,然而,因为亲身经历的特殊历史事件,于是对小学教育的人才培养定位及其与学科教学的关系进行反思。要促进儿童的全面发展,不仅要获得专业的知识和熟练的技能,更要具有高尚的思想道德品质和正确的价值观。基于此,霍懋征改教小学语文学科。语文是其他多个学科的基础,借助母语教学的优势,霍懋征在语文教学中秉持"没有爱就没有教育"的信念与情怀,身体力行,用自己的温情、对教育的挚爱和科学的教法,引导儿童正确认识生命、尊重生命、敬畏生命,逐步培养儿童树立爱国爱校、明辨是非的价值观,进一步强化儿童的道德品质教育。霍懋征具有执着于小学教育事业的伟大情怀,对她而言,教育不仅是职业,也不仅是事业,而是"命业"。②

2. 扎根农村教育,彰显大教育情怀

我国农村人口占大多数,农村教育是国民教育的一个短板。一直以来,农村教育需要得到社会各界更多的关注与支持,呼唤更多投身农村教育事业、安心教书育人的有志之士。

---

① 俞巧云,等. 杨瑞清扎根乡村教育的心迹[N]. 新华日报,2000-10-29(02).
② 张文质. 回到每一个人的生命化教育——张文质二甲中学教育行动录[M]. 南京:江苏教育出版社,2010:28.

出生于农家、在陶行知创办学校读书、深受陶行知"爱满天下"影响的杨瑞清,毕业以后毅然选择条件艰苦、教育质量落后的一所农村小学任教,矢志不移,辗转两次回到原地教书,立志扎根农村教育,开启"学陶践陶师陶"的征程,创办一所"老百姓愿意送亲子弟来就读的好学校",提升农村教育的品质。经过多年的努力,杨瑞清将曾经破败不堪的五里村小学打造成我国当代最有名的村小之一,并让学校成为全国首批中小学研学基地之一,为当地带来教育旅游资源,使当地的 GDP 得到明显增长。

杨瑞清凭借自己博大的教育情怀与坚定的教育信念、敢为人先的胆识与魄力、科学的办学思路与方法,逐步成长为"陶行知式的乡村教育家",成为一个"改造乡村生活的灵魂"人物。"回顾自己二十多年来走过的路,我觉得自己走了一条适合自己走的道路,尽管用通常的眼光看,我失去了很多诱人的机会,但是我觉得我得到的更多,而且我从乡村教育中发现了人生的价值、找到了快乐。"① 在杨瑞清看来,他与农村教育结缘很深,相互成就,他感恩于陶行知的教育思想,感谢自己生活在一个伟大的时代和一片肥沃的农家土地,让他将自己的人生之路与教育之路走成"知行合一"。杨瑞清敢于选择自己所爱,更爱自己所选,尽显大教育的情怀。

(二) 打造特色:为小学教育发展"锦上添花"

1. 守护传统文化:为小学教育发展增添色彩

语文教育内容丰富,形式多样,与我国博大精深的传统文化紧密相连。通过语文教学,还可以将传统文化瑰宝用于多科教学,使其肥沃的养料丰富学科内容、滋养儿童身心。在多科教学中,守护、传承我国传统文化精粹是教师职业的使命和责任,将传统文化知识合理地植根于小学教育,发扬育人功能,为小学教育锦上添花,更能体现小学教师的高尚情操与基本素养。

李吉林热爱教育事业,毕生投身于小学语文教育事业,洋为中用,古为今用,从外语的"情景"到我国"境界说",结合时代特征,深度挖掘"情境"的文化底蕴,创设"情境教学""情境教育""情境课程"教育体系,彰显出我国鲜明的时代特征和民族文化特色,为我国小学教育发展增添色彩。

窦桂梅热爱学生,热爱语文,积极探索语文教育,深度解读语文承载的深厚文化和清华大学附属小学百年的红色文化,由此提出"主题教学""成志教育"。显然,语文不仅仅是一门课程,更是对母语文化的传承,在语文教学中,每一个主题都蕴含着一种特有的精神力量,教师应将其浸润到学生的生命价值之中,提升学生的综合素养,使他们健康快乐地成长。

2. 提升品质:为小学教育发展引领方向

热爱教育事业,不仅表现在通过教书育人守护传统文化,通过文化传承培育"全人",同样表现在敢于发现并提出现实教育存在的"病症",并能为了教育事业的健康发展准确地"把脉问诊",将其引向正确的发展方向。

针对现实中基础教育存在"育分不育人"的症状,王崧舟结合小学教育特征,汲取"成功教育"精华,从"人之为人"的立场,提出"新成功教育"品牌。一定程度上,"新成功教育"倡导以慈悲之心,办有温度的学校,进而摆正小学教育的办学定位,明确了小学教育发展的方向,提升了小学教育的育人质量和办学品质。

---

① 杨瑞清. 在乡村教育实践"行知精神"[J]. 商务周刊,2004(20).

二、打造教学模式

上述六位小学教育名师对语文教育"情有独钟",在爱国精神和教育情怀的感召下,通过悉心研磨语文教学模式并结合实际,分别提出"读讲法""情景教学""五重教学""主题教学""诗意语文""生活课堂教学"等内涵丰富、特色鲜明的教学模式。这些教学模式立足于学生需求,创造性地探索阅读教学形式,挖掘语文教育中的文化精髓,重视语境的创设,这对当下我国小学教师职业发展而言具有一定的启示和借鉴作用。

(一) 立足学生需求,创新教学模式

1. 激发兴趣,让儿童爱上学习

"兴趣是最好的老师"。只有让儿童对所学的知识感兴趣,才能激发儿童内心的热度。从儿童心理学来讲,小学生的注意力较为短暂,因此,如何改善教学方法,打造新颖的教学模式,增加小学生群体对课堂教学的注意力,增强教育教学的效果,应该是当下小学教育和小学教师重点思考的问题。

针对语文教学长期存在"过多过细,占时费力,效果不佳"的问题,霍懋征在认真总结经验、查找不足的基础上,提出"速度要快,数量要多,质量要高,负担要轻"的解决策略,通过转移语文教学的注意力,即在开发学生智力基础上,激发学生的学习兴趣,培养学生的动手能力,由此提高课堂教学质量。通过对语文教学的大胆改革,基于学生发展的"读讲法"让语文教学焕发生机,让儿童在语文世界中真正"活起来""动起来"。

在于永正提出的"五重教学"中,位于第一位的就是"重情趣"。它要求课堂教学要有情感、有趣味,要增加教材和课外活动的趣味性。只有儿童对教材内容和活动感兴趣,才会提升儿童对语文的情感,才愿意去学习语文知识。于永正认为,"语文最有情。语文所给予我们的营养是会转化的。关键时刻,它会转化为能力、机智、信心和勇气。所以,我们要教好语文,让学生学好语文,为他们的人生奠基,从幼时起,就让他们拥有发达、茁壮的人生之根。"[1] 这给当下小学教师的专业发展与职业道德养成提供极大的借鉴作用,即通过激发、传递语文等学科的情感与内涵,获知儿童的心理需求,从而培养儿童对语文等学科学习的兴趣。

2. 关注生命,让教学呵护儿童

"一个好老师就是一种好教育。"[2] 同理,一个好老师就是一种好教法。好老师不仅仅是完成传授文化知识和方法技能等"规定性动作",好老师更要发挥匠人精神,精心打磨教学方法。新时代对好老师提出更高的要求,要努力成长为教育家型的教师。这一要求消解了学科教学在教师意识中的思维定式,更新了教师对教学工作的认知。小学教师要弱化学科教学的工具性,突出学科教学内容和方法的人文性,要从生命哲学的角度去思考:使用什么样的教法激发出学科内容的活力与张力,将其传递给学生,让学生焕发出生命的光彩与生机。

针对这一问题,窦桂梅的答案是:"我们的语文教育要关注学生的生命,语文教学就要冲破以教材为中心、以课堂为中心、以教师为中心的樊篱。学好教材,又要超越教材;立足课堂,又要超越课堂;尊重教师,又要超越教师。"[3] 在这一理念的指引下,窦桂梅提出"主题教

① 李节."人生是花,语文是根"——特级教师于永正访谈[J].语文建设,2012(12).
② 窦桂梅.做一个精神上气象万千的教师[J].人民教育,2014(21).
③ 窦桂梅.做一个精神上气象万千的教师[J].人民教育,2014(21).

学"，重视语文的深度解读，为学生打下"精神的底子"，给学生一种生命关怀。王崧舟提出的"诗意语文"强调，语文课要以人为本，充满人文关怀，对学生要尊重其人格、理解其需求、赏识其个性、激励其潜能，真正为学生的幸福人生奠基。[①]

显而易见，"阅读教学"和"诗意语文"等教学模式的提出，均突出学生在语文教学中的重要性，侧重发挥语文的人文性，让语文学习焕发生命活力，让语文教育为学生的生命奠基。这应是新时代小学语文教师和所有小学教师肩负的历史使命。

（二）结合生活实际，重视语境创设

2017年，教育部印发《中小学综合实践活动课程指导纲要》，要求要充分发挥中小学综合实践活动课程在立德树人中的重要作用。综合实践活动课程与学科课程并列设置，在基础教育课程体系中具有同等重要的地位。综合实践活动课程内容以学校开发为主，要求从学生的真实生活和发展需要出发，从生活情境中发现问题，并转化为活动主题，通过探究、服务、制作、体验等方式培养学生的综合素质。[②] 不同于学科课程，综合实践活动课程具有跨学科、实践性的基本特征。由此可见，设计综合性、生活化的综合实践活动课程，并将综合实践活动课程与育人有效衔接，这为当下小学教师的专业发展和职业道德养成带来挑战和机遇。

李吉林提出的"情景教学"就是一种基于生活情境、以活动主题为主要形式的教学模式，它具有综合实践活动的多科性和实践性。于永正提出的"五重教学"中，"重迁移"强调要创设与现实生活相似的情境，在生活化的情境中开展阅读教学。杨瑞清将"生活即教育"的理念付诸实践，开辟生活化教育课堂，将丰富多彩、富有生机的生活教育融入教学，让学生在潜移默化中快乐学习。教育名师们对教学模式的探索体现出一个共同的特征，即通过创设综合性、生活化的情境，吸引学生的注意力，激发学生的学习意愿和动机，并在创设真实情境的过程中教书育人，陶冶情操，潜移默化，润物无声。

三、探索育人思想

"教育教育，为育而教"，这是六位小学教育名师共同的育人理念。霍懋征坚信"没有教育不好的学生"，李吉林希望"情境教育能够走向大众"，于永正始终"蹲下来看学生"，窦桂梅努力让儿童"做最好的自己"，王崧舟以"慈悲"为爱，杨瑞清提出"赏识"儿童。六位教育名师提出的育人理念及其成效给小学教师带来重要的启示，那就是要关爱儿童，更要理性育人；要以文化人，更要培育儿童的创新思维。小学教师要在育人过程中培养自身的底线思维和创新意识。

（一）关爱生命，教育情怀育人

在教学中，提倡教师要关注儿童生命，根据儿童心理需求研究教法、运用教法。教学是手段，育人是目的。为了儿童的全面发展与终身发展，为了青少年的生命涵育与精神丰富，教育者需要在教学工作中倾注更多的"爱"，根据儿童的个性进行差异化教育。一个"爱"字给小学教师提出更高的育人要求。

霍懋征之所以被称为"国宝"级教育名师，是因为她耕耘教坛六十余年，一直把爱作为教

---

① 王崧舟. 好课三昧[J]. 中国小学语文教学论坛，2014(10).

② 教育部. 中小学综合实践活动课程指导纲要[EB/OL]. (2017-10-30)[2020-04-20]. http://www.gov.cn/xinwen/2017-10/30/content_5235316.htm.

育的根本,倾注毕生精力倡导并实践"爱的教育"。霍懋征以"爱"育人,有教无类,不丢下任何一个学生,让"名扬全校"的淘气鬼何永山变了一个人,实现光荣加入少年先锋队的梦想。同时,霍懋征又尊重学生的差异性,她善于发现每个学生的特点,并做到因材施教、因势利导,用她的智慧激励、引导学生,用她的耐心感化学生,帮助每个学生向上、向善发展。例如,让怕写作文的小女孩不再恐惧写作,最终成为一位编辑,品尝到超越自我、获得成功的喜悦。"没有爱就没有教育"是她教书育人的动力和源泉,是她追求的目标和境界,也是她一生的座右铭。①

于永正曾说:"教了五十年书把自己教成了孩子。"童心不泯,是对小学教师自身生命的关爱,提高小学教师自身生命的品质,是关爱青少年生命的保障。守住童心,才能设身处地理解儿童、关爱儿童。于永正是这样想的,更是这样做的。他经常"蹲下来看学生",一言一语中流露出对学生的关爱。

王崧舟倡导"教育当以慈悲为怀",因为慈悲是一种爱,尤其是语文小学教师,更要心怀慈悲,用觉悟的爱去唤醒学生内心的纯净之爱。在王崧舟提出的"一心三最"育人理念中,要求小学教师善于发现儿童的"最近发展区""最佳发展区",因材施教,帮助学生成为"最好的自己"。

在关爱儿童的同时,更要理性育人。关爱不等于溺爱,要明确"爱"的边界,守住"爱"的底线。霍懋征"以爱执教",在她的育人体系中,却有着清晰、明确的育人原则和要求,她向学生提出的"十点育人原则与要求"牢牢守住了育人的底线,成功地教育好了每个学生。杨瑞清避免一味地表扬和奖励学生,有效地区分了"赏识""假赏识""不赏识",让"赏识教育"真正地发挥作用,激发出小学生的想象力和创造性。

(二)以文化人,人文精神育人

在所有学科中,语文具有多重身份和多种使命。它不仅仅是一门课程,还是基础教育中的一门主课,更是传承母语的直接载体;它不单单传授知识,还对其他学科的教学提供保障,更是承载着对母语文化的传承。因此,对于语文教学而言,需要平衡语文学科的工具性和人文性,这样才能为其他学科的教学奠定基础,才有利于促进学生的全面发展、培育学生的胆识和创新思维。对于小学教师而言,在儿童所处的启蒙教育阶段,首先要提高自身的语文素养,提升自己热爱、运用祖国母语的热情与能力,推己及人,以文化人,才会为祖国的未来培育出德才兼备、敢为人先的接班人。

霍懋征认识到小学教育的基础性和重要性,利用语文富足的课时及教材内容的丰富性等优势,在每篇课文的学习中侧重对学生进行道德品质教育和创新教育,为培育"五育"全面发展的创新型人才打牢了基础。李吉林将始于语文学科的"情景教学"引入其他多个科目,由此提出"情境教育",充分发挥了语文学科的基础性、人文性和创新性。窦桂梅提出系统的"成志教育",志在使儿童"从小学习做人、从小学习立志、从小学习创造",从而成长为"身心健康、善于学习、乐于审美、勇于改变、心系天下"的有志少年。于永正曾讲,"人生是花,语文是根"。上述六位小学教育名师的育人思想与实际行动为我国当下的小学教师树立了榜样,不仅要重视语文的学习,更要发挥语文学科的基础性,善于发掘语文教育的人文性和创新

---

① 教育部关于教育系统向霍懋征同志学习的通知[EB/OL]. (2010-02-20)[2020-08-24]http://www.gov.cn/gzdt/2010-02/20/content_1537566.htm.

性,为学生的成长与成才打好"精神的底子"。

四、创新管理(教研)模式

上述六位小学教育名师不仅在教学和育人方面作出突出贡献,在教研和管理层面同样勇于探索、开拓创新,通过校内整合、校外联合等措施创新办学管理模式,通过特色培育和多元发展等方法提升教师教研品质。他们为今天小学教师的个人职业养成和小学教师队伍建设起到了很好的表率和促进作用。

(一) 创新学校管理模式

随着社会的发展和人们对教育的高期待,新时代对小学教师职业提出更高的要求。教师不仅是育人之师,还是一名管理者和建设者,与学校的发展息息相关。在教书育人的同时,还要从人才培养和办学定位的高度思考"育什么人""怎样育人""育人效果"等深度问题。由此,做一名有情怀、有担当、有思路的管理者也成为当下小学教师职业道德养成的基本要求与价值追求。

一方面,要注重校内整合,提高管理效率。自从事小学教育工作起,窦桂梅便将教学、育人、教研和管理整体"打包",并融入自己的职业生涯,由此逐步培养自身的"整合思维"。在从事教学和教务管理的初期,窦桂梅敏锐地发现学校管理体制存在的普遍性问题,主要表现为外来的"科层制"在教育管理中表现出的"水土不服",这影响了学校的办学成效和育人质量。当窦桂梅成为学校的主要负责人之后,她因地制宜,将自己的"整合"思路与"倒逼"思维有效地结合,有序推动了学校的组织变革,使学校走上又快、又好的发展道路。

另一方面,要注重校外联合,丰富办学资源。杨瑞清牢记"为一大事来,做一大事去",在人生职业生涯中辗转多次,毅然坚定地选择为乡村教育事业奉献青春的道路。办好村级小学并不是他的最终目标,他从"生活即教育,社会即学校,教学做合一"中领悟到"联合"的重要性,于是将其付诸实践,采取"校校联合,校企联合"的交叉联合模式,扩大办学外延,创建办学品牌。通过联合办学,杨瑞清开创了"乡村大教育",创建了行知教育基地,从而推动儿童教育与农民教育、农村建设与城市发展的有效结合,提升了村民的文化素质,丰富了城市学生的生活。

"做一大事去",杨瑞清并未停下脚步。借助改革开放的时代契机,他充分利用"联合"思维,大胆创设国内外联合模式,积极搭建对外交流与合作平台,将具有中国本土特色的乡村教育模式推向世界,让世界感知新世纪的中国、了解中国新时代的乡村教育所取得的成就。杨瑞清用实际行动践行着陶行知的育人思想,开创了成功的"联合"办学道路和管理模式,很好地诠释了国人应有的理论自信、道路自信、制度自信和文化自信。

(二) 提升教师教研品质

教学研一体化是新时期小学教师职业面临的新任务。教学相长,教研相随,因此,增强教师的教研意识,提升教师的教研品质是新时代小学教师职业道德养成的关键步骤。从上述六位小学教育名师的典型案例可知,他们在教研过程中表现出共同的特征:通过研磨学科特性,开发特色课程;通过打造多元教师发展平台,提升教学质量。这为小学教师探索教研模式提供了很好的借鉴。

一方面,注重研磨学科特性,开发特色课程。霍懋征充分发掘语文学科独有的特性,大胆改革传统的教学模式,开设特色阅读课程,最大限度地发挥语文学科的德育功能,并在育人的过程中培养儿童的创新意识。李吉林将"情境"引申至多个学科,进一步研发"情境课程"。"情境课程"既体现出各个学科的基本特征,又实现了学科间的优势互补,使得学科知识与主题活动相结合、课内活动与课外生活相联系。杨瑞清根据"生活即教育"研磨学科特性,结合乡村实际探索多科融合的教研模式,开发出充满乡土特色的生活化课程。

另一方面,注重打造多元教师发展平台,提升教学质量。于永正非常重视对教师的培养,他通过传、帮、带的方式帮助自己的多名"徒弟"成长为教学骨干。于永正提倡小学教师要提升自身的语文素养:"一个人无论学什么专业,将来从事何种职业,都要学好语文……优秀的语文老师得是'文化人',以'文'化'己'。"① 以"文"化"己"指的是语文老师要通过提高自己的读写能力,进而提升自身的语文素养。王崧舟利用资源优势,结合互联网模式,成立特级教师网络工作室,为小学一线教师提供教研和培训服务,帮助小学教师群体提升教学质量和研究水平。他认为:"一名好的语文教师,是学生成长的引领者、学生潜能的唤醒者,是教学内容的研究者、学生知识构建的促进者,更是具有较高综合素养和人格魅力的人。"②

上述六位小学教育名师的教育感悟与实践模式是对他们多年从教经验的总结与概括,从中可以窥探出他们对我国小学教师教育的关切与期望。他们希望通过建立教研共同体的互助平台,帮助小学教师提升自我,为建立高素质、专业化、创新型的小学教师队伍贡献自己的一份力量。这六位小学教育名师的高尚品德、人格魅力与专业素养,为当下小学教师队伍的职业道德养成起到非常关键的引领作用。小学教师不仅要做好教书育人的本职工作,努力提升教育教学质量和育人水平,还要重视教研、善于管理,培养自身的研究意识和创新思维,朝着成为教育家型小学教师的目标努力。

❋ 思考题

1. 请对比分析本章六位小学教育名师的育人思想和教学模式。
2. 请结合本章典型案例,谈一谈如何提升小学教师的教研能力和管理水平。
3. 请结合本章所学内容,阐述小学教师职业道德养成的核心要素。
4. 请根据本章对教育名师典型案例的分析,谈一谈案例分析法使用的基本要求。
5. 请根据本章所学内容,谈一谈小学教师如何成为新时代"四有"好老师。

❋ 拓展阅读

1. 朱寅年,曾国华. 一生用来做教师:20位当代教育名家的故事[M]. 上海:华东师范大学出版社,2012.
2. 易进. 霍懋征语文教学艺术研究[M]. 福州:福建教育出版社,2019.
3. 李吉林. 情境教育精要[M]. 北京:教育科学出版社,2016.
4. 于永正. 做一个学生喜欢的老师——我的为师之道[M]. 北京:教育科学出版社,2014.
5. 窦桂梅. 做有专业尊严的教师[M]. 桂林:漓江出版社,2015.
6. 王崧舟. 王崧舟与诗意语文[M]. 北京:北京师范大学出版社,2016.
7. 杨瑞清. 走在行知路上[M]. 北京:高等教育出版社,2004.

---

① 李节. "人生是花,语文是根"——特级教师于永正访谈[J]. 语文建设,2012(12).
② 王崧舟. 剑气合一:在语文的家园里安身立命[J]. 人民教育,2006(7).

References

主要参考文献

1. 窦桂梅. 做有专业尊严的教师[M]. 桂林：漓江出版社，2015.
2. 杜静. 教师专业发展[M]. 北京：高等教育出版社，2017.
3. 范士龙，陈春莲. 教师职业道德[M]. 武汉：华中师范大学出版社，2018.
4. ［德］卡尔·雅斯贝尔斯. 什么是教育[M]. 邹进，译. 北京：生活·读书·新知三联书店，1991.
5. 李春秋. 新编伦理学教程[M]. 北京：高等教育出版社，2009.
6. 李吉林. 情境教育精要[M]. 北京：教育科学出版社，2016.
7. 刘济良. 新时期道德教育研究[M]. 北京：中国社会科学出版社，2018.
8. 刘济良. 学校德育[M]. 北京：北京师范大学出版社，2015.
9. 刘济良. 幼儿教师职业道德[M]. 上海：复旦大学出版社，2018.
10. 刘济良. 哲学之思：教师成长与发展的新视野[M]. 北京：中国社会科学出版社，2016.
11. 刘军波. 走向教育成功[M]. 长春：东北师范大学出版社，2016.
12. 刘亭亭. 教师职业道德[M]. 北京：北京大学出版社，2017.
13. ［美］马克斯·范梅南. 教学机智——教育智慧的意蕴[M]. 李树英，译. 北京：教育科学出版社，2001.
14. ［苏］米·伊·加里宁. 论共产主义教育[M]. 陈昌浩，译. 北京：中国青年出版社，1950.
15. ［美］内尔·诺丁斯. 学会关心——教育的一种模式[M]. 于天龙，译. 北京：教育科学出版社，2003.
16. 钱焕琦. 教师职业道德[M]. 上海：华东师范大学出版社，2008.
17. 冉隆锋，高俊霞. 教师职业道德与政策法规[M]. 重庆：西南师范大学出版社，2019.
18. 陶继新. 教坛春秋：20位小学名师的境界与智慧（梦山书系）[M]. 福州：福建教育出版社，2017.
19. ［苏］瓦·阿·苏霍姆林斯基. 给教师的建议[M]. 杜殿坤，译. 北京：教育科学出版社，1984.
20. 王莲华. 优秀班主任德育工作实践案例100例[M]. 上海：华东师范大学出版社，2013.
21. 肖北方，马宪平. 中小学教师职业道德规范（2008年修订）学习手册[M]. 天津：天津教育出版社，2009.
22. 杨超，沈玲. 中小学教师职业道德规范（2008年修订）培训读本[M]. 北京：中国轻工业出版社，2009.
23. 杨春茂. 师德典型案例评析——师德修养与师德建设典型案例评析[M]. 北京：首都师范大学出版社，2014.

24. 杨瑞清. 走在行知路上[M]. 北京：高等教育出版社, 2004.

25. 杨燕钧. 教师伦理学[M]. 上海：华东师范大学出版社, 1997.

26. 易进. 霍懋征语文教学艺术研究[M]. 福州：福建教育出版社, 2019.

27. 于永正. 做一个学生喜欢的老师——我的为师之道[M]. 北京：教育科学出版社, 2014.

28. 周国韬. 中小学教师职业道德规范学习读本[M]. 北京：中国轻工业出版社, 2009.

29. 朱寅年, 曾国华. 一生用来做教师：20 位当代教育名家的故事[M]. 上海：华东师范大学出版社, 2012.

30. 管清筱. 于永正小学语文教学智慧研究[D]. 聊城：聊城大学硕士学位论文, 2019.

31. 李琰. 义务教育阶段教师专业实践中的伦理困境研究[D]. 重庆：西南大学博士学位论文, 2014.

32. 沈嘉祺. 论道德情感的生成与培育[D]. 上海：华东师范大学博士学位论文, 2006.

33. 周坤亮. 教师专业伦理决策研究[D]. 上海：华东师范大学博士学位论文, 2016.

34. 陈兰枝. 开创"诗意语文"，涵养诗意人生——访"诗意语文"开创者、杭州师范大学教授王崧舟[J]. 教师教育论坛, 2019(10).

35. 窦桂梅. 清华大学附属小学：成志教育——儿童成长的指南针[J]. 人民教育, 2019(Z1).

36. 窦桂梅. 我当校长这几年[J]. 中小学管理, 2015(3).

37. 窦桂梅. 做一个精神上气象万千的教师[J]. 人民教育, 2014(21).

38. 杜静, 常海洋. 教师专业学习共同体之价值回归[J]. 教育研究, 2020(5).

39. 杜静. 我国教师教育课程存在的问题与改革路向[J]. 教育研究, 2007(9).

40. 葛卫. 小学生安全教育与管理的对策初探[J]. 小说月刊(下半月), 2015(11).

41. 顾明远. 在李吉林教育思想研讨会上的发言[J]. 中国教育学刊, 2006(7).

42. 管超. 坚持廉洁从教, 树立教师职业新形象[J]. 文教资料, 2015(23).

43. 郭华. 我们今天如何谈师德[J]. 中国教师, 2018(9).

44. 郭喜青. 透过"作业"审视家校合作中的分工问题[J]. 北京教育(普教版), 2016(6).

45. 霍庆. 六项修炼成就优秀教师[J]. 教师教育论坛, 2019(2).

46. 李节. "人生是花, 语文是根"——特级教师于永正访谈[J]. 语文建设, 2012(12).

47. 李军霞. 小学生安全防范意识与自我保护能力的培养[J]. 教育界(基础教育), 2018(12).

48. 李文涛. 试论高校教师集体中和谐人际关系的构建[J]. 科教文汇, 2014(1).

49. 林炳坤, 等. 创意人才、工作特性与工作繁荣——基于同事关系的调节效应[J]. 山西财经大学学报, 2019(4).

50. 刘济良, 刘燕楠. 哲学之思：教师的智慧品性[J]. 教育研究, 2008(10).

51. 陆道坤, 谈娟. 从集体规约到个性化建构——教师专业道德生成的逻辑研究[J]. 教师教育研究, 2017(4).

52. 孟范玲. 谈小学生的安全教育[J]. 新课程(上), 2015(8).

53. 倪艳梅. 浅谈小学生的生命安全教育[J]. 新课程(上), 2018(12).

54. 苏启敏. 论教师专业道德的实践品格[J]. 教育研究, 2013(11).

55. 申素平. 教育惩戒立法研究[J]. 中国教育学刊, 2020(3).

56. 施雯. 论如何建立现代新型的师生关系[J]. 学周刊, 2014(17).

57. 田欢欢. 职业道德的内涵[J]. 教育教学论坛, 2019(38).

58. 王灿明. 情境教育四十年的回顾与前瞻[J]. 南通大学学报(社会科学版), 2020(2).

59. 王慧琳, 甄慧娜. 构建良好师生关系助力教学相长[J]. 中国教育学刊, 2019(1).

60. 王良伟. 小学教育行政管理存在的问题及措施研究[J]. 课程教育研究,2018(11).

61. 王守纪,杨兆山. 以尊重为核心的现代师生关系及其建构[J]. 教育理论与实践,2010(25).

62. 王崧舟. 好课三昧[J]. 语文教学通讯:小学刊,2014(10).

63. 王崧舟. 新成功教育:一种学校文化载体的构建[J]. 上海教育科研,2010(12).

64. 王素月,等. 教师道德的多层次发展逻辑及其结构模型[J]. 教育研究,2019(10).

65. 王正平. 论教育公正[J]. 伦理学研究,2016(6).

66. 邬佳丽,程红艳. 家校合作中教师责任错位的问题研究[J]. 中国德育,2019(9).

67. 肖川. 教育:基于信念的事业[J]. 湖南师范大学教育科学学报,2015(1).

68. 邢士香. 规范教师教学行为,提升课堂教学质量[J]. 青年时代,2015(11).

69. 杨瑞清. 学习陶行知,探索农村小学教育新路[J]. 南京晓庄学院学报,2007(2).

70. 于川. 教师职业道德的实践路径探析[J]. 中国德育,2019(23).

71. 于丹丹,赵海楠. 家校合作中主体与权责的边界问题思考[J]. 教学与管理,2020(2).

72. 俞永军. 于永正老师的教育魅力——重读《教海漫记》[J]. 江苏教育,2018(35).

73. 张晨英. 探究家校合作中存在的问题与举措[J]. 宁夏教育,2019(5).

74. 张笑涛. 教师教育惩戒权的内涵、意义与落实方略[J]. 中国德育,2017(8).

75. 张笑涛. 教师行使教育管教权的现实困境及突破路径[J]. 中国德育,2019(9).

76. 郅庭瑾,吴慧蕾. 我国教师职业道德教育的发展与评价[J]. 中国教育学刊,2009(8).

后　记

　　道德是关于人的社会化的准则和规范。个人品德、家庭美德、职业道德与社会公德共同搭建起一个有机的、完善的道德体系，相互融合，相互渗透，维系社会和谐，推动文明进步。其中，职业道德是一般道德规范的角色化和行业化。教师作为以培养人为己任的教育工作者，担负着教书育人的双重职业使命，由于其职业的特殊性，在不同教育阶段中表现出不同的职业道德特点，进而衍生出一个内涵丰富的教师职业道德体系。教师职业道德养成是对教师专业知识、专业能力学习的有益补充，是成长为一名合格教师的必备素养。本书以小学教师为对象，重点介绍了小学教师职业道德范畴、职业道德行为准则、职业道德情怀、职业道德的现实问题、职业道德实践、职业道德智慧、职业道德修养、职业道德评价和小学教育名师案例，具体、深入地阐述了小学教师职业道德的相关理论，并能够有效地指导小学教师的教育教学实践。

　　本书由刘济良教授提出基本构想，参与编写人员讨论确定写作框架，分工撰写完成。其中，前言由刘济良撰写，第一章、第五章由张笑涛撰写，第二章由王举撰写，第三章由王东撰写，第四章由赵丹妮撰写，第六章、第八章由高鹏撰写，第七章由杨飞云撰写，第九章由史佳露撰写，第十章由毛利丹撰写，后记由杨镇渊撰写，全书由刘济良统稿。

　　在本书编写过程中，我们借鉴了近年来国内外的一些研究成果，在此特向有关学者致以衷心的感谢。限于时间和精力，书中可能存在疏漏和不当之处，敬请读者批评指正。

　　复旦大学出版社的黄乐编辑在本书的编写过程中付出了很多精力，从本书的策划、选题申请到具体的编写体例和写作规范都给予了具体指导，在此表示真诚的感谢！

作者
2020 年 10 月

图书在版编目（CIP）数据

小学教师职业道德/刘济良主编. —上海：复旦大学出版社，2021.1(2023.7 重印)
ISBN 978-7-309-15074-2

Ⅰ.①小… Ⅱ.①刘… Ⅲ.①小学教师-师德-研究 Ⅳ.①G625.1

中国版本图书馆 CIP 数据核字（2020）第 176595 号

小学教师职业道德
Xiaoxue Jiaoshi Zhiye Daode
刘济良　主编
责任编辑/孙程姣

复旦大学出版社有限公司出版发行
上海市国权路 579 号　邮编：200433
网址：fupnet@ fudanpress.com　http://www.fudanpress.com
门市零售：86-21-65102580　团体订购：86-21-65104505
出版部电话：86-21-65642845
上海华业装潢印刷厂有限公司

开本 787×1092　1/16　印张 13.75　字数 343 千
2023 年 7 月第 1 版第 2 次印刷
印数 4 101—6 200

ISBN 978-7-309-15074-2/G·2159
定价：39.00 元